Internationale Sportschiedssprüche vor deutschen Gerichten

Europäische Hochschulschriften

Publications Universitaires Européennes

European University Studies

Reihe II

Rechtswissenschaft

Série II Series II

Droit

Law

Bd./Vol. 4533

PETER LANG

Frankfurt am Main · Berlin · Bern · Bruxelles · New York · Oxford · Wien

Jan Oliver Hochtritt

Internationale Sportschiedssprüche vor deutschen Gerichten

PETER LANG
Europäischer Verlag der Wissenschaften

Bibliografische Information der Deutschen Nationalbibliothek
Die Deutsche Nationalbibliothek verzeichnet diese Publikation in der Deutschen Nationalbibliografie; detaillierte bibliografische Daten sind im Internet über <http://www.d-nb.de> abrufbar.

Zugl.: Kiel, Univ., Diss., 2007

D 8
ISSN 0531-7312
ISBN 978-3-631-56594-0

www.peterlang.de

Meinen Eltern

Vorwort

Die Arbeit wurde im Wintersemester 2006/2007 von der Rechtswissenschaftlichen Fakultät der Christian-Albrechts-Universität zu Kiel als Dissertation angenommen.

Meinem Doktorvater Herrn Prof. em. Dr. Dieter Reuter danke ich für die Anregung zum Thema sowie für die Betreuung und Begutachtung der Dissertation. Herrn Prof. Dr. Alexander Trunk danke ich für die Erstellung des Zweitgutachtens.

Dank gilt auch Dr. Frank Bayer, Dr. Thies Christian Hartmann und Dr. Sebastian Klausch für ihre Unterstützung vor allem beim Abschluss der Arbeit. Dr. Volker Knoop danke ich für so manche wertvolle Anregung und lebhafte Diskussion bei der Erstellung der Arbeit. Besonderer Dank gilt Kristina Heinz für ihre Geduld und ihre liebevollen Aufmunterungen, insbesondere in schweren Phasen. Schließlich danke ich allen Verwandten und Freunden, die mich in unterschiedlichster Form unterstützt und zum Erfolg der Arbeit beigetragen haben.

Ich widme dieses Buch meinen Eltern, denen ich weit mehr verdanke als nur die vielseitige Unterstützung während Studium, Referendariat und Dissertation. Zu gern würde ich meiner Mutter ein Exemplar dieser Arbeit überreichen.

Hamburg, im Februar 2007 — Jan Oliver Hochtritt

Inhaltsübersicht

Inhaltsverzeichnis 11

A. Einleitung und Gang der Untersuchung 19

B. Hauptteil 23
1. Kapitel: Darstellung der internationalen Sportgerichtsbarkeit 23
I. Aufbau von Sportgerichten 23
II. Vor- und Nachteile einer eigenen Sportgerichtsbarkeit vor der staatlichen Gerichtsbarkeit 25
III. Beispiele für internationale Sportgerichte 36
2. Kapitel: Internationale Sportschiedssprüche vor deutschen Gerichten 41
I. Verhältnis von internationalem Sportverbandsrecht zu nationalem Recht, insbesondere zu deutschem Recht 41
II. Kontrollmaßstab für internationale Sportschiedssprüche 78
1. Kontrollmaßstab deutscher Gerichte bei internationalen Sportschiedssprüchen echter Schiedsgerichte 79
2. Kontrollmaßstab deutscher Gerichte bei internationalen Sportschiedssprüchen von Verbandsgerichten 101
3. Der deutsche ordre public 133
4. Vergleich der Kontrolle von Verbandsschiedssprüchen nach deutschem Recht mit der Kontrolle nach dem ordre public 168
5. Prozessuale Fallgestaltungen vor deutschen Gerichten 171
6. Ergebnis zum Kontrollmaßstab für internationale Sportschiedssprüche 179
III. Von einem deutschen Gericht nach Internationalem Privatrecht anzuwendendes Recht 180
IV. Zuständigkeit deutscher Gerichte 189

C. Zusammenfassung der Ergebnisse in Thesen 195

D. Fazit und Ausblick 205

Literaturverzeichnis 207

Abkürzungsverzeichnis 221

Inhaltsverzeichnis

A. Einleitung und Gang der Untersuchung 19

B. Hauptteil 23
1. Kapitel: Darstellung der internationalen Sportgerichtsbarkeit 23
I. Aufbau von Sportgerichten 23
1. Anzahl der Schiedsrichter 23
2. Ständiges Schiedsgericht und Ad-hoc-Schiedsgericht 24
II. Vor- und Nachteile einer eigenen Sportgerichtsbarkeit vor der staatlichen Gerichtsbarkeit 25
1. Vorteile 26
a) Sachnähe und Sachkunde 26
b) Einheitlichkeit der Entscheidungen: Internationale Vergleichbarkeit und Chancengleichheit 27
c) Kurze Verfahrensdauer 27
d) Entlastung der staatlichen Gerichte von Massenverfahren 28
e) Besonderes Vertrauen in die Person des Schiedsrichters 28
f) Praktikabilität und Vertrauen auf internationaler Ebene 29
g) Flexibilität 29
h) Nichtöffentlichkeit und Vertraulichkeit 29
2. Nachteile 30
a) Fehlende Objektivität der Schiedsrichter 30
b) Mitwirkung des Schiedsverfahrensgegners 30
c) Fehlende Akzeptanz bei großem wirtschaftlichen Interesse 31
d) Verwirrung durch abweichende Entscheidungen verschiedener Sportgerichte 31
e) Einstweiliger Rechtsschutz 31
f) Mehrparteienstreitigkeiten 32
g) Fehlende Veröffentlichung 33
3. Abwägung der Vor- und Nachteile 33
III. Beispiele für internationale Sportgerichte 36
1. Internationaler Schiedsgerichtshof für Sportsachen in Lausanne CAS 36
2. Disziplinar- und Berufungskommission des Internationalen Fußballverbandes FIFA 37

3. Rechtspflegeorgane der Vereinigung Europäischer Fußballverbände UEFA 38
4. FIS-Court des Internationalen Skiverbandes FIS 39
5. Bureau und Doping Panel des Internationalen Schwimmverbandes FINA 39
6. Interner Schiedsgerichtshof des Internationalen Bob- und Rodelsportverbandes FIBT 39
7. Appeals Board des Internationalen Radsportverbandes UCI 40
8. International Court of Appeal des Internationalen Automobilverbandes FIA 40
9. Appeals Commission des Internationalen Basketballverbandes FIBA 40
10. Ehemaliges Arbitration Panel des Internationalen Leichtathletikverbandes IAAF 41

2. Kapitel: Internationale Sportschiedssprüche vor deutschen Gerichten 41
I. Verhältnis von internationalem Sportverbandsrecht zu nationalem Recht, insbesondere zu deutschem Recht 41
1. Gang der Untersuchung 43
2. Internationale Sportverbände als Nongovernmental Organizations 44
a) NGOs mit vom staatlichen Recht abgeleiteter Normsetzungsbefugnis 44
b) NGOs mit vom staatlichen Recht unabhängiger originärer Normsetzungsbefugnis 46
aa) Internationales Sportrecht als dritte Rechtsordnung 47
(1) Typische Merkmale einer eigenen Rechtsordnung 48
(2) Institutionalisierung originärer Sportrechtsordnungen durch staatliches Recht 49
(3) Vergleich zur lex mercatoria 49
(4) Lex contractus 51
(5) Originäres Sportrecht durch internationale echte Sportschiedsgerichtsbarkeit 52
bb) NGOs als Völkerrechtssubjekte oder ähnlich Völkerrechtssubjekten 53
(1) NGOs als Völkerrechtssubjekte 53
(2) NGOs ähnlich Völkerrechtssubjekten durch nachträgliche staatliche Anerkennung 54
(3) Repräsentation nationaler Souveränitäten 54
c) Stellungnahme 54
aa) Kollisionsrechtliche Betrachtung 55

(1) Rechtswahl nach Art. 27 Abs. 1 S. 1 EGBGB 56
(a) Wortlaut und Systematik 57
(aa) Art. 27 EGBGB 57
(bb) Art. 27 bis Art. 37 EGBGB 58
(cc) Allgemeine Vorschriften im ersten Abschnitt des zweiten Kapitels des EGBGB 59
(dd) Ergebnis zum Wortlaut und zur Systematik 59
(b) Historische Auslegung 59
(c) Sinn und Zweck 60
(d) Ergebnis zur Rechtswahl nach Art. 27 Abs. 1 S. 1 EGBGB 61
(2) Keine Analogie zu Art. 27 und 28 EGBGB 61
(a) Zweifel an Planwidrigkeit 61
(b) Fehlen einer Regelungslücke 62
(3) Contra NGOs als Völkerrechtssubjekte oder ähnlich Völkerrechtssubjekten und contra Quasi-Völkerrecht nach der lex contractus 63
(4) Contra Theorie von der Institutionalisierung 65
(5) Ergebnis zur kollisionsrechtlichen Betrachtung 66
bb) Internationalität keine Besonderheit des Sports 67
cc) Lückenhaftigkeit 68
dd) Unübersehbare Vielfalt oder Unbestimmtheit 69
(1) Unübersehbare Vielfalt 69
(2) Unbestimmtheit 69
(3) Contra originäres Sportrecht durch internationale echte Sportschiedsgerichtsbarkeit 70
ee) Eigene Sportregelwerke konträr zum Selbstverständnis 72
(1) Regelwerk für die Schiedsgerichtsbarkeit in Sportsachen 72
(2) World Anti-Doping Code 73
(3) Weitere Beispiele 74
ff) Sportverband gleichzeitig als Partei und Gesetzgeber 74
gg) Erst-recht-Schluss zu IGOs 75
hh) Fehlen von Staatsverträgen 75
ii) Keine Repräsentation von Nationen 76
3. Ergebnis zum Verhältnis von internationalem Sportverbandsrecht zu nationalem Recht, insbesondere zu deutschem Recht 77
II. Kontrollmaßstab für internationale Sportschiedssprüche 78

1. Kontrollmaßstab deutscher Gerichte bei internationalen Sportschiedssprüchen echter Schiedsgerichte 79
a) Inländisches echtes Schiedsgericht 80
aa) § 1059 Abs. 2 Nr. 1 a) bis d) ZPO 81
bb) § 1059 Abs. 2 Nr. 2 a) und b) ZPO, insbesondere der deutsche ordre public 82
b) Ausländisches echtes Schiedsgericht 83
aa) § 1061 Abs. 1 S. 1 ZPO i. V. m. Art. V Abs. 1 a) bis e) UNÜ 85
bb) § 1061 Abs. 1 S. 1 ZPO i. V. m. Art. V Abs. 2 a) und b) UNÜ, insbesondere der deutsche ordre public 87
c) Vorliegen eines echten Schiedsgerichtes 87
aa) Vorliegen eines inländischen echten Schiedsgerichtes 88
(1) Streitigkeit in Bezug auf ein bestimmtes Rechtsverhältnis 89
(2) Rechtswegausschluss nach dem Willen der Parteien 90
(3) Entscheidung eines personenverschiedenen und weisungsunabhängigen Dritten 91
(a) Personenverschiedene und weisungsunabhängige Schiedsrichter 92
(b) Personenverschiedene und weisungsunabhängige Institution 93
(c) Übergewicht einer Partei 93
(aa) Übergewicht bei der Zusammensetzung des Schiedsgerichtes oder im schiedsrichterlichen Verfahren 93
(bb) Übergewicht bei dem Abschluss der Schiedsvereinbarung 94
(cc) Ergebnis zum Übergewicht einer Partei 95
(d) Ergebnis zur Entscheidung eines personenverschiedenen und weisungsunabhängigen Dritten und zum Vorliegen eines inländischen echten Schiedsgerichtes 96
bb) Vorliegen eines ausländischen echten Schiedsgerichtes 97
(1) Privates gerichtsähnliches Verfahren anstelle eines staatsgerichtlichen Verfahrens 97
(2) Bedeutung des Heimatrechts des Schiedsspruches 97

(a) Nach Heimatrecht vollstreckungsfähiger echter Schiedsspruch 97
(b) Auch nach Heimatrecht nur schuldrechtlich bindender Schiedsspruch 98
(c) Vom Heimatrecht unabhängige Definition 99
(d) Stellungnahme 99
(3) Ergebnis zum Vorliegen eines ausländischen echten Schiedsgerichtes 100
2. Kontrollmaßstab deutscher Gerichte bei internationalen Sportschiedssprüchen von Verbandsgerichten 101
a) Kontrolle nach anzuwendender Rechtsordnung 101
aa) Anwendung der deutschen Rechtsordnung 103
(1) Justiziabilität: Rechtsregel oder Spielregel im engeren Sinne 103
(a) Begründung für fehlende Justiziabilität hinsichtlich Spielregeln im engeren Sinne 104
(b) Keine Auswirkung über das Spiel hinaus 105
(c) Abgrenzungsschwierigkeiten 106
(d) Verbandsgerichtliche Anwendung einer Spielregel im engeren Sinne 107
(e) Aufeinander aufbauende Spielsysteme oder Mehrstufenspiele 108
(f) Ergebnis zur Justiziabilität 109
(2) Kontrolle der Entscheidung 110
(a) Fehlerfreie Tatsachenermittlung 112
(b) Einhaltung eines der eigenen Verfahrensordnung und rechtsstaatlichen Normen entsprechenden Verfahrens 113
(c) Gesetzmäßigkeit und Angemessenheit des der Entscheidung zugrunde liegenden Regelwerkes 114
(aa) Gesetzmäßigkeit des Regelwerkes 115
(bb) Angemessenheit des Regelwerkes 115
(cc) Generalklauselartige Umschreibungen 118
(dd) Auslegung von Satzungen 119
(ee) Gesetzmäßigkeit und Angemessenheit der satzungsmäßigen Anordnung eines Sportgerichtes 120
(d) Gesetzmäßigkeit und Angemessenheit der Entscheidung hinsichtlich Subsumtion und Auswahl der Maßnahme 120

(e) Ergebnis zur Kontrolle der Entscheidung 123
(3) Sportler als Nichtmitglieder des Verbandes 123
(a) Geltung des Regelwerkes und der Verbandsrechtsprechungsgewalt für Nichtmitglieder 124
(aa) Individuelle Vertragsabschlüsse 125
(bb) Meldung zu bzw. Teilnahme an einem Wettkampf 125
(cc) Spielerausweis oder -lizenz 126
(dd) Ergebnis zur Geltung des Regelwerkes und der Verbandsrechtsprechungsgewalt für Nichtmitglieder 126
(b) Derselbe Kontrollmaßstab für Nichtmitglieder 127
(4) Ergebnis zur Anwendung der deutschen Rechtsordnung 130
bb) Anwendung einer ausländischen Rechtsordnung 130
b) Deutscher ordre public nach Art. 6 EGBGB 130
c) Ergebnis zum Kontrollmaßstab deutscher Gerichte bei internationalen Sportschiedssprüchen von Verbandsgerichten 132
3. Der deutsche ordre public 133
a) Inlandsbezug 134
aa) Ob des Inlandsbezuges 134
bb) Wie des Inlandsbezuges: Je-desto-Formel 135
b) Ordre public national bei Art. 6 EGBGB sowie § 1059 Abs. 2 Nr. 2 b) ZPO gegenüber ordre public international bei § 1061 Abs. 1 S. 1 ZPO i. V. m. Art. V Abs. 2 b) UNÜ 136
aa) Gründe für die Unterscheidung 137
bb) Begriffliche Umschreibung 139
c) Praktische Auswirkung des unterschiedlichen Prüfungsmaßstabes für den ordre public nach Art. 6 EGBGB gegenüber dem nach § 1061 Abs. 1 S. 1 ZPO i. V. m. Art. V Abs. 2 b) UNÜ 140
d) Praktische Auswirkung des unterschiedlichen Prüfungsmaßstabes für den ordre public nach § 1059 Abs. 2 Nr. 2 b) ZPO gegenüber dem nach § 1061 Abs. 1 S. 1 ZPO i. V. m. Art. V Abs. 2 b) UNÜ 141
e) Inhalt des deutschen ordre public 142
aa) Verfahrensrechtlicher ordre public 143
(1) Rechtliches Gehör 145

(2) Faires Verfahren 146
(3) Unabhängigkeit und Unparteilichkeit des Schiedsgerichtes 147
(4) Ausreichende Begründung des Schiedsspruches 148
(5) Vorliegen eines Restitutionsgrundes 149
(6) Tatsachenermittlung und Beweiswürdigung 149
bb) Materiellrechtlicher ordre public 151
(1) Grundrechte 153
(a) Mögliche Grundrechte 153
(b) Abwägung 154
(c) Maßstab für eine Grundrechtsverletzung 154
(2) Europarechtliche Grundfreiheiten und Partnerschaftsabkommen 156
(3) Kartell- und wettbewerbsrechtliche Mindeststandards 158
(4) Verhältnismäßigkeitsgrundsatz 160
(5) Gute Sitten 160
(6) Bestimmtheitsgrundsatz 161
(7) Rückwirkungsverbot 161
(8) Verbot der Doppelbestrafung 161
(9) Arbeitsrechtliche Prinzipien 162
(10) Verschuldenserfordernis 164
cc) Negative Funktion des ordre public und Lückenfüllung 165
dd) Sonderregelungen der Art. 30 und 34 EGBGB bei Geltung des Vertragsstatutes 166
f) Ergebnis zum deutschen ordre public 167
4. Vergleich der Kontrolle von Verbandsschiedssprüchen nach deutschem Recht mit der Kontrolle nach dem ordre public 168
a) Ergebniskontrolle 168
b) Ähnlichkeiten 169
5. Prozessuale Fallgestaltungen vor deutschen Gerichten 171
a) In- oder ausländische internationale Sportschiedssprüche vor deutschen Gerichten 171
aa) Grundkonstellation 171
(1) Echte Sportschiedssprüche 171
(2) Verbandsschiedssprüche 172
(3) Abgrenzungsprobleme 173
bb) Weitere typische Konstellationen 174

b) An ausländische internationale Sportschiedssprüche gebundene inländische deutsche Sportschiedssprüche ____ 175
aa) Inzidente Überprüfung des ausländischen internationalen Sportschiedsspruches ____ 176
bb) Sanktionsgefahr bei Nichtumsetzung des internationalen Sportschiedsspruches ____ 176
6. Ergebnis zum Kontrollmaßstab für internationale Sportschiedssprüche ____ 179
III. Von einem deutschen Gericht nach Internationalem Privatrecht anzuwendendes Recht ____ 180
1. Verbandsstatut ____ 181
a) Mitgliedschaftliche Beziehung ____ 181
b) Mitgliedschaftsähnliche Beziehung ____ 182
c) Relevanz des Verbandsstatutes ____ 184
d) Deutsche Rechtsordnung als Verbandsstatut internationaler Verbände ____ 184
2. Vertragsstatut gemäß Art. 27 ff. EGBGB ____ 185
3. Deliktsstatut gemäß Art. 40 ff. EGBGB ____ 186
4. Auswirkungsprinzip gemäß § 130 Abs. 2 GWB ____ 188
IV. Zuständigkeit deutscher Gerichte ____ 189
1. Anträge nach §§ 1059 ff. ZPO ____ 189
2. Schiedssprüche von Verbandsgerichten und Inzidentprüfungen eines echten Schiedsspruches oder eines Verbandsschiedsspruches ____ 190

C. Zusammenfassung der Ergebnisse in Thesen ____ 195

D. Fazit und Ausblick ____ 205

Literaturverzeichnis ____ 207

Abkürzungsverzeichnis ____ 221

A. Einleitung und Gang der Untersuchung

Die internationale Schiedsgerichtsbarkeit im Sport ist in Deutschland vor allem durch die Dopingfälle der Leichtathleten Dieter Baumann und Katrin Krabbe in den Blickpunkt der Öffentlichkeit gelangt.

Regelmäßig gibt es Meldungen über Entscheidungen von internationalen Sportgerichten, die beispielsweise Ordnungsmaßnahmen gegen Sportler oder Vereine wie Sperren, Geldstrafen oder Lizenzentzüge aussprechen, die Aberkennung von Punkten, Titeln oder Medaillen festlegen oder bestimmte Verhaltensweisen anordnen[1].

---

1 Vergleiche als Beispiele aus der jüngeren Vergangenheit:

- Vom Rechtsausschuss der Internationalen Reiterlichen Vereinigung FEI ausgesprochene und vom Internationalen Schiedsgerichtshof für Sportsachen CAS bestätigte Aberkennung der bei den Olympischen Spielen von Athen 2004 durch die deutsche Springreitermannschaft um Ludger Beerbaum errungenen Goldmedaille wegen verbotener Medikation eines Pferdes, vergleiche Frankfurter Allgemeine Zeitung vom 06.09.2005, S. 33.
- Von der FIFA-Disziplinarkommission ausgesprochene und von der FIFA-Berufungskommission bestätigte Geldstrafe sowie Punktabzug für die WM-Qualifikation gegen den nationalen Fußballverband von Kamerun wegen des Tragens einteiliger Trikots des deutschen Herstellers Puma durch die Fußballnationalmannschaft Kameruns, vergleiche FIFA-Berufungskommission SpuRt 2004, 219 ff. Der Punktabzug wurde später im Wege der Begnadigung durch den FIFA-Kongress aufgehoben, vergleiche Frankfurter Allgemeine Zeitung vom 22.05.2004, S. 32.
- Entscheidung des Internationalen Schiedsgerichtshofes für Sportsachen CAS, dass nach dem bis 2004 geltenden Regelwerk des Internationalen Leichtathletikverbandes IAAF bei Staffeln, in denen ein Mitglied des Dopings überführt wurde, keine Mithaftung der anderen Staffelmitglieder eintritt, so dass nur dem gedopten Sportler, nicht aber allen in der Staffel eine errungene Medaille abzuerkennen ist. Zu diesem Fall des US-Sprinters Jerome Young und der 4 x 400 Meter-Staffel der USA als Goldmedaillengewinner bei den Olympischen Spielen 2000: CAS SpuRt 2005, 207 ff. und Frankfurter Allgemeine Zeitung vom 22.07.2005, S. 28, und vom 13.08.2005, S. 28.
- Vergleiche auch die Anrufung des Internationalen Schiedsgerichtshofes für Sportsachen CAS durch die Welt Anti-Doping Agentur WADA in der Streitfrage mit der FIFA, ob das Regelwerk der FIFA den Anforderungen des World Anti-Doping Codes entspricht, vergleiche Frankfurter Allgemeine Zeitung vom 23.09.2005, S. 37.

Insbesondere Profisportler[2] akzeptieren diese sportgerichtlichen Entscheidungen nicht immer ohne weiteres. Sie bemühen staatliche Gerichte, um feststellen zu lassen, dass die Entscheidung des Sportgerichtes unwirksam ist, und um Schadensersatz zu erlangen, da sie sich in ihrem beruflichen Fortkommen durch die sportgerichtliche Sanktion ungerechtfertigt gehindert sehen[3]. In solchen Fällen fragt sich, wie weit die Bindungswirkung sportgerichtlicher Entscheidungen reicht. Mit anderen Worten ist zu klären, inwieweit ein staatliches deutsches Gericht internationale sportgerichtliche Entscheidungen überprüfen und gegebenenfalls aufheben kann.

Daher stellt sich die Untersuchung wie folgt dar:

Nach einführenden Worten zu dem Aufbau von Sportgerichten, zu den Vor- und Nachteilen internationaler Sportgerichte sowie nach praktischen Beispielen für internationale Sportgerichte folgt die Bearbeitung der Frage, in welchem Verhältnis internationales Sportrecht zu nationalem deutschen Recht steht. Es ist zu erörtern, ob internationale Sportverbände unmittelbar geltendes internationales Sportrecht als eine originäre Rechtsordnung neben staatlichem Recht, eine sogenannte lex sportiva internationalis sui generis, erlassen und anwenden können, die ohne staatlichen Geltungsbefehl verbindlich ist.

Ist die Einordnung internationalen Sportrechts geklärt, wird darauf aufbauend der Kontrollmaßstab untersucht, den deutsche Gerichte bei der Überprüfung internationaler Sportschiedssprüche anzulegen haben. Aufgrund der Internationalität ergeben sich verschiedene Kontrollmaßstäbe. Im Rahmen der Darstellung dieser zu differenzierenden Kontrollmaßstäbe findet die Problematik, wann ein internationales Sportgericht ein sogenanntes echtes Schiedsgericht oder lediglich ein Verbandsgericht ist, besondere Beachtung. Bei der Darlegung der formellen und materiellen Anforderungen, die ausgehend von dieser Unterscheidung an einen internationalen Sportschiedsspruch zu stellen sind, steht die Erläuterung des nationalen deutschen ordre public im Vordergrund. Dabei werden auch die theoretischen Unterschiede der verschiedenen Prüfungsmaßstäbe in ihrer praktischen Auswirkung miteinander verglichen. Des Weiteren wird die Bedeutung der erarbeiteten Prüfungsmaßstäbe in typischen prozessualen Fallgestaltungen vor deutschen Gerichten erörtert.

---

2 Zwecks Übersichtlichkeit werden die weibliche und männliche Form nicht nebeneinander verwendet, sondern stets stellvertretend für beide nur die männliche Form.

3 So zum Beispiel in den Fällen der Leichtathleten Katrin Krabbe und Dieter Baumann gegen den Internationalen sowie Deutschen Leichtathletikverband. Ebenso im Fall des Profibasketballers Stanley Roberts gegen den Internationalen Basketballverband. Auf die Entscheidungen wird in der folgenden Ausarbeitung ausführlich eingegangen. Dort werden auch die entsprechenden Fundstellen angeführt.

Diesen Ausführungen schließt sich eine Übersicht an, welches nationale Recht durch deutsche Gerichte anzuwenden ist und woraus sich die Zuständigkeit deutscher Gerichte ergibt.

Abschließend werden sämtliche Ergebnisse in Thesenform zusammengefasst. Anhand dieser Thesen ist ein schneller Gesamtüberblick möglich.

Ziel der Arbeit ist es, die Grundsätze zur Überprüfung internationaler Sportschiedssprüche durch deutsche Gerichte abstrakt herauszuarbeiten, um so eine Grundlage und Systematik zu schaffen, anhand derer die Lösung des jeweiligen Einzelfalls entwickelt werden kann. In den bisherigen gerichtlichen Entscheidungen, wie zum Beispiel in den Fällen Katrin Krabbe oder Dieter Baumann, fehlt es mitunter an einer exakten Auseinandersetzung mit den Vorgaben des Internationalen Privatrechts und mit dem Einfallstor für den ordre public sowie dessen Inhalt. Um das genannte Ziel zu erreichen, sind Schwerpunkte der Arbeit als erstes die Frage, ob eine originäre und von staatlichem Recht unabhängige lex sportiva internationalis sui generis besteht, und als zweites die darauf aufbauende Darstellung der grundlegenden Systematik, wie eine internationale Sportgerichtsentscheidung von einem deutschen Gericht zu überprüfen ist[4].

4 Rechtsprechung und Literatur sind bis einschließlich November 2005 berücksichtigt. Bekannten Entscheidungen sind nach der Fundstelle in Klammern entsprechende Namen zugeordnet, beispielsweise Baumann, Krabbe, Reynolds, Reiter, Landseer-Hunde, Bosman, Kienass, Balzer.

B. Hauptteil

Im ersten Kapitel wird zunächst die internationale Sportgerichtsbarkeit[5] einführend und allgemein erläutert. Im zweiten Kapitel folgen mit der Untersuchung des Verhältnisses von internationalen Sportschiedssprüchen zu staatlichen deutschen Gerichten die beiden in der Einleitung genannten Schwerpunkte der Arbeit.

1. Kapitel: Darstellung der internationalen Sportgerichtsbarkeit

Als Ausgangspunkt und Grundlage für die weitere Ausarbeitung wird der wesentliche Aufbau der Sportgerichtsbarkeit dargestellt (dazu unter I.) und es werden die Vor- und Nachteile einer internationalen Sportgerichtsbarkeit als private Schiedsgerichtsbarkeit gegenüber staatlicher Gerichtsbarkeit untersucht (dazu unter II.). Abschließend werden Beispiele für internationale Sportgerichte aufgeführt (dazu unter III.).

I. Aufbau von Sportgerichten

Wie gewöhnliche Schiedsgerichte im Bereich des Wirtschaftsrechts sind auch Sportgerichte von unterschiedlichem Aufbau. Unterschiede ergeben sich vor allem hinsichtlich der Anzahl der Schiedsrichter (dazu unter 1.) und des Zeitpunktes der Errichtung des Schiedsgerichtes (dazu unter 2.).

1. Anzahl der Schiedsrichter

Zunächst kann ein Schiedsgericht lediglich aus einem Schiedsrichter oder – gleich einer Kammer eines staatlichen Gerichtes – aus mehreren Schiedsrichtern bestehen[6].

---

5 Im Rahmen dieser Arbeit werden die Begriffe „Schieds- oder Sportgerichtsbarkeit", „Schieds- oder Sportgericht" oder „Sportschiedsgericht" ohne den Zusatz „echtes" als Oberbegriffe für echte Schiedsgerichte und Verbandsgerichte verwendet. Gleiches gilt für den Begriff „Schiedsspruch". Zur Differenzierung zwischen echtem Schiedsgericht und Verbandsgericht ausführlich im 2. Kapitel, II 1.

6 Vergleiche für echte inländische Schiedsgerichte §§ 1034 Abs. 1, 1035 Abs. 3 ZPO.

Letzteres ist der Regelfall, da auf diese Weise jede der Parteien mindestens einen Schiedsrichter ihres Vertrauens benennen kann. Die benannten Schiedsrichter einigen sich daraufhin gemeinsam auf einen weiteren Schiedsrichter als Vorsitzenden, um so der Neutralität des Schiedsgerichtes die bestmögliche Geltung zu verschaffen[7].

Bei einem Einmann-Schiedsgericht müssen sich die Parteien gemeinsam auf einen Schiedsrichter einigen, was aufgrund der ohnehin wegen des Streitfalles vorhandenen Differenzen zu Problemen führen kann. Eine mögliche Lösung ist die Ersetzungsbefugnis durch eine neutrale dritte Stelle für den Fall, dass sich die Parteien nicht einigen[8].

2. Ständiges Schiedsgericht und Ad-hoc-Schiedsgericht

Ferner ist zwischen ständigem Schiedsgericht und Ad-hoc-Schiedsgericht zu unterscheiden[9]. Ein ständiges Schiedsgericht hat sich bereits vor jeder einzelnen Streitigkeit zwischen den Parteien der Schiedsvereinbarung konstituiert und dient zur Entscheidung einer unbestimmten Vielzahl von Streitigkeiten[10]. Das Ad-hoc-Schiedsgericht konstituiert sich erst im und für den jeweiligen Einzelfall, wenn die Streitigkeit bereits entstanden ist[11].

Der Unterschied zwischen diesen beiden Formen liegt nicht zwingend darin, dass bei einem ständigen Schiedsgericht bereits ein feststehender Spruchkörper besteht[12]. Auch bei diesem haben die Parteien grundsätzlich die Möglichkeit, die Schiedsrichter – zumindest aus einer vorgegebenen Liste – auszuwählen. Der Unterschied liegt vielmehr darin, dass ein ständiges Schiedsgericht im Rahmen einer bestimmten Organisation dauerhaft eingerichtet ist[13]. Diese Organisation leistet förmliche Hilfestellungen, indem sie für sämtliche anfallenden Streitig-

---

7 Dies entspricht dem gesetzlichen Regelfall, § 1034 Abs. 1 S. 2 ZPO.

8 Vergleiche § 1035 Abs. 3 ZPO, der für diesen Fall die Möglichkeit des Antrages auf eine gerichtliche Bestellung vorsieht.

9 Thomas/Putzo/*Reichold*, Vorbemerkung vor § 1029 ZPO Rn. 1; *Reichert*, Rn. 4858 ff. (9. Auflage: Rn. 2537 ff.); *Schwab/Walter*, Kapitel 1 Rn. 10; MüKo/*Münch*, Vor § 1025 ZPO Rn. 6 ff.; *Haas* in Akademieschrift 49, S. 57, 68 f.; Handbuch des Sportrechts/*Haas*, Ordner 1, B 2. Kapitel Rn. 187 f.

10 Das ständige Schiedsgericht wird auch institutionelles oder administriertes Schiedsgericht genannt.

11 Das Ad-hoc-Schiedsgericht wird auch Gelegenheitsschiedsgericht genannt.

12 *Schwab/Walter*, Kapitel 1 Rn. 10 und Kapitel 47 Rn. 1; Handbuch des Sportrechts/*Haas*, Ordner 1, B 2. Kapitel Rn. 188.

13 Thomas/Putzo/*Reichold*, Vorbemerkung vor § 1029 ZPO Rn. 1; *Schwab/Walter*, Kapitel 1 Rn. 10 und Kapitel 47 Rn. 1; MüKo/*Münch*, Vor § 1025 ZPO Rn. 7; Handbuch des Sportrechts/*Haas*, Ordner 1, B 2. Kapitel Rn. 188; *Oschütz*, S. 30.

keiten eine Verfahrensordnung vorgibt, administrative Aufgaben durch eine Geschäftsstelle oder ein Sekretariat erledigt[14] und Räumlichkeiten für die Schiedsverhandlung sowie gegebenenfalls eine Auswahlliste mit möglichen Schiedsrichtern zur Verfügung stellt[15].

Ständige Schiedsgerichte und Ad-hoc-Schiedsgerichte schließen sich allerdings nicht gegenseitig aus. Zum Beispiel ist der Internationale Schiedsgerichtshof für Sportsachen in Lausanne grundsätzlich ein ständiges Schiedsgericht, unter dessen Dach zu den Olympischen Spielen stets Ad-hoc-Schiedsgerichte gebildet werden[16]. Zudem sind beliebige Mischformen von ständigen Schiedsgerichten und Ad-hoc-Schiedsgerichten möglich[17].

II. Vor- und Nachteile einer eigenen Sportgerichtsbarkeit vor der staatlichen Gerichtsbarkeit

In der Literatur werden zahlreiche Vor- und Nachteile der einer staatlichen Gerichtsbarkeit vorgeschalteten privaten Schiedsgerichtsbarkeit erörtert[18]. Die Erörterungen beziehen sich in der Regel auf die Schiedsgerichtsbarkeit im Allgemeinen oder im Bereich der Wirtschaft und nicht speziell auf die im Bereich des Sports[19]. Im Folgenden werden die in der Literatur bekannten Argumente für und

---

14 Administrative Aufgaben sind beispielsweise die Zustellung der Schriftsätze oder die Verwahrung des Schiedsspruches.

15 *Schwab/Walter*, Kapitel 1 Rn. 10 und Kapitel 47 Rn. 1; MüKo/*Münch*, Vor § 1025 ZPO Rn. 7; Handbuch des Sportrechts/*Haas*, Ordner 1, B 2. Kapitel Rn. 188; *Oschütz*, S. 30.

16 Vergleiche Art. 74 der Olympischen Charta (abgedruckt in englischer Fassung mit Stand Juli 2003 im Handbuch des Sportrechts, Ordner 1, C.IV.1, aktuelle englische Fassung vom 01.09.2004 zu finden unter http://multimedia.olympic.org/pdf/en_report_122.pdf) und die Satzung über die Beilegung von während der Olympischen Spielen entstehenden Streitigkeiten (abgedruckt für die Olympischen Spiele 2000 in Sydney in deutscher Fassung bei *Vedder/Lämmer*, S. 117 ff.). Die aktuelle englische Version dieser Arbitration Rules for the Olympic Games findet sich unter http://www.tas-cas.org/en/code/frmco.htm und abgedruckt im Handbuch des Sportrechts, Ordner 1, C.IV.4.

17 Vergleiche hierzu mit Beispielen: MüKo/*Münch*, Vor § 1025 ZPO Rn. 8.

18 MüKo/*Münch*, Vor § 1025 ZPO Rn. 29 ff.; Musielak/*Voit*, § 1025 ZPO Rn. 2; Stein/Jonas/*Schlosser*, vor § 1025 ZPO Rn. 1; *Schwab/Walter*, Kapitel 1 Rn. 8 f.; *Schmidt-Diemitz* in DB 1999, S. 369 ff.; *Lachmann* in BRAK-Mitt. 2005, S. 217 ff.; *Hawickhorst* in BRAK-Mitt. 2005, S. 222 ff.

19 In Bezug auf die Sportschiedsgerichtsbarkeit ausführlich: *Haas/Holla* in RuS 31, S. 9, 10 ff. und *Haas* in Akademieschrift 49, S. 57, 60 f.; Handbuch des Sportrechts/*Haas*, Ordner 1, B 2. Kapitel Rn. 149 ff.; *Oschütz*, S. 32 ff.

gegen eine private Schiedsgerichtsbarkeit auf den Bereich des Sports – insbesondere im internationalen Bereich – übertragen und gegeneinander abgewogen, um zu klären, ob die Einrichtung und Anerkennung einer eigenen Sportgerichtsbarkeit sinnvoll und zweckmäßig ist.

Die zu nennenden Vorteile dienen nicht zur Begründung eines völligen Ausschlusses der staatlichen Gerichtsbarkeit, sondern zur Rechtfertigung der Vorschaltung einer sportgerichtlichen Entscheidung vor einem etwaigen staatsgerichtlichen Verfahren[20]. Diese Vorschaltung hat im besten Falle zur Folge, dass die Parteien nach der sportgerichtlichen Entscheidung diese akzeptieren und von einem späteren Gang vor ein staatliches Gericht absehen.

1. Vorteile

Die private Sportgerichtsbarkeit hat zahlreiche Vorteile gegenüber einer ausschließlichen staatlichen Gerichtsbarkeit im Bereich des Sports.

a) Sachnähe und Sachkunde

Ein wesentlicher Vorteil einer privaten Sportgerichtsbarkeit liegt in der regelmäßig größeren Sachnähe und Sachkunde der entscheidenden Schiedsrichter[21]. Diese sind in der Regel für das Sportgericht ausgewählt worden, weil sie nicht nur die notwendigen juristischen Kenntnisse aufweisen, sondern der jeweiligen Sportart im besonderen Maße verbunden sind. Sie haben daher eine grundsätzlich höhere Sachkenntnis und Erfahrung als der staatliche Richter. Der staatliche Richter muss sich erst in die Einzelheiten der Sportart, ihrer Regeln und ihrer Eigengesetzlichkeit einarbeiten, ohne den Erfahrungsvorsprung der ausgewählten Schiedsrichter in der ihm zur Entscheidung verbleibenden Zeit jemals zu erreichen[22].

---

20 Inwieweit ein staatliches Gericht eine zuvor ergangene sportgerichtliche Entscheidung überprüfen kann, wird im 2. Kapitel unter II dargestellt.

21 *Schwab/Walter*, Kapitel 1 Rn. 8; *Stumpf* in FS Bülow, S. 217, 221 f.; *Schmidt-Diemitz* in DB 1999, S. 369, 370; *Prokop* in 2. Internationaler Sportrechtskongress, S. 140, 147; *Haas/Holla* in RuS 31, S. 9, 11/12; *Haas* in Akademieschrift 49, S. 57, 60 f.; Handbuch des Sportrechts/*Haas*, Ordner 1, B 2. Kapitel Rn. 149; *Oschütz*, S. 22 und 33 f.; *Bach* in SpuRt 1995, S. 142, 143; *Sengle* in FS Röhricht, S. 1205, 1210.

22 *Seitz* in NJW 2002, S. 2838, 2839. In diesem Sinne für Wirtschaftsstreitigkeiten: *Lachmann* in BRAK-Mitt. 2005, S. 217, 219. Allgemein für alle Sachgebiete: *Hawickhorst* in BRAK-Mitt. 2005, S. 222, 224.

b) Einheitlichkeit der Entscheidungen: Internationale Vergleichbarkeit und Chancengleichheit

Werden sämtliche Streitigkeiten innerhalb eines Sportfachverbandes durch ein Schiedsgericht geregelt, führt dies im Idealfall dazu, dass alle gleich liegenden Fälle gleich behandelt werden. Absehbare Entscheidungen und somit einheitliche Ausübungsbedingungen sind das Ergebnis[23]. Der Sportler weiß im Vorhinein, welche Sanktionen er beispielsweise für sportwidriges Verhalten zu erwarten hat. Zudem wird jeder Sportler vor dem Schiedsgericht genauso behandelt wie die mit ihm im Wettbewerb stehenden Sportler. Treffen dagegen unterschiedliche ordentliche Gerichte jeweils Einzelentscheidungen, ist die Wahrscheinlichkeit der Ungleichbehandlung wesentlich höher.

Der Vorteil der Einheitlichkeit ergibt sich nicht nur auf nationaler Verbandsebene, sondern gleichermaßen auf internationaler Ebene. Auf dieser können die Unterschiede wegen der verschiedenen nationalen Rechtsordnungen und Rechtmäßigkeitsmaßstäbe noch beträchtlicher sein[24]. Die weltweite Vergleichbarkeit sportlicher Leistungen und die internationale Chancengleichheit können durch internationale Sportgerichte am ehesten gewährleistet werden.

c) Kurze Verfahrensdauer

Der Aspekt der kürzeren Verfahrensdauer ist ein weiterer Grund für die Vereinbarung eines Schiedsgerichtes[25]. Während bis zum Abschluss eines Prozesses vor einem staatlichen Gericht bei Ausschöpfung aller Rechtsmittel mitunter Jahre vergehen, urteilt das Sportgericht unmittelbar und kurzfristig nach Einleitung des Verfahrens[26].

Dies ist für den Bereich des Sports notwendig, weil nur auf diese Weise eine rasche Fortführung des Spielbetriebes ohne die Unsicherheit einer späteren abän-

---

23 *Haas* in Akademieschrift 49, S. 57, 60; Handbuch des Sportrechts/*Haas*, Ordner 1, B 2. Kapitel Rn. 147; *Seitz* in NJW 2002, S. 2838, 2839; PHBSportR/*Pfister* 6/105; *Oschütz*, S. 22 und 35.

24 PHBSportR/*Pfister* 6/105; *Prokop* in 2. Internationaler Sportrechtskongress, S. 140, 146 f.; *Seitz* in NJW 2002, S. 2838, 2839.

25 *Summerer* in 1. Internationaler Sportrechtskongress, S. 138, 157; *Stumpf* in FS Bülow, S. 217, 219 f.; *Schmidt-Diemitz* in DB 1999, S. 369, 370; *Seitz* in NJW 2002, S. 2838, 2839; *Haas* in Akademieschrift 49, S. 57, 59 ff.; Handbuch des Sportrechts/*Haas*, Ordner 1, B 2. Kapitel Rn. 147, 149; *Sengle* in FS Röhricht, S. 1205, 1210; *Hawickhorst* in BRAK-Mitt. 2005, S. 222, 223.

26 *Summerer* in 1. Internationaler Sportrechtskongress, S. 138, 157; *Prokop* in Akademieschrift 49, S. 19, 34; *Schwab/Walter*, Kapitel 1 Rn. 8; *Bach* in SpuRt 1995, S. 142, 143; *Sengle* in FS Röhricht, S. 1205, 1210; *Oschütz*, S. 34 f.

dernden Entscheidung vor dem staatlichen Gericht möglich ist. Zwar ist vor dem staatlichen Gericht das einstweilige Verfügungsverfahren möglich. Dies schließt aber ein sich daran anschließendes monate- oder jahrelanges Hauptsacheverfahren nicht aus. Der Spielbetrieb kann allerdings nicht so lange warten bzw. spätere Entscheidungen nicht mehr umsetzen, nachdem eine Meisterschaft oder ein Abstieg sportlich bereits vor Monaten entschieden wurde und das juristische Nachspiel nun eine Abänderung des Ergebnisses verlangt[27].

Umso mehr gilt dies in Dopingstreitigkeiten: Der Sportler kann nicht jahrelang warten, bis das staatliche Gericht darüber entschieden hat, ob eine verhängte Sperre rechtmäßig war oder nicht. Dies kann solange dauern, dass sich die Fortsetzung der Karriere des Sportlers durch Zeitablauf erledigt hat.

d) Entlastung der staatlichen Gerichte von Massenverfahren

Darüber hinaus führt die Sportgerichtsbarkeit zu einer Entlastung der staatlichen Gerichte von Massenverfahren[28]. Würde eine sporteigene Instanz, die der staatlichen Gerichtsbarkeit zumindest vorgeschaltet ist, fehlen, müsste die staatliche Gerichtsbarkeit über jede einzelne rote Karte, Dopingsperre usw. entscheiden. Bei der Vorschaltung einer sportlichen Instanz wird die staatliche Gerichtsbarkeit nur in den Fällen angerufen, in denen die betroffenen Parteien das sportgerichtliche Urteil nicht akzeptieren wollen.

e) Besonderes Vertrauen in die Person des Schiedsrichters

Der bzw. die Schiedsrichter genießen bereits von vornherein wegen ihrer besonderen Sachkunde, aufgrund derer sie überhaupt zum Schiedsrichter ernannt worden sind, das Vertrauen der Parteien[29]. Der staatliche Richter des ordentlichen Gerichtes ist den Parteien hingegen meist unbekannt. Die Parteien kennen nicht dessen Sachkunde in der jeweiligen Sportart, so dass sie dessen Urteil skeptisch gegenüberstehen könnten. Dies gilt insbesondere, wenn die Eigengesetzlichkeit der jeweiligen Sportart im Vordergrund der Streitigkeit steht. Ein Urteil eines anerkannten Experten in der jeweiligen Sportart wird von den Parteien in einem

---

27 Dies ist vor allem dann problematisch, wenn die betroffenen Mannschaften in einer anderen Spielklasse weitergespielt haben oder internationale Spiele ausgetragen haben aufgrund einer Klassifizierung, die nun im Nachhinein geändert werden soll. Sämtliche betroffenen Wettbewerbe müssten neu begonnen werden, was aufgrund des Zeitablaufes faktisch unmöglich ist.

28 *Seitz* in NJW 2002, S. 2838, 2839.

29 *Schwab/Walter*, Kapitel 1 Rn. 8; *Haas/Holla* in RuS 31, S. 9, 12; *Haas* in Akademieschrift 49, S. 57, 61 f.; *Lachmann* in BRAK-Mitt. 2005, S. 217, 219.

solchen Fall eher akzeptiert. Auch ein Vergleichsvorschlag durch einen anerkannten Fachmann, der die Bedingungen und Umstände der betroffenen Sportart bis ins Detail kennt, wird in der Regel eher angenommen.

f) Praktikabilität und Vertrauen auf internationaler Ebene

Als besonders praktikabel erweist sich eine Schiedsgerichtsbarkeit auf internationaler Ebene, auf der ansonsten eine ausländische Gerichtsbarkeit zuständig ist. Das Prozessieren im Ausland ist mitunter mühsam, zeitraubend und kostspielig[30]. Dazu kommt dass Misstrauen, das die eine Partei der für sie ausländischen Gerichtsbarkeit entgegenbringen wird, falls Streitigkeiten im Heimatland der anderen Partei auszutragen sind[31]. Ein solches Misstrauen besteht nicht, wenn die Parteien ein Sportgericht vereinbart und zumindest einen der Schiedsrichter selbst ausgewählt haben.

g) Flexibilität

Ein weiterer Vorteil ist die mögliche Flexibilität des Schiedsverfahrens, da die nationalen Rechtsordnungen den Parteien bei der Gestaltung des Verfahrens weitgehend freie Hand lassen[32]. Im Gegensatz zum staatsgerichtlichen Verfahren kann das schiedsgerichtliche Verfahren nach den Wünschen der Parteien weitgehend vereinfacht und beschleunigt werden, solange die Grundvoraussetzungen eines rechtsstaatlichen Verfahrens nicht unterlaufen werden[33].

h) Nichtöffentlichkeit und Vertraulichkeit

Ein schiedsrichterliches Verfahren wird in der Regel nicht öffentlich durchgeführt und genießt daher ein hohes Maß an Vertraulichkeit[34]. Dieser Vorteil, der

---

30 *Schwab/Walter*, Kapitel 41 Rn. 1 und Kapitel 1 Rn. 8.

31 PHBSportR/*Pfister* 6/105; *Stumpf* in FS Bülow, S. 217, 218; MüKo/*Münch*, Vor § 1025 ZPO Rn. 34; *Schwab/Walter*, Kapitel 41 Rn. 1; *Lachmann* in BRAK-Mitt. 2005, S. 217, 221.

32 MüKo/*Münch*, Vor § 1025 ZPO Rn. 33; *Stumpf* in FS Bülow, S. 217, 222 f.; *Schwab/Walter*, Kapitel 1 Rn. 8; *Lachmann* in BRAK-Mitt. 2005, S. 217, 219. Vergleiche für Deutschland § 1042 Abs. 3 ZPO.

33 Zur Einhaltung eines rechtsstaatlichen Verfahrens vergleiche ausführlich unten 2. Kapitel I 1 a) aa) und 2. Kapitel I 1 b) aa) und insbesondere 2. Kapitel II 2 a) aa) (2) (b) und 2. Kapitel II 3 e) aa).

34 *Schwab/Walter*, Kapitel 1 Rn. 8; MüKo/*Münch*, Vor § 1025 ZPO Rn. 32; Handbuch des Sportrechts/*Haas*, Ordner 1, B 2. Kapitel Rn. 149; *Lachmann* in BRAK-Mitt. 2005, S. 217, 219; *Hawickhorst* in BRAK-Mitt. 2005, S. 222, 224.

vor allem für Wirtschaftsstreitigkeiten von besonderer Bedeutung ist, da in diesen häufig Geschäftsgeheimnisse und Vertragseinzelheiten nicht für Wettbewerber einsehbar gemacht werden sollen[35], hat für den Bereich des Sports nur geringe Bedeutung. Hier stehen selten schützenswerte Geschäftsgeheimnisse oder Vertragseinzelheiten im Mittelpunkt. Vielmehr geht es um Sperren, Punktabzüge oder Regelauslegungen.

2. Nachteile

Den zahlreichen Vorteilen einer privaten Schiedsgerichtsbarkeit im Sport stehen allerdings auch Nachteile gegenüber.

a) Fehlende Objektivität der Schiedsrichter

Die möglicherweise fehlende Objektivität der ernannten Schiedsrichter ist einer der wesentlichen Nachteile[36]. Die Schiedsrichter könnten sich insbesondere deshalb als Parteivertreter fühlen, weil sie jeweils von einer Partei des Schiedsverfahrens benannt worden sind. Im Sport wird dieses Problem dann sichtbar, wenn Sportgerichte – beispielsweise in Dopingverfahren gegen die Spitzenathleten ihres eigenen Verbandes – zu erstaunlich begründeten Freisprüchen oder äußerst milden Strafen gelangen[37].

b) Mitwirkung des Schiedsverfahrensgegners

Zur Durchführung des schiedsrichterlichen Verfahrens ist der Kläger auf die Mitwirkung des Beklagten angewiesen, zum Beispiel hinsichtlich der Benennung

---

35 *Schwab/Walter*, Kapitel 1 Rn. 8; *Stumpf* in FS Bülow, S. 217, 220 f.; *Lachmann* in BRAK-Mitt. 2005, S. 217, 219; *Hawickhorst* in BRAK-Mitt. 2005, S. 222, 224.

36 *Schwab/Walter*, Kapitel 1 Rn. 9; MüKo/*Münch*, Vor § 1025 ZPO Rn. 31; Handbuch des Sportrechts/*Haas*, Ordner 1, B 2. Kapitel Rn. 150.

37 Zum Beispiel hat der griechische Leichtathletikverband zwei seiner Sprinter, den Olympiasieger von 2000 Kostas Kenteris und die Europameisterin von 2002 Ekaterini Thanou, vom Vorwurf, unmittelbar vor den Olympischen Spielen 2004 in Athen dreimal absichtlich Dopingkontrollen umgangen zu haben, ohne überzeugende Begründung freigesprochen und das Nichterscheinen ausschließlich ihrem gemeinsamen Trainer angelastet, vergleiche Frankfurter Allgemeine Zeitung vom 28.05.2005, S. 29, und vom 22.11.2005, S. 31. Besonderes Aufsehen erregte auch der Freispruch der jamaikanischen Sprinterin und Weltmeisterin Merlene Ottey durch das Arbitration Panel der IAAF, das einen positiven Dopingbefund mit Hilfe eines für männliche Athleten geltenden Korrekturfaktors unter den erlaubten Grenzwert rechnete, vergleiche Frankfurter Allgemeine Zeitung vom 08.08.2000, S. 36.

bzw. Einigung auf einen Schiedsrichter[38]. Der Beklagte kann das Verfahren zwar nicht vollständig verhindern, aber beträchtlich in die Länge ziehen[39].

c) Fehlende Akzeptanz bei großem wirtschaftlichen Interesse

In der Praxis zeigt sich immer wieder, dass die Beteiligten des schiedsrichterlichen Verfahrens ein für sie nachteiliges Schiedsurteil nicht akzeptieren, sofern es um große wirtschaftliche Interessen geht[40]. Im Bereich des Sports ist dies häufig der Fall, wenn aufgrund eines Doping-Vorwurfes die Karriere des Sportlers auf dem Spiel steht. Dieser nutzt in der Regel den Weg vor das ordentliche Gericht, um den Schiedsspruch zu korrigieren[41].

Viele der oben genannten Vorteile der Sportschiedsgerichtsbarkeit, vor allem die kurze Verfahrensdauer und die Einheitlichkeit der Entscheidungen, werden in solchen Fällen wieder aufgehoben, falls im Anschluss an das sportgerichtliche Verfahren das staatliche Gericht bemüht wird.

d) Verwirrung durch abweichende Entscheidungen verschiedener Sportgerichte

Um einen selbst verschuldeten Nachteil handelt es sich bei voneinander abweichenden Urteilen verschiedener Sportgerichte in ein- und derselben Angelegenheit[42]. Dazu kommt es, wenn die Zuständigkeiten der verschiedenen Sportgerichte auf nationaler und internationaler Ebene nicht hinreichend geklärt sind.

e) Einstweiliger Rechtsschutz

Das Verfahren des einstweiligen Rechtsschutzes ist für die echte Schiedsgerichtsbarkeit in § 1041 ZPO geregelt. Dies setzt das Bestehen des Schiedsgerichtes voraus. Ein Ad-hoc-Schiedsgericht kann somit keinen einstweiligen Rechtsschutz gewähren, da zunächst Zeit zur Bildung des Schiedsgerichtes verstreicht, die in den Fällen des sofortigen Rechtsschutzes nicht besteht[43]. Für

---

38 *Haas* in Akademieschrift 49, S. 57, 62.

39 MüKo/*Münch*, Vor § 1025 ZPO Rn. 30; *Lachmann* in BRAK-Mitt. 2005, S. 217, 220; *Hawickhorst* in BRAK-Mitt. 2005, S. 222, 224.

40 *Prokop* in 2. Internationaler Sportrechtskongress, S. 140, 143.

41 Vergleiche zum Beispiel die Fälle von den Leichtathleten Katrin Krabbe und Dieter Baumann sowie dem Basketballer Stanley Roberts. Die entsprechenden Entscheidungen werden im Folgenden immer wieder zitiert.

42 So im Fall Baumann die Abweichung zwischen dem DLV-Rechtsausschuss und dem Arbitration Panel der IAAF: Freispruch gegenüber zweijähriger Sperre.

43 *Reichert*, Rn. 3206 (9. Auflage: Rn. 1884); *Prokop* in 2. Internationaler Sportrechtskongress, S. 140, 148; *Lachmann* in BRAK-Mitt. 2005, S. 217, 218.

einstweiligen Rechtsschutz ist in diesem Fall das staatliche Gericht anzurufen. § 1033 ZPO regelt ausdrücklich, dass ein solches Verfahren vor staatlichen Gerichten nicht durch eine Schiedsvereinbarung ausgeschlossen werden kann. Gemäß § 1025 Abs. 2 ZPO gilt § 1033 ZPO auch für ausländische Schiedsverfahren.

Nur bei ständigen Schiedsgerichten, wie dem Internationalen Schiedsgerichtshof für Sportsachen CAS mit Sitz in Lausanne[44], besteht die Möglichkeit eines einstweiligen Rechtsschutzes durch die Schiedsgerichte selbst. Ob dadurch auf den einstweiligen Rechtsschutz vor staatlichen Gerichten wirksam verzichtet werden kann, ist umstritten[45].

f) Mehrparteienstreitigkeiten

Probleme treten für Schiedsgerichte auf, wenn mehr als nur zwei Parteien am Verfahren beteiligt sind[46]. Dies gilt insbesondere dafür, wie in solchen Fällen die

---

44 Artikel R37 des Regelwerkes für die Schiedsgerichtsbarkeit in Sportsachen, deutsche Übersetzung in der Fassung von Januar 2000 abgedruckt bei *Vedder/Lämmer*, S. 87 ff. und im Handbuch des Sportrechts, Ordner 3, Dok. Nr. 80 00 9, englische Fassung Statutes of the Bodies Working for the Settlement of Sports-related Disputes abgedruckt im Handbuch des Sportrechts, Ordner 1, C.IV.3, oder in aktueller Version als pdf-Dokument unter http://www.tas-cas.org/en/info/frminf.htm. Ebenso zum einstweiligen Rechtsschutz vor dem CAS: *Prokop* in 2. Internationaler Sportrechtskongress, S. 140, 149.

45 Vergleiche zum Streitstand: Thomas/Putzo/*Reichold*, § 1033 ZPO Rn. 2; PHBSportR/*Summerer* 2/328 ff. und *Pfister* 6/98 ff.; *Reichert*, Rn. 3205 f. (9. Auflage: Rn. 1884); *Schütze* in BB 1998, S. 1650 ff.; *Oschütz*, S. 396 ff.; *ders.* in RuS 31, S. 43, 53 ff.; *Röhricht* in RuS 22, S. 19, 36 ff.; OLG Frankfurt/Main NJW-RR 2000, 1117, 1118 f. (Baumann) mwN; OLG München SpuRt 2001, 64, 65 (Roberts); *Prokop* in 2. Internationaler Sportrechtskongress, S. 140, 150. Ausführlich zum einstweiligen Rechtsschutz im internationalen Sport: *Scherrer u. a.* im gleichnamigen Band; *Adolphsen*, S. 564 ff. Nach der mittlerweile überwiegenden Ansicht ist ein solcher Ausschluss der staatlichen Gerichtsbarkeit möglich, wenn die Parteien dies ausdrücklich vereinbaren, vergleiche insbesondere: OLG Frankfurt/Main NJW-RR 2000, 1117, 1118 f. (Baumann); *Schütze* in BB 1998, S. 1650, 1650; *Oschütz*, S. 400 und 416. Dies ist im Sinne einer weltweiten Vergleichbarkeit und Chancengleichheit. Verneint man die Möglichkeit des ausdrücklichen Ausschlusses der staatlichen Gerichtsbarkeit für den einstweiligen Rechtsschutz, wird es aber im gerichtlichen einstweiligen Verfügungsverfahren bei der Möglichkeit eines effektiven einstweiligen Rechtsschutzes durch die Sportgerichte in der Regel am Verfügungsgrund fehlen, vergleiche: *Heß* in Aktuelle Rechtsfragen, S. 1, 45 f.; *Röhricht* in RuS 22, S. 19, 37.

46 *Stumpf* in FS Bülow, S. 217, 226 f.; *Haas/Holla* in RuS 31, S. 9, 13; Handbuch des Sportrechts/*Haas*, Ordner 1, B 2. Kapitel Rn. 150; *Lachmann* in BRAK-Mitt. 2005, S. 217, 218. Ausführlich zur Streitverkündung und Streitgenossenschaft bei Schiedsgerichten: *Schwab/Walter*, Kapitel 7 Rn. 22 ff. und Kapitel 16 Rn. 15 ff.

Benennung der Schiedsrichter zu erfolgen hat, falls auf einer Seite mehrere Beteiligte vorhanden sind. Bei einer notwendigen Streitgenossenschaft kann das Schiedsgericht regelmäßig nicht entscheiden, sofern nicht alle Streitgenossen durch eine gemeinsame Schiedsvereinbarung an das Schiedsgericht gebunden sind[47].

g) Fehlende Veröffentlichung

Letztlich wird als Nachteil einer Schiedsgerichtsbarkeit das Fehlen der Veröffentlichung von Schiedssprüchen genannt, so dass eine Absehbarkeit der Entscheidung des Schiedsgerichtes in ähnlichen Fällen nicht möglich sei und eine Rechtsfortbildung verhindert werde[48].

3. Abwägung der Vor- und Nachteile

Eine Abwägung der Vor- und Nachteile einer Schiedsgerichtsbarkeit lässt sich an sich nur am konkreten Einzelfall vornehmen[49]. Für die Schiedsgerichtsbarkeit im Sport entscheidend sind aber unabhängig vom jeweiligen Einzelfall die kurze Verfahrensdauer und die größere Sachkompetenz der Schiedsrichter sowie insbesondere die Möglichkeit international einheitlicher Entscheidungen, so dass eine weltweite Vergleichbarkeit und Chancengleichheit erreicht wird.

Diese Aspekte sind für alle am Sport Beteiligten, die Sportler, die Verbände, die Sponsoren und letztlich die Zuschauer, von großer Bedeutung. Langjährige Verfahren nach einem Wettkampf, die je nach staatlichem Gericht auch zu international unterschiedlichen Ergebnissen führen, würden die Attraktivität des Sports, die in einem international vergleichbaren und einheitlichen Kräftemessen im Wettkampf und nicht vor staatlichen Gerichten besteht, erheblich mindern. Ist es im Rahmen des Wettkampfes zu Unregelmäßigkeiten gekommen, kann ein mit sportkundigen Juristen besetztes Sportgericht darüber zügig und sachkundig im Anschluss befinden.

Der Sportler ist vor allem im Rahmen von vorläufigen und bis zum Abschluss des Verfahrens verhängten Sperren an einem schnellen Ergebnis interessiert, um möglichst rasch wieder an den Start gehen zu dürfen. Aber auch die Gültigkeit eines Sieges lässt sich für den Profisportler nur sofort und nicht erst nach langen

---

47 *Schwab/Walter*, Kapitel 16 Rn. 16.

48 *Stumpf* in FS Bülow, S. 217, 225; MüKo/*Münch*, Vor § 1025 ZPO Rn. 32; Handbuch des Sportrechts/*Haas*, Ordner 1, B 2. Kapitel Rn. 150.

49 *Haas/Holla* in RuS 31, S. 9, 13; Handbuch des Sportrechts/*Haas*, Ordner 1, B 2. Kapitel Rn. 151; MüKo/*Münch*, Vor § 1025 ZPO Rn. 29; *Lachmann* in BRAK-Mitt. 2005, S. 217, 221.

Gerichtsverhandlungen vermarkten. Mag er insofern zwar noch die Möglichkeit eines Schadensersatzanspruches haben, bleibt zweifelhaft, ob er überhaupt konkret nachweisen kann, welchen Schaden er im Bereich Sponsoring und Marketing erlitten hat. Kann er dies, beispielsweise aufgrund kausaler Kündigung bestehender Sponsorenverträge oder aufgrund entgangener Startgelder infolge einer unberechtigt ausgesprochenen Sperre, ist es ebenso im Interesse des die Sperre aussprechenden Verbandes, dass diese Schäden bis zum Abschluss des Verfahrens nicht in erheblicher Höhe anwachsen.

Ein zügiges sportgerichtliches Verfahren verwirklicht diese Interessen am besten. Zwar kann sich an ein sportgerichtliches Verfahren durchaus ein staatsgerichtliches Verfahren anschließen[50]. In der Mehrzahl der Fälle werden die Parteien aber die sportgerichtliche Entscheidung akzeptieren und von einem späteren Gang vor ein staatliches Gericht absehen. Dies wird insbesondere der Fall sein, wenn die benannten Schiedsrichter aufgrund ihrer Sachkunde hohes Ansehen bei den Parteien genießen und ihre Schiedssprüche eine internationale Vergleichbarkeit und Chancengleichheit für alle Beteiligten realisieren.

Die genannten Nachteile einer Sportgerichtsbarkeit lassen sich größtenteils durch den Abschluss eines verständigen Schiedsvertrages und ein objektives Schiedsrichterauswahlverfahren minimieren[51]. Auf diese Weise können eine fehlende Objektivität der Schiedsrichter und die mangelnde Mitwirkung des Verfahrensgegners verhindert und eine klare Regelung für den einstweiligen Rechtsschutz geschaffen werden. Im Übrigen sieht der Gesetzgeber das Problem der Verfahrensverzögerung und wirkt dieser bei echten Schiedsgerichten durch die §§ 1032 Abs. 3, 1034 Abs. 2 S. 3 und 1040 Abs. 3 S. 3 ZPO entgegen. Danach kann ein schiedsrichterliches Verfahren fortgesetzt werden, falls eine Partei ein staatliches Kontrollverfahren hinsichtlich der Wirksamkeit der Schiedsvereinbarung, der Zusammensetzung des Schiedsgerichtes oder der Zuständigkeit des Schiedsgerichtes eingeleitet hat.

Der Nachteil der fehlenden Akzeptanz bei großem wirtschaftlichen Interesse erweist sich gleichermaßen als Vorteil der Sportgerichtsbarkeit, da das staatliche Gericht nur eine begrenzte Überprüfungskompetenz besitzt, wenn zuvor ein Sportgericht entschieden hat[52]. Da der Großteil von sportgerichtlichen Verfahren zudem von vornherein nicht diese finanzielle Brisanz hat und daher im überwiegenden Teil der Schiedsentscheidungen die staatlichen Gerichte nicht mehr ange-

---

50 Inwieweit ein staatliches Gericht eine zuvor ergangene sportgerichtliche Entscheidung überprüfen kann, wird im 2. Kapitel unter II dargestellt.

51 *Schwab/Walter*, Kapitel 1 Rn. 9; *Haas/Holla* in RuS 31, S. 9, 14; MüKo/*Münch*, Vor § 1025 ZPO Rn. 29 ff.

52 Zum Umfang der Überprüfungskompetenz ausführlich im 2. Kapitel unter II.

rufen werden, sondern der Schiedsspruch akzeptiert wird, bleiben für den Großteil der Fälle die Vorteile der Sportgerichtsbarkeit in vollem Umfang bestehen.

Die Verwirrung durch abweichende Entscheidungen verschiedener Schiedsgerichte auf nationaler und internationaler Ebene ist durch eindeutige Regelungen der Zuständigkeiten und Hierarchie zwischen nationalen und internationalen Sportgerichten unter Beteiligung des betroffenen Sportlers lösbar[53].

Auch die Problematik eines Mehr-Parteien-Verfahrens lässt sich durch eine entsprechende Schiedsvereinbarung und Verfahrensordnung überwinden. Die Schiedsvereinbarung kann vorsehen, dass die Benennung sämtlicher Schiedsrichter durch eine neutrale dritte Stelle erfolgt, falls sich die Parteien einer Seite nicht auf einen gemeinsamen Schiedsrichter einigen. Die Schiedsvereinbarung kann für diesen Fall auch regeln, dass jede Partei dieser Seite einen eigenen Schiedsrichter benennt, was zur Folge hat, dass die Gegenseite ebenso viele Schiedsrichter einbringen darf[54]. Besteht die Möglichkeit einer Streitgenossenschaft, Streitverkündung oder Intervention, können die Parteien dies bereits bei Abschluss der Schiedsvereinbarung bedenken[55].

Das Argument der fehlenden Veröffentlichung von Schiedssprüchen gilt nicht für den Bereich der Sportgerichtsbarkeit. Zahlreiche Sportgerichte, auch der Internationale Schiedsgerichtshof für Sportsachen in Lausanne, veröffentlichen ihre Schiedssprüche anonymisiert in der Fachliteratur oder im Internet. Für den Bereich des Sports sind Schiedssprüche folglich absehbar und eine Rechtsfortbildung wird nicht verhindert, wie dies in anderen Rechtsbereichen gegebenenfalls zu befürchten ist.

Sind die Nachteile somit, wie beschrieben, für den Bereich des Sports nicht existent bzw. durch entsprechende Verfahrensregeln minimiert, überwiegen die genannten Vorteile einer privaten Sportgerichtsbarkeit anstelle einer alleinigen und ausschließlichen staatlichen Gerichtsbarkeit für sämtliche sportbezogenen

---

53 Vergleiche: *Heß* in WFV 43, S. 69, 81 ff. und *Haas/Holla* in RuS 31, S. 9, 38 ff. Zu Vorschlägen, parallele Entscheidungen von nationalem und internationalem Verband insbesondere durch die gemeinsame Zuständigkeit des gleichen Schiedsgerichtes zu verhindern, vergleiche auch: *Adolphsen*, S. 685 ff.

54 *Stumpf* in FS Bülow, S. 217, 226 f. mwN.

55 *Stumpf* in FS Bülow, S. 217, 227; vergleiche Artikel R41 des Regelwerkes für die Schiedsgerichtsbarkeit in Sportsachen, deutsche Übersetzung in der Fassung von Januar 2000 abgedruckt bei *Vedder/Lämmer*, S. 87 ff. und englische Fassung Statutes of the Bodies Working for the Settlement of Sports-related Disputes abgedruckt im Handbuch des Sportrechts, Ordner 1, C.IV.3, oder in aktueller Version als pdf-Dokument unter http://www.tas-cas.org/en/info/frminf.htm.
Vergleiche zur konkludenten Zustimmung zu einer Nebenintervention: OLG Stuttgart NJW-RR 2003, 495, 496 (Lizenzierung für die 2. Fußballbundesliga).

Streitigkeiten. Die Einrichtung und Anerkennung einer eigenen Sportgerichtsbarkeit ist daher zweckmäßig.

III. Beispiele für internationale Sportgerichte

Im Folgenden werden beispielhaft einige internationale Sportgerichte genannt. Der Grund für die vorgenommene Auswahl ist zum einen die Bekanntheit und internationale Bedeutung des jeweiligen Sportgerichtes bzw. des dazugehörigen internationalen Verbandes. Zum anderen wird im 2. Kapitel auf Schiedssprüche dieser Sportgerichte oder das Regelwerk dieser oder der dazugehörigen Sportverbände eingegangen.

1. Internationaler Schiedsgerichtshof für Sportsachen in Lausanne CAS

Das bekannteste internationale Sportgericht ist der Internationale Schiedsgerichtshof für Sportsachen mit Sitz in Lausanne, der Court of Arbitration for Sport (CAS) bzw. Tribunal Arbitral du Sport (TAS)[56].

Der CAS wurde 1983 vom IOC als ständiges Schiedsgericht geschaffen. Der Träger des CAS ist der Internationale Rat für Sportschiedsgerichtsbarkeit (ICAS), der gemäß Artikel S2 des Statutes für die an der Beilegung von Streitigkeiten für Sportsachen beteiligten Organe[57] die Verwaltung und Finanzierung des CAS zum Zwecke dessen Unabhängigkeit und der Sicherung der Rechte der Parteien sicherstellen soll. Der ICAS ist eine vom Internationalen Olympischen Komitee (IOC) und den internationalen Sportfachverbänden gegründete Stiftung schweizerischen Rechts[58].

Das Regelwerk für die Schiedsgerichtsbarkeit in Sportsachen enthält insbesondere eine ausführliche Regelung der Verfahrensordnung. Nach Artikel R28 S. 1 der Verfahrensordnung ist der Sitz des CAS und jedes seiner Schiedsgerichte in Lausanne. Die Verfahrensordnung unterscheidet gewöhnliche Schiedsverfah-

---

56 Im Folgenden wird der Begriff Court of Arbitration for Sport und dessen Abkürzung CAS verwendet.

57 Dieses Statut ist Teil des Regelwerkes für die Schiedsgerichtsbarkeit in Sportsachen. Dieses ist in deutscher Übersetzung in der Fassung von Januar 2000 abgedruckt bei *Vedder/Lämmer*, S. 87 ff. Der englische Text des Statutes (Statutes of the Bodies Working for the Settlement of Sports-related Disputes) findet sich abgedruckt im Handbuch des Sportrechts, Ordner 1, C.IV.3, oder in aktueller Version als pdf-Dokument unter http://www.tas-cas.org/en/info/frminf.htm.

58 Schweizerisches Bundesgericht SpuRt 2004, 38, 39; *Heß* in ZZPInt 1998, S. 457, 459; *ders.* in Aktuelle Rechtsfragen, S. 1, 13 f.; *Netzle* in RuS 22, S. 9, 11; *Hofmann* in SpuRt 2002, S. 7, 7.

ren (Artikel R38 ff.), Berufungsschiedsverfahren gegen die Entscheidungen eines Disziplinargerichtes oder eines ähnlichen Spruchkörpers eines Verbandes, einer Vereinigung oder einer anderen Sportorganisation (Artikel R47 ff.) und Gutachtenverfahren (Artikel R60 ff.)[59].

Für die Beilegung von Streitigkeiten während der Olympischen Spiele werden jeweils Ad-hoc-Kammern des CAS eingerichtet, die eine rasche Abwicklung der Streitigkeiten grundsätzlich innerhalb von 24 Stunden bezwecken[60].

Durch Art. 13.2.1 des World Anti-Doping Codes (WADC)[61] erhält der CAS immer größere Bedeutung in Dopingstreitigkeiten, da nach diesem internationale Athleten Rechtsbehelfe gegen Entscheidungen wegen Verstößen gegen die Anti-Doping-Bestimmungen ausschließlich vor dem CAS einlegen dürfen.

2. *Disziplinar- und Berufungskommission des Internationalen Fußballverbandes FIFA*

Nach Art. 56 FIFA-Statuten[62] bestehen als Rechtsorgane des Internationalen Fußballverbandes (Fédération Internationale de Football Association, FIFA) die Disziplinar- und Berufungskommission vorbehaltlich der Rechtsprechungskompetenz bestimmter anderer Kommissionen nach den FIFA-Statuten. Zuständigkeit und Verfahren dieser Rechtsorgane sind im FIFA-Disziplinarreglement geregelt[63]. Gemäß Art. 1 FIFA-Statuten ist die FIFA ein im Handelsregister eingetragener Verein schweizerischen Rechts mit Sitz in Zürich.

---

59 Ausführlich zum Aufbau und Verfahren: *Hofmann* in SpuRt 2002, S. 7 ff.; *Netzle* in RuS 22, S. 9 ff.; *ders.* in SpuRt 1995, S. 89 ff.; *Pfister* in SpuRt 2002, S. 177 ff. und SpuRt 2003, S. 7 ff.; *Oschütz*, S. 37 ff. und 260 ff.

60 Die aktuelle Version der Arbitration Rules for the Olympic Games findet sich abgedruckt im Handbuch des Sportrechts, Ordner 1, C.IV.4, oder unter http://www.tas-cas.org/en/code/frmco.htm. Eine deutsche Version findet sich bei *Vedder/Lämmer*, S. 117 ff. hinsichtlich der Olympischen Spiele 2000 in Sydney. Die regelmäßige Entscheidungsfrist von 24 Stunden ist in Artikel 18 geregelt.
Eine Zusammenstellung der Ad-hoc-Verfahren findet sich bei: *Martens/Oschütz* in SpuRt 2005, S. 59 ff. zu den Olympischen Sommerspielen 2004 in Athen; *dies.* in SpuRt 2002, S. 89 ff. zu den Olympischen Winterspielen 2002 in Salt Lake City; *dies.* in SpuRt 2001, S. 4 ff. zu den Olympischen Sommerspielen 2000 in Athen.

61 Eine Fassung des seit 2003 bestehenden WADC in deutscher Sprache mit Stand Januar 2004 findet sich abgedruckt im Handbuch des Sportrechts, Ordner 1, C.IV.2, oder als pdf-Dokument unter http://www.nada-bonn.de/uploads/tx_nfdownloads/WADA Code_deutsch_-_23.3.04_-_gesperrt.pdf.

62 Deutsche Fassung mit Gültigkeit seit 01.01.2004 zu finden unter http://www.fifa.com/fifa/statutes/statutesdocs/FIFA_statutes_08_2004_D.pdf.

63 Deutsche Fassung mit Gültigkeit seit 01.05.2005 zu finden unter http://www.fifa.com/documents/static/organisation/Discplinary_Code_FDC-D.pdf.

Die FIFA erkennt nach Art. 59-61 FIFA-Statuten grundsätzlich die Möglichkeit an, für Auseinandersetzungen zwischen der FIFA, den Konföderationen, Mitgliedern, Ligen, Klubs, Spielern, Offiziellen sowie lizenzierten Spiel- und Spielervermittlern den CAS als Berufungsinstanz gegen letztinstanzliche Entscheidungen bzw. Disziplinarentscheide anzurufen. Voraussetzung dafür ist, dass die angegriffenen Entscheidungen nach Ausschöpfung sämtlicher Rechtsmittelmöglichkeiten gefällt wurden, die von der FIFA, von einer ihrer Konföderationen, von einem Mitglied oder von einer Liga vorgesehen sind. Gleiches gilt bei entsprechender Schiedsvereinbarung auch für Auseinandersetzungen mit Dritten. Nach Art. 60 Abs. 2 FIFA-Statuten besteht diese Möglichkeit nicht im Zusammenhang mit Verstößen gegen die Spielregeln, Sperren von vier Spielen oder drei Monaten oder weniger und ebenso nicht im Zusammenhang mit Entscheiden eines unabhängigen und ordnungsgemäß einberufenen Schiedsgerichtes eines Verbandes oder einer Konföderation.

3. Rechtspflegeorgane der Vereinigung Europäischer Fußballverbände UEFA

Gemäß Art. 32, 60 UEFA-Statuten[64] sind sogenannte Rechtspflegeorgane der Vereinigung Europäischer Fußballverbände (Union of European Football Associations, UEFA) die Kontroll- und Disziplinarkammer, der Berufungssenat und der Disziplinarinspektor. Zuständigkeit und Verfahren dieser Rechtspflegeorgane sind in der Rechtspflegeordnung geregelt[65].

Wie die FIFA ist die UEFA nach Art. 1 UEFA-Statuten ein im Handelsregister eingetragener Verein schweizerischen Rechts. Ihren Sitz hat die UEFA in Nyon in der Schweiz.

Die UEFA erklärt nach Art. 61 UEFA-Statuten für alle zivilrechtlichen Streitsachen in UEFA-Angelegenheiten zwischen der UEFA und Verbänden, Vereinen, Spielern, Offiziellen sowie unter ihnen den CAS als ordentliches Schiedsgericht für zuständig, während nach Art. 60 UEFA-Statuten für Streitsachen sportlicher Natur die UEFA-Rechtspflegeorgane ausschließlich zuständig sind. Soweit die Entscheide der UEFA-Rechtspflegeorgane zivilrechtlicher Natur sind, können diese gemäß Art. 62 UEFA-Statuten vor dem CAS angefochten werden. Für eine Anrufung des CAS ist nach Art. 62 S. 3 UEFA-Statuten in jedem Fall Voraussetzung, dass der verbandsinterne Instanzenzug ausgeschöpft ist.

---

64 Deutsche Fassung für 2005 zu finden unter http://de.uefa.com/newsfiles/64675.pdf.

65 Die Rechtspflegeordnung ist als Teil der UEFA-Statuten in Art. 52 ff. UEFA-Statuten in Grundzügen und ausführlich in der separaten Rechtspflegeordnung RPO geregelt, die in der deutschen Fassung für 2004 zu finden ist unter http://de.uefa.com/newsfiles/64674.pdf.

4. FIS-Court des Internationalen Skiverbandes FIS

Der in der Schweiz beheimatete Internationale Skiverband (Fédération Internationale de Ski, FIS) differenziert in Art. 31 FIS-Statutes[66] zwischen Streitigkeiten über die Mitgliedschaft, Sanktionen wegen Dopings und Sanktionen aus anderen Gründen. Während für Streitigkeiten über die Mitgliedschaft der Congress als Hauptversammlung und für Berufungen gegen Dopingsanktionen der CAS zuständig ist, ist für Berufungen gegen Sanktionen aus anderen Gründen der FIS-Court zuständig, Art. 40 FIS-Statutes. Eine Berufung gegen Entscheidungen des FIS-Court ist nicht geregelt.

5. Bureau und Doping Panel des Internationalen Schwimmverbandes FINA

Der in Lausanne sitzende Internationale Schwimmverband (Fédération Internationale de Natation, FINA) sieht nach Art. C 12.8.1 FINA-Constiution[67] für Anfechtungen gegen seine Entscheidungen zunächst eine Berufung zum verbandsinternen Bureau der FINA, einem nach Art. C 17 von der Generalversammlung gewählten vorstandsähnlichen Gremium, vor. Gegen eine Entscheidung des Bureau und ebenso des für Dopingangelegenheiten zuständigen Doping Panels ist gemäß Art. C 12.8.3 FINA-Constitution die Berufung beim CAS möglich, der endgültig und bindend entscheidet. Gleiches gilt nach Art. C 24 FINA-Constitution für alle anderen Streitigkeiten.

6. Interner Schiedsgerichtshof des Internationalen Bob- und Rodelsportverbandes FIBT

Der in Paris gegründete und mit seiner Verwaltung in Mailand ansässige Internationale Bob- und Rodelsportverband (Fédération Internationale de Bobsleigh et de Tobogganing, FIBT) erkennt als Schiedsgerichtshöfe gemäß Art. 15 seiner Satzung[68] den eigenen Internen Schiedsgerichtshof und den CAS an. Art. 15.1 FIBT-Satzung bezeichnet den Internen Schiedsgerichtshof als unabhängiges Organ, das grundsätzlich für sämtliche Streitigkeiten im Kompetenzbereich der FIBT als Gericht erster Instanz zuständig ist. Nach Art. 15.6 FIBT-Satzung ist der CAS mit seiner Kammer für Berufungsschiedsverfahren ausschließlich als

66 Englische Fassung von 2004 zu finden unter http://www.fis-ski.com/uk/rulesandpublications/fisgeneralrules/statutes.html.

67 Aktuelle englische Fassung von Juli 2005 zu finden unter http://www.fina.org/rules2005_C.pdf.

68 Deutsche Fassung von 2003 zu finden unter http://www.bobsleigh.com/sport/Reg.SKEL.-2003-Tedesco.pdf.

Gericht letzter Instanz für Entscheidungen des Internen Schiedsgerichtshofes zuständig.

7. Appeals Board des Internationalen Radsportverbandes UCI

Der Internationale Radsportverband (Union Cycliste Internationale, UCI) unterhält gemäß Art. 74 bis 78 der UCI-Constitution[69] als eigenen Beschwerdeausschuss einen Appeals Board. Darüber hinaus wird laut Art. 85 der Constitution der CAS für die Kontrolle von UCI-Regeln anerkannt. Nach Art. 1 Abs. 2 und 3 UCI-Constitution ist die UCI ein Verein schweizerischen Rechts mit Sitz in der Schweiz.

8. International Court of Appeal des Internationalen Automobilverbandes FIA

Der in Paris ansässige Internationale Automobilverband (Fédération Internationale de l'Automobile, FIA) unterhält einen eigenen International Court of Appeal. Art. 23 FIA-Statutes[70] regelt ausführlich seine Zusammensetzung und Aufgaben. Nach Art. 10 der Draft Rules of the FIA International Court of Appeal[71] hat dieser seinen Sitz in Paris. Der CAS erfährt keine Erwähnung.

9. Appeals Commission des Internationalen Basketballverbandes FIBA

Der Internationale Basketballverband (Fédération Internationale de Basketball, FIBA) unterhält gemäß Art. 35 seiner General Statutes[72] eine eigene Berufungskommission (Appeals Commission), die in Fällen, in denen der Verband oder seine Abteilungen und Institutionen nicht als Partei beteiligt sind, als Schiedsgericht dienen soll. Im Übrigen wird nach Art. 62 der General Statutes der CAS für zuständig erklärt. Während die FIBA vor einigen Jahren ihren Verwaltungssitz noch in München hatte[73], hat sie diesen 2002 nach Genf verlegt[74].

---

69 Englische Fassung vom 01.01.2005 zu finden unter http://www.uci.ch/imgArchive/Rules/statut-E.pdf.

70 Englische Fassung vom 14.10.2004 zu finden unter http://www.fia.com/resources/documents/1934582663__statutes_a.pdf.

71 Aktuelle englische Fassung zu finden unter http://www.fia.com/resources/documents/182602058__ICA_Draft_Rules.pdf.

72 Englische Fassung von 2002 zu finden unter http://www.fiba.com/asp_includes/download.asp?file_id=206.

73 Vergleiche das Verfahren des Profibasketballers Stanley Roberts gegen die FIBA: LG München I SpuRt 2000, 115 ff. und OLG München SpuRt 2001, 64 ff. sowie OLG München SpuRt 2003, 199 ff.

74 Vergleiche Art. 2 der General Statutes und den Link „History of FIBA" unter www.fiba.com.

10. Ehemaliges Arbitration Panel des Internationalen Leichtathletikverbandes IAAF

Insbesondere durch die Fälle von Katrin Krabbe und Dieter Baumann ist das damalige Verbandsschiedsgericht der IAAF[75], das Arbitration Panel, in den Blickpunkt der deutschen Öffentlichkeit gelangt. Auf dem IAAF-Kongress 2001 beschloss die IAAF, das eigene Schiedsgericht, das Arbitration Panel, aufzulösen und sich dem Internationalen Schiedsgerichtshof für Sportsachen in Lausanne zu unterwerfen, Art. 15 und Art. 14.11 der neuen IAAF-Constitution[76].

2. Kapitel: Internationale Sportschiedssprüche vor deutschen Gerichten

Nach diesen einführenden Erläuterungen zur internationalen Sportgerichtsbarkeit wird im folgenden Schwerpunkt der Arbeit zunächst das Verhältnis von internationalem Sportverbandsrecht zu nationalem Recht, insbesondere zu deutschem Recht, herausgearbeitet (dazu unter I.). Die Klärung dieses Verhältnisses ist Ausgangspunkt und Grundlage für die Untersuchung, inwiefern ein deutsches Gericht internationale Sportschiedssprüche kontrollieren kann (dazu unter II.). Zwecks eines Gesamtüberblickes schließen sich Ausführungen zum von deutschen Gerichten anwendbaren Recht (dazu unter III.) und zur Zuständigkeit deutscher Gerichte (dazu unter IV.) an.

I. Verhältnis von internationalem Sportverbandsrecht zu nationalem Recht, insbesondere zu deutschem Recht

Internationale Sportverbände und -organisationen nehmen für sich in Anspruch, dass sie ohne Verweisung auf eine vermittelnde nationale Rechtsordnung originäres und von jeglichem staatlichen Recht unabhängiges Verbandsrecht normieren und anwenden[77]. Der Wille, sich nicht förmlich an eine bestimmte staatliche

75 Seit dem IAAF-Kongress 2001 steht die Abkürzung nicht mehr für International Amateur Athletic Federation, sondern International Association of Athletics Federations, vergleiche Frankfurter Allgemeine Zeitung vom 03.08.2001, S. 36.

76 Englische Fassung vom 01.11.2003 zu finden unter http://www.iaaf.org/newsfiles/9585.pdf.

77 So zum Beispiel (Links zu den jeweiligen Satzungen sind in dieser und den folgenden Fußnoten nur dann angegeben, wenn sie nicht bereits im 1. Kapitel bei der Darstellung internationaler Sportgerichte erwähnt sind):

Rechtsordnung zu binden, wird auch dadurch deutlich, dass zahlreiche internationale Sportverbände in ihren Satzungen die ausdrückliche Wahl einer bestimmten Rechtsform staatlichen Rechts vermeiden[78]. Streitigkeiten über die Durchführung oder Auslegung ihres Verbandsrechts könnten nur durch ihre Organe und gegebenenfalls durch den Court of Arbitration for Sport entschieden werden[79]. Begründet wird dies mit der Notwendigkeit der weltweiten Einheit-

---

- Internationaler Radsportverband im Urteil des Europäischen Gerichtshofes vom 12.12.1974, Rechtssache 36/74, Slg. 1974, 1405, 1413/1414: Eigenes Reglement sei nicht Bestandteil einer staatlichen Rechtsordnung, sondern einer internationalen privatrechtlichen Regelung, ein internationales Reglement, das sogar dem Gemeinschaftsrecht im Range vorgehe.
- Memorandum of Association of ITF Limited (International Tennis Federation), Art. IV : „The objects and purposes for which the Company is established are to: [...] (j) preserve the independence of the Company in all matters concerning the game of Tennis without the intervention of any outside authority in its relations with its Members and other Companies affiliated to the Company.“ Englische Fassung von 1997 unter: http://www.itftennis.com/shared/medialibrary/pdf/original/IO_2649_original.PDF.
- Internationaler Bob- und Rodelsportverband (FIBT) in Art. 1.3 und 1.4 der Satzung: Art. 1.3: „Die FIBT ist die „oberste Instanz“ in allen Fragen des internationalen Bob- und Skeletonsports.“ Art. 1.4: „Als eine funktionell autonome nichtstaatliche internationale Vereinigung, die ohne Absicht eines wirtschaftlichen Geschäftsbetriebes eine Aufgabe von internationalem Interesse verfolgt, erfüllt sie die in Art. 71 der Charta der Vereinten Nationen angesprochenen Kriterien von „INTERNATIONAL NON-GOVERNMENTAL ORGANIZATIONS (INGO)“.“
- Vergleiche auch Article 4 der FIA-Statutes: „The General Assembly of the FIA shall be the sole international body governing motor sport, that is to say it shall hold the exclusive right to take all decisions concerning the organization, direction and management of International Motor Sport.“
- Vergleiche auch Art. 3.7 der IAAF-Constitution: „The Objects of the IAAF are to create and enforce a mechanism whereby all disputes within Athletics are resolved by arbitration.“

78 *Adolphsen*, S. 45; *Vieweg*, S. 51 ff. und 123; *Reuter* in DZWir 1996, S. 1, 1.
So zum Beispiel folgende Verbände, die zwar Aussagen zum Namen und/oder Sitz treffen, nicht aber zur Rechtsform des Verbandes: Internationaler Schwimmverband FINA, vergleiche Art. C 1 und C 2 der FINA-Constitution; Internationaler Skiverband FIS, vergleiche Art. 1 der FIS-Statutes; Internationaler Golfverband IGF, vergleiche Art. 1 der IGF-Articles (englische Version von Januar 2003 zu finden unter http://www.internationalgolffederation.org/articles.html). Anders hingegen zum Beispiel folgende Verbände: FIFA ist Verein schweizerischen Rechts, Art. 1.1 der FIFA-Statuten; UCI ist ebenfalls Verein schweizerischen Rechts, Art. 1.2 UCI-Constitution.

79 Vergleiche Regel 15 Absatz 4 Olympische Charta in der Fassung vom 01.09.2004 (zu finden unter http://multimedia.olympic.org/pdf/en_report_122.pdf): „The decisions of the IOC are final. Any dispute relating to their application or interpretation may be resolved solely by the IOC Executive Board and, in certain cases, by arbitration before

lichkeit der Sportregeln in der jeweils vertretenen Sportart und mit der größeren Sachnähe der Verbände gegenüber staatlichen Institutionen[80].

Ob internationale Sportverbände tatsächlich unmittelbar geltendes internationales Sportrecht als eine originäre Rechtsordnung neben staatlichem Recht, eine sogenannte lex sportiva internationalis sui generis[81], erlassen und anwenden können, die ohne staatlichen Geltungsbefehl verbindlich ist, gilt es im Folgenden zu untersuchen.

1. Gang der Untersuchung

Nach den beiden zu dieser Thematik vertretenen Ansichten genießen Sportverbände hinsichtlich ihrer Rechtsetzung eine gewisse Autonomie vom staatlichen Recht.

Umstritten ist allerdings, ob diese Autonomie zu einer völligen Unabhängigkeit vom staatlichen Recht führt, einer sogenannten originären Normsetzungs- und Normanwendungsbefugnis und somit einer originären Rechtsordnung oder ob die Autonomie nur vom staatlichen Recht abgeleitet ist und das internationale Sportrecht als private Rechtsetzung dem jeweils geltenden staatlichen Recht untergeordnet ist und der Anerkennung durch dieses bedarf.

---

the Court of Arbitration for Sport (CAS).“; vergleiche auch den bereits in Fußnote 77 zitierten Art. 1.3 der FIBT-Satzung: „oberste Instanz“ und Art. 15.6, nach dem die FIBT neben dem eigenen internen Schiedsgerichtshof den CAS als Gericht letzter Instanz anerkennt; vergleiche auch Art. 15.3 der IAAF-Constitution: „The decision of CAS shall be final and binding on the parties and no right of appeal will lie from the CAS decision.“

80 *Haas/Prokop* in JR 1998, S. 45, 45; *Reuter* in DZWir 1996, S. 1, 1 f.; *Vieweg*, S. 138 f.
Vergleiche beispielsweise:
- Memorandum of Association of ITF Limited (International Tennis Federation), Art. IV (a), (b): „The objects and purposes for which the Company is established are to: (a) foster the growth and development of the sport of Tennis on a worldwide basis, (b) perform the functions of the world governing body for the sport of Tennis.“
- Art. 2 a) und f) der UCI-Constitution: „The purposes of the UCI are: a) to direct, develop, regulate, control and discipline cycling under all forms worldwide; [...] ; f) to represent the sport of cycling and defend its interests before the International Olympic Committee and all national and international authorities.“

81 Die gängige Bezeichnung des Sportverbandsrechts als lex sportiva ohne einen Zusatz wie zum Beispiel sui generis, staatsfern, eigenständig oder originär enthält noch keine Wertung darüber, ob dieses gegenüber staatlichem Recht originär oder von diesem abgeleitet ist.

Die weitere Untersuchung wird die beiden Hauptansichten und ihre jeweiligen sich in Teilen überschneidenden und parallel vertretenen Begründungsansätze systematisieren (dazu unter 2 a) und b)) und in der Stellungnahme auf ihre Nachvollziehbarkeit untersuchen (dazu unter 2 c)).

2. Internationale Sportverbände als Nongovernmental Organizations

Die beiden Hauptansichten stimmen zwar darin überein, dass internationale Sportverbände als internationale Organisationen in Form der Nongovernmental Organizations zu qualifizieren sind[82]. Damit ist aber noch keine Aussage für die vorliegende Untersuchung getroffen.

a) NGOs mit vom staatlichen Recht abgeleiteter Normsetzungsbefugnis

Nach der einen Ansicht sind die internationalen Sportverbände zwar als NGOs zu qualifizieren[83], haben aber keine vom staatlichen Recht unabhängige Normsetzungsbefugnis und originäre Rechtsordnung[84].

---

82 PHBSportR/*Pfister* 6/7; Vieweg, S. 139; *Seidl-Hohenveldern/Stein*, Rn. 1730a; *Stein/von Buttlar*, Rn. 491; *Vedder* in GYIL Vol. 27 (1984), S. 233, 240; *Tröger/Vedder* in RuS 7, S. 1, 19; *Nolte* in Sport und Recht, S. 27; speziell für das IOC in diesem Sinne: *Tröger/Vedder* in RuS 7, S. 1, 9; *Vedder* in GYIL Vol. 27 (1984), S. 233, 248; *Verdross/Simma*, § 416; speziell für die FIFA in diesem Sinne: *Krause-Ablass* in NJW 1974, S. 1495, 1496.
Als internationale Organisationen werden International Governmental Organizations (zwischenstaatliche Organisationen, kurz IGOs) und Nongovernmental Organizations (Nichtregierungsorganisationen, kurz NGOs) unterschieden. Gemeinsam sind ihnen ein Minimum an institutioneller Einrichtung und eine gewisse Dauerhaftigkeit. Während IGOs durch völkerrechtlichen Vertrag zwischen Völkerrechtssubjekten gegründet werden und hoheitliche Zwecke verfolgen, werden NGOs in Formen des Privatrechts gegründet und erfüllen keine hoheitlichen Zwecke. Beispiele für IGOs sind die Vereinten Nationen (UN), die Europäische Union (EU), die Nordatlantik-Organisation (NATO) und die Welthandelsorganisation (WTO). Beispiele für NGOs sind Amnesty International, Greenpeace und der World Wildlife Fund of Nature (WWF). Vergleiche zur Begrifflichkeit: *Schweitzer*, Rn. 684 ff.; *Stein/von Buttlar*, Rn. 364 ff., 491; Vitzthum/*Hailbronner*, 3. Abschnitt, Rn. 12; Vitzthum/*Klein*, 4. Abschnitt, Rn. 12 f.

83 PHBSportR/*Pfister* 6/7; *Vieweg*, S. 139; *Nolte* in Sport und Recht, S. 27; *Petri*, S. 313.

84 OLG Frankfurt SpuRt 2001, 159, 161 (Baumann); *Adolphsen*, S. 60; *Vieweg*, S. 143; *Reichert*, Rn. 6361, 6367, 6373 (9. Auflage: Rn. 3162, 3164, 3166); *Summerer*, S. 38 und 126; *ders.* in FS Hanisch, S. 267, 279; Handbuch des Sportrechts/*Haas*, Ordner 1, B 2. Kapitel Rn. 5 und 6; PHBSportR/*Pfister* Einleitung/7 und 6/8; *Pfister/Steiner*, S. 194 ff.; *Reuter* in DZWir 1996, S. 1, 3; *Haas/Prokop* in JR 1998, S. 45, 52;

So fehle NGOs mangels eines zwischenstaatlichen Gründungsaktes in Form eines völkerrechtlichen Vertrages zunächst die Völkerrechtssubjektivität[85]. Darüber hinaus bilde das von ihnen gesetzte Sportverbandsrecht im Einklang mit der Lehre vom Rechtspositivismus keine originäre staatsferne Rechtsordnung, sondern bedürfe der Zulassung durch staatliches Recht[86]. Autonomie und Rechtsfähigkeit könnten aufgrund des Souveränitätsanspruchs eines jeden Staates nur von einer staatlichen Rechtsordnung abgeleitet werden[87]. Für Deutschland folge dies vor allem aus den verfassungsrechtlichen Geboten der Rechts- und Sozialstaatlichkeit und des effektiven Schutzes der Grundrechte des Einzelnen auch gegenüber privaten Normsystemen wie einer Verbands- oder Vereinssatzung[88]. Diesen Geboten werde der Staat nur gerecht, sofern er jederzeit einfachgesetzlich regelnd und gestaltend eingreifen könne[89]. Für ausländische internationale Sportverbände würden diese nationalen deutschen Gebote aufgrund einer direkten oder analogen Anwendung des Art. 6 EGBGB Geltung erlangen, auch wenn es vordergründig nicht um die Anwendung einer ausländischen Rechtsnorm gehe[90].

Demnach sei das Sportrecht zwar als autonom, aber nicht auch als originär, sondern als aus dem jeweiligen staatlichen Vereins- bzw. Verbandsrecht abge-

---

Oschütz, S. 353; *Petri*, S. 313 f.; Rechtsausschuss des DLV SpuRt 1996, 66, 67; in diesem Sinne wohl auch *Nolte*, S. 426; *van Hecke* in FS Seidl-Hohenveldern, S. 629, 632 für die inneren Verhältnisse eines Vereins, für das Verhältnis zu Außenstehenden folgt er dagegen der Lehre von der lex contractus, vergleiche unten unter I 2 b) aa) (4).

85 *Adolphsen*, S. 46; *Nolte* in Sport und Recht, S. 27; PHBSportR/*Pfister* 6/7; *Reichert*, Rn. 6361, 6367 (9. Auflage: Rn. 3162, 3164); *Oschütz*, S. 354. Generell zu fehlender Völkerrechtssubjektivität von NGOs: *Seidl-Hohenveldern/Stein*, Rn. 911; *Stein/von Buttlar*, Rn. 491; *Seidl-Hohenveldern/Loibl*, Rn. 0103 und 0103 a; *Schweitzer*, Rn. 685; Vitzthum/*Klein*, 4. Abschnitt, Rn. 18. Völkerrechtssubjekte sind demnach nur die Staaten und IGOs, vergleiche: *Schweitzer*, Rn. 532, 692 ff.; Vitzthum/*Hailbronner*, 3. Abschnitt, Rn. 1 ff. Zu den historisch begründeten Sonderfällen Heiliger Stuhl, Internationales Komitee vom Roten Kreuz und Malteser Orden: *Stein/von Buttlar*, Rn. 483 ff.; Vitzthum/*Hailbronner*, 3. Abschnitt, Rn. 41 ff.

86 PHBSportR/*Pfister* 6/8; *Summerer*, S. 126; Reichert, Rn. 6361 (9. Auflage: Rn. 3162).

87 PHBSportR/*Pfister* 6/8; *Nolte* in Sport und Recht, S. 27; *Summerer*, S. 126; *Reuter* in DZWir 1996, S. 1, 3; *Reichert*, Rn. 6367 (9. Auflage: Rn. 3164); *von Bar/Mankowski*, Bd. I, § 2 Rn. 76, S. 81.

88 *Reuter* in DZWir 1996, S. 1, 3; *Summerer* in FS Hanisch, S. 267, 274 f.; *Pfister/Steiner*, S. 195.

89 *Summerer* in FS Hanisch, S. 267, 275 mwN.

90 OLG Frankfurt SpuRt 2001, 159, 161 (Baumann); *Haas/Prokop* in JR 1998, S. 45, 52; *Reichert*, Rn. 6373 (9. Auflage: Rn. 3166); *Summerer*, S. 127; *ders.* in FS Hanisch, S. 267, 274 f.; *Reuter* in DZWir 1996, S. 1, 6. Zur Kontrolle nach Art. 6 EGBGB vergleiche ausführlich unten unter II 2 b).

leitet anzusehen[91]. Die Autonomie, die das Sportverbandsrecht aufgrund des staatlichen Vereins- und Verbandsrechts genieße, sei in Kollisionsfällen dem staatlichen Recht, durch das es erst Geltung erlange, untergeordnet und trete hinter diesem zurück[92]. Welches staatliche Recht anzuwenden sei, entscheide sich nach den Regeln des Internationalen Privatrechts[93].

Dabei sei unbeachtlich, ob die Rechtsnatur einer Sportverbandssatzung nach der Vertragstheorie, der Normentheorie oder der modifizierten Normentheorie zu bestimmen ist. Nach der Vertragstheorie ist eine Sportverbandssatzung eine besondere Erscheinungsform des Vertrages. Nach der Normentheorie ist sie hingegen wie ein Gesetz auszulegen. Die herrschende Meinung von der modifizierten Normentheorie geht davon aus, dass in der Aufstellung der Satzung ein Vertrag der Gründer zu sehen ist, die fertige Satzung indessen wie ein Gesetz zu behandeln ist. Diese unterschiedlichen Qualifizierungen seien ohne Bedeutung dafür, dass sich im Ergebnis die Gestaltungsfreiheit der Satzungen nach dem Umfang staatlich delegierter Regelungsbefugnis richte. Das Sportrecht werde aus dem staatlichen Recht abgeleitet, selbst wenn die Auslegung der Sportverbandssatzungen derjenigen von Gesetzen entspreche.[94]

b) NGOs mit vom staatlichen Recht unabhängiger originärer Normsetzungsbefugnis

Nach der anderen Ansicht haben die internationalen Sportorganisationen eine eigene vom staatlichen Recht unabhängige originäre Normsetzungs- und Normanwendungsbefugnis und damit eine eigene separate Rechtsordnung[95].

Zum Teil wird dies ohne weitere Begründung aufgrund der Internationalität und weltweiten Geltung der Sportregeln durch Formulierungen wie „transnational or disnational legal order/body of rules“[96] oder „sui generis law of the Olympic

91 *Summerer*, S. 126; *ders.* in FS Hanisch, S. 267, 279; *Haas/Prokop* in JR 1998, S. 45, 52; PHBSportR/*Pfister* 6/8.

92 *Summerer*, S. 126 f.; *ders.* in FS Hanisch, S. 267, 274 f. und 279; Rechtsausschuss des DLV SpuRt 1996, 66, 67.

93 PHBSportR/*Pfister* 6/8; *Vieweg*, S. 142; *Nolte* in Sport und Recht, S. 27.

94 Handbuch des Sportrechts/*Haas*, Ordner 1, B 2. Kapitel Rn. 6 und Rn. 29 ff.; *Malatos*, S. 12 mwN; in diesem Sinne für die Normentheorie: MüKo/*Reuter*, § 25 BGB Rn. 16 mwN.

95 *Malatos*, S. 19; *Tröger/Vedder* in RuS 7, S. 1, 12 ff., 18; *Vedder* in GYIL Vol. 27 (1984), S. 233, 242; *Simma* in FS Seidl-Hohenveldern, S. 573, 575 und 580; *Krause-Ablass* in NJW 1974, S. 1495, 1495.

96 *Vedder* in GYIL Vol. 27 (1984), S. 233, 242 und 256; *Tröger/Vedder* in RuS 7, S. 1, 12; *Simma* in FS Seidl-Hohenveldern, S. 573, 575.

Movement, autonomously enacted by the IOC"[97] oder „dis- oder anationales Recht"[98] schlicht behauptet.

Zum anderen Teil beziehen sich die Vertreter dieser Ansicht vor allem auf folgende zwei Begründungsansätze, die mitunter nebeneinander vertreten werden: das internationale Sportverbandsrecht als dritte Rechtsordnung (dazu unter aa)) und die Anwendung des Völkerrechts auf internationale Sportverbände (dazu unter bb)).

aa) Internationales Sportrecht als dritte Rechtsordnung

Nach dem erstgenannten Begründungsansatz stellt sich das internationale Sportverbandsrecht als eigenständige und originäre dritte Rechtsordnung neben dem staatlichen Recht und neben bzw. unter dem Völkerrecht dar[99]. Es bedürfe demnach nicht der Anerkennung durch staatliches Recht oder der Ableitung aus staatlichem Recht[100].

Dies bedeute allerdings nicht, dass die Anwendung dieses autonomen und transnationalen Sportrechts nicht der Überprüfung durch staatliche Gerichte unterworfen sei[101]. Bei einer solchen Überprüfung durch staatliche Gerichte gingen aber nur die nationale Verfassungsordnung, insbesondere die Grundrechte, und die wesentlichen Grundsätze des staatlichen Rechts, dem internationalen Sportrecht sowohl inländischer als auch ausländischer Sportverbände vor[102]. Für das deutsche Recht lasse sich dieser Vorbehalt des Geltungsanspruchs der wesentlichen Grundsätze des deutschen Rechts gegenüber dem internationalen Sportrecht ausländischer internationaler Sportverbände durch eine jedenfalls analoge Anwendung des Art. 6 EGBGB auf das originäre internationale Sportrecht als eigenständiger Rechtsordnung begründen[103].

---

97 *Simma* in FS Seidl-Hohenveldern, S. 573, 580.

98 *Tröger/Vedder* in RuS 7, S. 1, 12 mwN.

99 *Tröger/Vedder* in RuS 7, S. 1, 12 f. und 18; *Malatos*, S. 16 und 19; *Simma* in FS Seidl-Hohenveldern, S. 573, 575 und 580; *Vedder* in GYIL Vol. 27 (1984), S. 233, 242; *Heß* in Aktuelle Rechtsfragen, S. 1, 42 ff. und 47.

100 *Tröger/Vedder* in RuS 7, S. 1, 12 f. und 18; *Simma* in FS Seidl-Hohenveldern, S. 573, 575; *Vedder* in GYIL Vol. 27 (1984), S. 233, 242; *Malatos*, S. 15.

101 *Simma* in FS Seidl-Hohenveldern, S. 573, 584; *Tröger/Vedder* in RuS 7, S. 1, 25.

102 *Tröger/Vedder* in RuS 7, S. 1, 25; *Simma* in FS Seidl-Hohenveldern, S. 573, 584 f.; *Heß* in Aktuelle Rechtsfragen, S. 1, 44.

103 *Kappus* in IPRax 1993, S. 137, 140 für die lex mercatoria; *Reuter* in DZWir 96, S. 1, 2 f., der aber im Ergebnis die Auffassung von der originären Rechtsordnung ablehnt. Hinsichtlich der direkten oder analogen Anwendung des Art. 6 EGBGB besteht kein Unterschied zur unter I 2 a) geschilderten Ansicht, die eine lediglich von staatlichem Recht abgeleitete Normsetzungsbefugnis bejaht. Zum praktischen Un-

Auch nach dieser Ansicht ist der Ausgangspunkt der Überlegung, dass internationale Sportverbände als NGOs zu qualifizieren seien, denen es mangels eines zwischenstaatlichen Gründungsaktes in Form eines völkerrechtlichen Vertrages an Völkerrechtssubjektivität fehle[104]. Ihre Rechtsfähigkeit ergebe sich zwar aus staatlichem Recht, das von ihnen gesetzte Recht sei allerdings originär und von staatlichem Recht unabhängig[105].

Die staatsferne und originäre Autonomie des von ihnen gesetzten Regelwerkes, das eine dritte Rechtsordnung neben dem staatlichen Recht und neben bzw. unterhalb des Völkerrechts darstelle, wird unterschiedlich begründet: durch die Erfüllung der drei typischen Merkmale einer eigenen Rechtsordnung (dazu unter (1)), durch eine Institutionalisierungstheorie (dazu unter (2)), durch einen Vergleich zur lex mercatoria des internationalen Wirtschaftshandels (dazu unter (3)), durch eine Anwendung der völkerrechtlichen Lehre von der lex contractus (dazu unter (4)) oder durch die internationale echte Sportschiedsgerichtsbarkeit (dazu unter (5)).

(1) Typische Merkmale einer eigenen Rechtsordnung

Vor allem ausländische Autoren sind der Auffassung, dass internationale Sportverbandssatzungen ausgehend von der Lehre *Romanos* über die Vielfalt der Rechtsordnungen[106] eigenständige Rechtsordnungen bilden würden, da sie jeweils die wesentlichen Kennzeichen einer eigenständigen Rechtsordnung, nämlich ein Personengefüge, ein Organisationsgefüge und ein Normengefüge, aufweisen würden[107].

Demnach seien diese originären Rechtsordnungen auf internationaler Ebene ohne den staatlichen Geltungsbefehl verbindlich und nur als anationales Recht

---

terschied zwischen den Ansichten bei der Anwendung des Art. 6 EGBGB vergleiche unten unter II 2 a).

104 So für das IOC: *Vedder* in GYIL Vol. 27 (1984), S. 233, 246; *Tröger/Vedder* in RuS 7, S. 1, 9; *Verdross/Simma*, § 416 für das IOC und in § 446 auch für Sportverbände; generell zu fehlender Völkerrechtssubjektivität von NGOs: *Stein/von Buttlar*, Rn. 491; *Seidl-Hohenveldern/Stein*, Rn. 911; *Seidl-Hohenveldern/Loibl*, Rn. 0103 und 0103 a; *Schweitzer*, Rn. 685.

105 *Heß* in Aktuelle Rechtsfragen, S. 1, 6, 42 f., 47; *Vedder* in GYIL Vol. 27 (1984), S. 233, 248 und 242; *van Hecke* in FS Seidl-Hohenveldern, S. 629, 629.

106 *Romano*, S. 88 ff. und 106 ff.

107 So vor allem italienische und belgische Autoren, vergleiche die ausführlichen Nachweise bei: *Malatos*, S. 12 ff.; *Summerer*, S. 95 ff.; *ders.* in FS Hanisch, S. 267, 269 ff. Auch *Tröger/Vedder* in RuS 7, S. 1, 15 bedienen sich u. a. dieses Begründungsansatzes.

adäquat zu erfassen[108]. Allerdings behalte der Staat auf nationaler Ebene die Kompetenz-Kompetenz und könne daher die Sportrechtsordnungen innerstaatlich beschränken[109]. Etwaige Konflikte aus dieser unterschiedlichen Souveränitätslage auf nationaler und internationaler Ebene seien durch das Prinzip der gegenseitigen Respektierung zwischen Sport und Staat zu vermeiden[110].

(2) Institutionalisierung originärer Sportrechtsordnungen durch staatliches Recht

In Anlehnung an die Auffassung von den typischen Merkmalen einer eigenen Rechtsordnung wird als Kompromiss zwischen den beiden Thesen von der originären und von der abgeleiteten Sportrechtsordnung teilweise vertreten, dass zwar von einer Originalität internationaler Sportrechtsordnungen auszugehen sei. Diese partikulären Rechtsordnungen würden aber aus staatlicher Sicht, da ein Staat partikuläre Rechtsordnungen in seinem souveränen Kompetenzbereich nicht akzeptiere, institutionalisiert[111] und somit als eine Institution des staatlichen Rechts angesehen.

Durch diese Institutionalisierung könne die staatliche Rechtsordnung die partikuläre Rechtsordnung kontrollieren und in ihr Normengefüge eingliedern, so dass diese partikuläre Rechtsordnung im Ergebnis im innerstaatlichen Bereich keinen Vorrang vor staatlichem Recht habe.[112] So nehmen der italienische und französische Gesetzgeber ausdrücklich durch Gesetz Bezug auf die internationalen Sportregeln und „verleiben" sich diese durch Verweisung ein[113].

(3) Vergleich zur lex mercatoria

In der Literatur wird verschiedentlich ein Vergleich des internationalen Sportrechts mit der Lehre von dem selbst gesetzten internationalen Wirtschaftsrecht,

---

108 Vergleiche die Nachweise in der vorhergehenden Fußnote und: *Tröger/Vedder* in RuS 7, S. 1, 12 f. und 18; *Simma* in FS Seidl-Hohenveldern, S. 573, 575; *Vedder* in GYIL Vol. 27 (1984), S. 233, 242.

109 *Vedder* in GYIL Vol. 27 (1984), S. 233, 248; vergleiche zudem die Nachweise bei: *Malatos*, S. 14 und *Will* in RuS 7, S. 29, 39. Die Kompetenz-Kompetenz ist die Befugnis, Zweifel über die Zuständigkeit verbindlich zu entscheiden, vergleiche die ausführliche Definition des Begriffes in: Creifelds (Begr.), Rechtswörterbuch, 18. Auflage, München 2004, S. 772.

110 Vergleiche die Nachweise bei: *Malatos*, S. 14; *Summerer* in FS Hanisch, S. 267, 270 und *Will* in RuS 7, S. 29, 39.

111 Institutionalisieren = in eine gesellschaftlich anerkannte, feste Form bringen; Definition aus dem Duden, Bd. 5, Das Fremdwörterbuch, 8. Auflage, Mannheim 2005.

112 *Malatos*, S. 15 mwN, 16, 19, 186; *Will* in RuS 7, S. 29, 39 und 47.

113 Vergleiche die Nachweise bei: *Will* in RuS 7, S. 29, 39 ff.

der lex mercatoria[114], diskutiert und eine Übertragung dieser Lehre auf das Verhältnis des internationalen Sportrechts zur staatlichen Rechtsordnung erwogen[115].

Nach der Lehre von der lex mercatoria besteht für internationale Wirtschaftsbeziehungen ein internationales Wirtschaftsrecht, das auf dem Vertrag der beteiligten Parteien, internationalen Handelsbräuchen, internationalen Abkommen und allgemeinen Rechtsgrundsätzen beruhe[116]. Nach einigen Vertretern der lex mercatoria handelt es sich bei dieser um ein originäres vom staatlichen Recht unabhängiges übernationales Wirtschaftsrecht, das nicht nur vor privaten Schiedsgerichten, sondern auch vor staatlichen Gerichten anstelle staatlicher Rechtssätze zum Vertragsstatut im Sinne des Art. 27 Absatz 1 EGBGB erhoben werden könne[117]. Lediglich der ordre public und zwingendes Inlandsrecht gemäß Art. 6, 34 EGBGB könnten die lex mercatoria begrenzen[118].

Zur Begründung wird angeführt, dass eine solche lex mercatoria notwendig sei, da ansonsten die Bestimmung eines nationalen Rechts aufgrund der zahlreichen Verknüpfungen des internationalen Sachverhalts zu verschiedenen nationalen Rechten willkürlich erscheine. Zudem dürfe anderenfalls meist eine Partei nach eigenem vertrautem Recht handeln, während sich dies für die andere Partei als fremdes und unbekanntes Recht darstelle. Letztlich fehle nationalem Recht die Eignung, international angelegte Sachverhalte angemessen zu lösen.[119]

Diese Situation ähnle der der internationalen Sportverbände, die eine welteinheitliche Normsetzung und -anwendung anstreben, obgleich die kollisionsrechtliche Kompetenz-Kompetenz den einzelnen Staaten zugeordnet bleibe[120]. Eine Lö-

114 Einführend zur lex mercatoria: MüKo/*Sonnenberger*, Einleitung IPR Rn. 230 ff. und MüKo/*Martiny*, Art. 27 EGBGB Rn. 31 ff.; Staudinger/*Fritz und Gudrun Sturm*, Einleitung zum IPR Rn. 100 ff. mwN; Kegel/Schurig/*Schurig*, S. 125 ff. Ausführlich zur lex mercatoria: *Kappus* in IPRax 1993, S. 137 ff.; *von Bar/Mankowski*, Bd. I, § 2 Rn. 72 ff., S. 75 ff. mwN; *Stein*, S. 46 ff. und S. 203 ff.

115 *Vieweg*, S. 138 ff.; *Summerer*, S. 124 ff.; *Bach* in SpuRt 1995, S. 142, 143; *van Hecke* in FS Seidl-Hohenveldern, S. 629, 632; *Stein*, S. 46/47; *Reuter* in DZWir 1996, S. 1, 8; *ders.* in NJW 1983, S. 649, 652; *Adolphsen*, S. 51 ff.

116 *Kappus* in IPRax 1993, S. 137, 138; *von Hoffmann* in FS Kegel, S. 215, 220.

117 *Kappus* in IPRax 1993, S. 137 ff. mwN; vergleiche zum Streitstand auch: *von Bar/Mankowski*, Bd. I, § 2 Rn. 73, S. 78 mwN für die vor allem französischen Begründer der Lehre von der lex mercatoria; Staudinger/*Fritz und Gudrun Sturm*, Einleitung zum IPR Rn. 103 ff. mwN.

118 *Kappus* in IPRax 1993, S. 137, 140.

119 *Von Hoffmann* in FS Kegel, S. 215, 218 ff., 232 mwN.

120 *Vieweg*, S. 138 ff.

sung könne eine Übertragung der Lehre von der übernationalen lex mercatoria auf die lex sportiva sein[121].

(4) Lex contractus

Nach einem der lex mercatoria ähnlichen Begründungsansatz ist die Lehre von der lex contractus auf das internationale Sportverbandsrecht zu übertragen[122].

Nach der Lehre von der lex contractus schließen private Unternehmen und Staaten sogenannte quasi-völkerrechtliche Verträge, in denen sie vorsehen, dass der Kontrakt die Vertragsbeziehungen umfassend und abschließend regeln solle und nicht dem Recht eines bestimmten Staates unterstellt sei[123]. Die Vereinbarungen des quasi-völkerrechtlichen Vertrages würden das Verhältnis zwischen den Parteien erschöpfend regeln. Damit würde eine eigenständige unterhalb des Völkerrechts, aber den Rahmen des staatlichen Rechts sprengende und in sich selbst ruhende Rechtsordnung geschaffen, die von den nationalen Rechtsordnungen und dem Völkerrecht vollkommen unabhängig sei[124].

Geltungsgrund dieser quasi-völkerrechtlichen Verträge sei nicht die Rechtsordnung des beteiligten Staates, sondern der von den beiden Vertragsteilen durch den Vertragsabschluss einvernehmlich anerkannte allgemeine Rechtsgrundsatz pacta sunt servanda[125]. Dabei sei die Lehre der lex contractus nicht nur auf einen Vertrag zwischen einem Staat und einem privaten Unternehmen, sondern auch auf das Sportverbandsrecht anwendbar, das durch eine Art internationalen Gesellschaftsvertrag konstituiert werde[126]. Eine rein kollisionsrechtliche Betrachtung mit der Rückbindung in eine nationale Rechtsordnung würde im Gegensatz zu dem a priori inter- oder anationalen Charakter der Sportregeln stehen[127].

Zur Auslegung der vereinbarten lex contractus oder Ausfüllung etwaiger Lücken werde auf eine staatliche Rechtsordnung, auf das Völkerrecht oder all-

121 Dies andenkend, aber im Ergebnis ablehnend: *van Hecke* in FS Seidl-Hohenveldern, S. 629, 632; *Reuter* in DZWir 1996, S. 1, 8; *Summerer*, S. 124 ff.; *Adolphsen*, S. 51 ff.

122 *Vedder* in GYIL Vol. 27 (1984), S. 233, 253; *Tröger/Vedder* in RuS 7, S. 1, 13 f.; *van Hecke* in FS Seidl-Hohenveldern, S. 629, 631 für die Verhältnisse des Vereins zu Außenstehenden.

123 *Verdross/Simma*, § 4; *Seidl-Hohenveldern/Stein*, Rn. 1627.

124 *Tröger/Vedder* in RuS 7, S. 1, 13, Fn. 35; *Verdross* in ZaöRV Bd. 18 (1957/58), S. 635, 638 und 641; *Seidl-Hohenveldern/Stein*, Rn. 1626 ff.; *Verdross/Simma*, § 4.

125 *Verdross* in ZaöRV Bd. 18 (1957/58), S. 635, 640.

126 *Vedder* in GYIL Vol. 27 (1984), S. 233, 253; *Tröger/Vedder* in RuS 7, S. 1, 13 f.

127 *Tröger/Vedder* in RuS 7, S. 1, 13 f.

gemeine Rechtsgrundsätze zurückgegriffen, wenn die lex contractus dies ausdrücklich vorsehe[128].

(5) Originäres Sportrecht durch internationale echte Sportschiedsgerichtsbarkeit

Nach einer weiteren Ansicht ist zwar die Lehre von der Vielfalt der Rechtsordnungen abzulehnen[129], allerdings bilde sich eine internationale lex sportiva als originäre staatsferne Rechtsordnung des internationalen Sportgeschehens zunehmend durch die internationale echte Sportschiedsgerichtsbarkeit heraus[130]. Insbesondere die Rechtsprechung des CAS führe zur Entstehung eines internationalen Sonderrechts für den Spitzensport, zur Herausbildung materieller und prozessualer Mindeststandards, die den Kern einer eigenständigen lex sportiva bilden könnten[131].

Diese so herausgebildete lex sportiva unterliege einer eigenständigen Auslegung, die sich nicht an nationalen zivil- und verfassungsrechtlichen Vorgaben orientiere, sondern auf sportbezogene und „allgemeine", übergeordnete Rechtsgrundsätze aufbaue[132]. Die Abkoppelung des internationalen Sportrechts vom „vermittelnden" staatlichen Verbandsrecht erfolge somit durch die echte Sportschiedsgerichtsbarkeit[133].

Für das Kollisionsrecht solle daher eine parteiautonome Vereinbarung des internationalen Sportrechts zugelassen werden[134]. Diese autonome Anknüpfung garantiere die universelle Geltung des Sportrechts und seine einheitliche Auslegung[135]. Sie verhindere die Abhängigkeit der universellen Geltung des internationalen Sportrechts von der sie „vermittelnden" staatlichen Rechtsordnung, die zwangsläufig zu Unterschieden führe[136]. Im internationalen Sportgeschehen wür-

---

128 *Verdross* in ZaöRV Bd. 18 (1957/58), S. 635, 641.

129 *Heß* in Aktuelle Rechtsfragen, S. 1, 40. Auf die Lehre von der Vielfalt der Rechtsordnungen stützt sich der unter (1) dargelegte Begründungsansatz.

130 *Heß* aaO, S. 1, 42 f. und 47; PHBSportR/*Pfister* Einleitung/8 und 6/105 am Ende.

131 *Heß* aaO, S. 1, 42; ähnlich PHB SportR/*Pfister* Einleitung/8. *Summerer* äußert sich bereits in seiner 1990 erschienenen Dissertation auf S. 129 und S. 130 ähnlich hinsichtlich der Chance der Fortbildung eines „transnationalen Sportrechts" in Zukunft durch schiedsrichterliche Auslegung des CAS mit der Folge größerer weltweiter Akzeptanz. Allerdings zieht *Summerer* nicht ausdrücklich daraus den Schluss, dass dadurch eine dritte Rechtsordnung entstehen könne.

132 *Heß* aaO, S. 1, 42 und 43.

133 *Heß* aaO, S. 1, 44.

134 *Heß* aaO, S. 1, 43; PHBSportR/*Pfister* 6/26 lehnt diesen Schluss allerdings ab.

135 *Heß* aaO, S. 1, 43.

136 *Heß* aaO, S. 1, 39.

den sich infolgedessen die Konturen eines autonomen, staatsfernen Sportrechts zunehmend deutlicher abzeichnen[137].

bb) NGOs als Völkerrechtssubjekte oder ähnlich Völkerrechtssubjekten

Neben dem soeben in allen seinen Formen dargestellten Begründungsansatz des internationalen Sportverbandsrechts als dritter Rechtsordnung gibt es einen zweiten Begründungsansatz, nach dem NGOs als Völkerrechtssubjekte oder ähnlich Völkerrechtssubjekten einzuordnen seien[138] (dazu unter (1) und (2)) bzw. ihr Satzungsrecht dem Völkerrecht unterliege[139] (dazu unter (3)). Damit wird ein weiterer Anknüpfungspunkt für die Annahme originärer Rechtsetzungs- und Rechtsanwendungsmacht geboten[140]. Auch hier kommt im Verhältnis zum deutschen Recht eine jedenfalls analoge Anwendung des Art. 6 EGBGB in Betracht[141].

(1) NGOs als Völkerrechtssubjekte

Unabhängig davon, ob internationale Sportverbände in Rede stehen oder andere private internationale Institutionen, wird zur Begründung zum einen ausgeführt, dass angesichts der zumindest faktischen Gleichordnung, mit der sich die privatrechtlich organisierten Wirkungseinheiten und die einzelnen Staaten gegenübertreten, es nicht mehr gerechtfertigt sei, die Rechtsbeziehungen zwischen diesen im Zweifel der nationalen Rechtsordnung der Staaten zu unterstellen. Die Qualifikation solcher Rechtsbeziehungen als „quasi-völkerrechtliche" oder „privatvölkerrechtliche" oder als „sonstige Rechtsordnung" erscheine wenig hilfreich, da dies die Anerkennung einer zwischen der völkerrechtlichen und staatlichen Rechtsordnung angesiedelten dritten Rechtsordnung bedeute, für die im Hinblick auf die prinzipielle Offenheit der normativen Bestimmung von Völkerrechtssubjekten keine Notwendigkeit bestehe.[142]

Richtig erscheine es vielmehr, auch insoweit von völkerrechtlichen Beziehungen zu sprechen, außer derartige Rechtsbeziehungen werden ausdrücklich

137 *Heß* aaO, S. 1, 47.
138 Dahm/Delbrück/Wolfrum/*Delbrück* , Band I 1, S. 25 ff.; *Vedder* in GYIL Vol. 27 (1984), S. 233, 258.
139 *Krause-Ablass* in NJW 1974, S. 1495, 1496 für die FIFA.
140 *Reuter* in DZWir 1996, S. 1, 1, diese Auffassung im Ergebnis aber ablehnend.
141 *Reuter* in DZWir 1996, S. 1, 3, diese Auffassung im Ergebnis aber ablehnend.
142 Dahm/Delbrück/Wolfrum/*Delbrück*, Band I 1, S. 25 ff. *Delbrück* verwendet den Begriff der Wirkungseinheit als Oberbegriff für privatrechtlich organisierte internationale Institutionen wie multinationale Konzerne, NGOs usw.

kraft des Willens der beteiligten Wirkungseinheiten einer staatlichen Rechtsordnung unterworfen. Wirkungseinheiten wie multinationale Konzerne o. ä. erschienen heute insoweit als weitere, in ihrer Rechtsfähigkeit auf bestimmte Situationen beschränkte Völkerrechtssubjekte.[143]

(2) NGOs ähnlich Völkerrechtssubjekten durch nachträgliche staatliche Anerkennung

Zum anderen wird zur Begründung ausgeführt, dass NGOs zwar nicht als Völkerrechtssubjekte zu betrachten seien. Allerdings stünden ihnen jedenfalls bestimmte Rechte und Pflichten im Rahmen des Völkerrechts zu, da es keinen Unterschied mache, ob Staaten eine International Governmental Organization vereinbaren oder aber eine bereits bestehende Organisation wie das IOC anerkennen[144]. Diese nachträgliche staatliche Anerkennung erfolge generell oder speziell durch Vereinbarung zwischen Staaten und dem IOC[145].

(3) Repräsentation nationaler Souveränitäten

Letztlich findet sich die Begründung, dass internationale Sportverbände wie die FIFA verschiedene nationale Souveränitäten repräsentieren würden und ihr Satzungsrecht daher dem Völkerrecht unterliege[146]. Die Repräsentation der Nationen bei den Fußballweltmeisterschaften sei Teil ihrer nationalen Selbstdarstellung in der internationalen Öffentlichkeit und folglich ein Element der staatlichen Souveränität[147].

Der Rechtsweg zu den nationalen Gerichtsbarkeiten könne durch das Satzungsrecht der internationalen Organisationen ausgeschlossen und einem Schiedsgericht zugewiesen werden, da das Völkerrecht dem nicht entgegenstehe und der Rechtsweg zu einer nationalen Gerichtsbarkeit nicht der Natur der durch die Organisation repräsentierten verschiedenen nationalen Souveränitäten entspreche[148].

c) Stellungnahme

In Deutschland gilt für das allgemeine Verbandsrecht auf nationaler Ebene die auf der Genossenschaftstheorie von *Otto von Gierke* aufbauende These von der

143 Dahm/Delbrück/Wolfrum/*Delbrück*, Band I 1, S. 25 ff.
144 *Vedder* in GYIL Vol. 27 (1984), S. 233, 258.
145 *Vedder* aaO.
146 *Krause-Ablass* in NJW 1974, S. 1495, 1496.
147 *Krause-Ablass* aaO.
148 *Krause-Ablass* aaO.

originären Sportsatzung als überwunden[149]. *Otto von Gierke* vertrat die Ansicht, dass es zum Schutze der Korporation vor dem Staat eine originäre, nicht von staatlicher Gewalt abgeleitete Vereinsautonomie gebe, welche den Vereinen eine Befugnis zur originären Normsetzung gebe[150]. Heute aber, da den Vereinen vom deutschen Staat gemäß Art. 9 Abs. 1 GG Autonomie zugestanden wird, geht es darum, den Anspruch des Staates auf Souveränität in seinem Territorium durchzusetzen und die Grenzen der Autonomie mächtig gewordener Verbände zum Schutze des einzelnen Mitglieds und seiner in Deutschland verfassungsrechtlich garantierten Freiheitsrechte zu bestimmen, wozu es der Ableitung aus staatlichem Recht bedarf[151].

Auf internationaler Ebene stellt sich die Problematik der originären Sportrechtsordnung komplizierter dar[152]. Den internationalen Verbänden könnte eine originäre Rechtssetzungs- und Rechtsanwendungsmacht im Gegensatz zu nationalen Verbänden mit dem Argument zugebilligt werden, dass die übernationale Organisation von Sportarten kraft Natur der Sache die Möglichkeiten der Einzelstaaten überschreitet[153]. Gegen die oben geschilderten Begründungsansätze einer solchen originären internationalen Sportrechtsordnung lässt sich auch nicht wie gegen die These *von Gierkes* der Einwand erheben, dass im Rahmen der gewährten eigenständigen Rechtsordnung der Staat seinem verfassungsrechtlichen Schutzbefehl gegenüber dem einzelnen Mitglied nicht nachkommen könne. Denn nach allen Auffassungen erlangt, wie ausgeführt[154], jedenfalls der nationale ordre public Geltung, wenn nicht sogar eine vollständige Institutionalisierung vorliegt.

Somit ist zu prüfen, ob die oben dargelegten Begründungen für eine vom staatlichen Recht unabhängige originäre Normsetzungsbefugnis internationaler Sportverbände auch im Übrigen überzeugen.

aa) Kollisionsrechtliche Betrachtung

Zunächst könnte gegen eine originäre internationale Sportrechtsordnung eines jeden internationalen Sportverbandes bzw. aller internationalen Sportverbände ge-

149 *Reuter* in DZWir 1996, S. 1, 2; *Malatos*, S. 11; *Weiland*, S. 25; Soergel/*Hadding*, § 25 BGB Rn. 12.

150 *Von Gierke*, S. 142 f., 158.

151 PHBSportR/*Pfister* 6/9 Fn. 28; *Vieweg*, S. 127; *Weiland*, S. 31; MüKo/*Reuter*, § 25 BGB Rn. 18 und Vor § 21 BGB Rn. 54-57; *Reuter* in DZWir 1996, S. 1, 2; *Kirchhof*, S. 493 mwN.

152 *Vieweg*, S. 128.

153 *Reuter* in DZWir 1996, S. 1, 3.

154 Vergleiche oben unter I 2 a) und I 2 b) aa) und I 2 b) bb).

meinsam eine Betrachtung der kollisionsrechtlichen Vorschriften des deutschen Rechts im EGBGB sprechen.

(1) Rechtswahl nach Art. 27 Abs. 1 S. 1 EGBGB

Im internationalen Sport werden zwischen den Parteien – zum Beispiel Verbänden, Vereinen, Sportlern, privaten Sportveranstaltern, Sponsoren, Rechtevermarktern, Fernsehanstalten – Verträge geschlossen, wie Arbeitsverträge, Verträge über die Teilnahme an Sportveranstaltungen, Schiedsvereinbarungen, Regelanerkennungsverträge, Werbe- und Sponsorverträge, Kaderverträge, Rechtevermarktungsverträge, Fernsehverträge, der Olympiastadtvertrag zwischen IOC und ausrichtender Stadt usw. Bei diesen Verträgen kommt eine Rechtswahl der Parteien im Sinne des Art. 27 Abs. 1 S. 1 EGBGB in Betracht.

Nach Art. 27 Abs. 1 S. 1 EGBGB unterliegt ein Vertrag grundsätzlich dem von den Parteien gewählten Recht. Fraglich ist allerdings, ob die Parteien ausdrücklich oder jedenfalls stillschweigend nur ein staatliches Recht oder auch eine lex sportiva internationalis sui generis als nichtstaatliches transnationales Recht bzw. als das Recht einer internationalen Organisation bzw. als eine Art Völkerrecht wählen dürfen. Letzteres ermöglichen die Begründungsansätze der eigenständigen Rechtsordnung, der Theorie von der Institutionalisierung, des Vergleichs zur lex mercatoria und der lex contractus, der Theorie von der Entwicklung eines originären internationalen Sportrechts durch die internationale Sportschiedsgerichtsbarkeit und der Theorie von der Qualifizierung von NGOs als Völkerrechtssubjekte oder ähnlich Völkerrechtssubjekten[155].

155 Hinsichtlich mitgliedschaftsähnlicher Verhältnisse, zum Beispiel hinsichtlich des sogenannten Regelanerkennungsvertrages zwischen Sportler und internationalem Verband, in dem der Sportler in der Regel nicht unmittelbares Mitglied ist, ist umstritten, ob kollisionsrechtlich das Vertragsstatut und somit Art. 27 ff. EGBGB oder wie bei einer mitgliedschaftlichen Bindung das Gesellschafts- bzw. Verbandsstatut aufgrund der mitgliedschaftsähnlichen Beziehung zwischen Sportler und internationalem Verband entscheidend ist, vergleiche dazu ausführlich unter III 1. Hält man mit der herrschenden Meinung das Gesellschafts- bzw. Verbandsstatut aufgrund der Mitgliedschaftsähnlichkeit trotz der vertraglichen Bindung für entscheidend (vergleiche unter III 1 b)), scheidet eine Anwendung der Art. 27 ff. EGBGB wegen Art. 37 Nr. 2 EGBGB aus. Nach deutschem Internationalen Privatrecht scheidet auch eine subjektive Rechtswahl abweichend vom Gesellschaftsstatut, das als anzuwendendes Recht das Recht des Gründungsstaates oder des Staates des Verwaltungssitzes der Gesellschaft ansieht, aus. Denn das Gesellschaftsstatut kennt nur das Recht des Gründungs- oder Sitzstaates, das die gesellschaftsrechtlichen Beziehungen aus Gründen des Verkehrsschutzes einheitlich regeln muss, da die Regeln des Gesellschaftsrechts funktional zusammenhängen. Eine subjektive Rechtswahl widerspricht somit von vornherein dieser Konzeption, vergleiche: *Adolphsen*, S. 271 f. und dor-

Um diese Frage zu beantworten, sind Wortlaut und systematische Stellung des Art. 27 EGBGB, die Absicht des historischen Gesetzgebers und der Sinn und Zweck der Norm zu untersuchen.

(a) Wortlaut und Systematik

Betrachtet man zunächst die Norm des Art. 27 EGBGB isoliert, spricht Abs. 1 S. 1 lediglich von „dem von den Parteien gewählten Recht". Der Wortlaut des isoliert betrachteten Abs. 1 S. 1 lässt daher die Wahl nichtstaatlichen Rechts, zum Beispiel eines transnationalen Rechts oder des Rechts einer internationalen Organisation oder des Völkerrechts, zu[156]. Dass allerdings Abs. 1 S. 1 nur eine „gesetzestechnische Verkürzung"[157] darstellt und das Recht eines Staates gemeint ist, zeigt sich im Rahmen einer Gesamtbetrachtung des Wortlauts und der Systematik des Art. 27 EGBGB, des gesamten Unterabschnitts für vertragliche Schuldverhältnisse von Art. 27 bis 37 EGBGB als auch des EGBGB allgemein hinsichtlich der vor die Klammer gezogenen allgemeinen Bestimmungen im ersten Abschnitt des zweiten Kapitels des Gesetzes.

(aa) Art. 27 EGBGB

Zunächst wird bei einer systematischen Gesamtbetrachtung des Art. 27 EGBGB am Wortlaut des Absatzes 3 deutlich, dass der Gesetzgeber ausschließlich an die Wahl staatlichen Rechts gedacht hat[158]. Dort wird für die Rechtswahl nur auf das Recht eines Staates Bezug genommen:

---

tige Nachweise in Fußnote 107; Staudinger/*Großfeld*, IntGesR Rn. 16 ff., 66 und 249; MüKo/*Kindler*, IntGesR Rn. 412 f.; *Reuter* in DZWir 1996, S. 1, 5. Damit scheiden bei mitgliedschaftsähnlichen Verhältnissen, wenn man mit der herrschenden Meinung für diese das Verbandsstatut für entscheidend hält, eine Rechtswahl und damit auch die Wahl einer transnationalen lex sportiva durch die Parteien aus. Daher wird davon ausgegangen, dass die Vertreter der Ansicht von der transnationalen originären Rechtsordnung von der Anwendung des Vertragsstatutes auch bei mitgliedschaftsähnlichen Beziehungen ausgehen, um überhaupt eine Rechtswahl und damit auch die Wahl einer transnationalen lex sportiva in diesen Fällen zu ermöglichen. Denn anderenfalls könnte die Theorie von der originären Sportrechtsordnung in diesen Fällen keine Bedeutung erlangen.

156 In diesem Sinne für die lex mercatoria: *Kappus* in IPRax 1993, S. 137, 139 mwN. Vergleiche auch die Nachweise bei: *Mankowski* in RIW 2003, S. 2, 11 in Fn. 142.

157 *Mankowski* in RIW 2003, S. 2, 11.

158 Vergleiche so auch für die lex mercatoria, das Recht internationaler Organisationen und Völkerrecht als Vertragsstatut, allerdings ohne ausführliche Begründung: MüKo/*Sonnenberger*, Einleitung IPR Rn. 122, 231 und 238; MüKo/*Martiny*, Art. 27

„Ist der sonstige Sachverhalt im Zeitpunkt der Rechtswahl nur mit einem Staat verbunden, so kann die Wahl des **Rechts eines anderen Staates** – [...] – die Bestimmungen nicht berühren, von denen nach dem Recht jenes Staates durch Vertrag nicht abgewichen werden kann."[159]

Diese Regelung und Formulierung macht das Verständnis des Gesetzgebers deutlich, dass jeder Sachverhalt stets eine Verbindung zu mindestens einem Staat aufweist und dass nur von einer Wahl staatlichen Rechts und nicht einer Wahl auch nichtstaatlichen Rechts auszugehen ist. Die Parteien dürfen zwar das Recht eines anderen Staates wählen, selbst wenn der Sachverhalt nur mit einem Staat verbunden ist. Anstelle des Rechts des an sich einzig betroffenen Staates ein transnationales Recht oder das Recht einer internationalen Organisation oder das Völkerrecht wählen zu können, ist aber nicht normiert.

(bb) Art. 27 bis Art. 37 EGBGB

Gleiches lässt sich aus Wortlaut und Systematik des gesamten Unterabschnitts von Art. 27 bis Art. 37 EGBGB herleiten.

Art. 28 Abs. 1 S. 1 EGBGB regelt, welches Recht anzuwenden ist, falls die Parteien keine Rechtswahl nach Art. 27 EGBGB vorgenommen haben. Auch hier sieht der Gesetzgeber ausschließlich die Anknüpfung an ein staatliches Recht vor:

„Soweit das auf den Vertrag anzuwendende Recht nicht nach Artikel 27 vereinbart worden ist, unterliegt der Vertrag dem **Recht des Staates**, mit dem er die engsten Verbindungen aufweist."[160]

Ein über- oder transnationales Recht oder das Recht einer internationalen Organisation, das den Streitfall womöglich viel sachnäher entscheiden könnte, bleibt auch an dieser Stelle unerwähnt.

Gleichermaßen sprechen die folgenden Vorschriften der Art. 29 ff. EGBGB, die sich auf besondere Vertragsarten beziehen, jeweils vom „Recht des Staates". Dies gilt insbesondere für Arbeitsverträge, Art. 30 Abs. 2 EGBGB. In Art. 37 EGBGB, der Ausnahmetatbestände zu den vorhergehenden Vorschriften nor-

EGBGB Rn. 32, 36, 37; Staudinger/*Magnus*, Art. 27 EGBGB Rn. 45-51; *Mankowski* in RIW 2003, S. 2, 11 f.

159 Fettdruck zwecks Hervorhebung hinzugefügt.

160 Fettdruck zwecks Hervorhebung hinzugefügt.

miert, findet sich ebenfalls keine Ausnahme vom Prinzip der Maßgeblichkeit staatlichen Rechts[161].

Ebenso erläutert Art. 35 Abs. 1 EGBGB als Spezialvorschrift zu dem allgemein für alle Bereiche des IPR geltenden Art. 4 EGBGB, dass unter dem anzuwendenden Recht eines Staates die in diesem Staat geltenden Sachvorschriften zu verstehen sind. Art. 35 Abs. 2 EGBGB enthält die Regelung, dass bei einem Staat mit mehreren Gebietseinheiten, von denen jede ihre eigenen Rechtsvorschriften hat, jede Gebietseinheit als Staat zu betrachten ist. Daran wird deutlich, dass das EGBGB ausschließlich an das Gebiet anknüpft und nicht an die geregelte Materie und ihre etwaige Über- bzw. Transnationalität oder an den Bestand einer internationalen Organisation oder an das Völkerrecht.

(cc) Allgemeine Vorschriften im ersten Abschnitt des zweiten Kapitels des EGBGB

Auch die vor die Klammer gezogenen allgemeinen Vorschriften im ersten Abschnitt des zweiten Kapitels lassen keine andere Schlussfolgerung zu. Art. 3 Abs. 1 S. 1 EGBGB spricht von „Sachverhalten mit einer Verbindung zum Recht eines ausländischen Staates“. Art. 4 Abs. 2 EGBGB erwähnt ebenfalls nur die Möglichkeit, dass die Parteien das Recht eines Staates wählen können[162].

(dd) Ergebnis zum Wortlaut und zur Systematik

Nach dem Wortlaut und der Systematik des Art. 27 EGBGB, des gesamten Unterabschnitts für vertragliche Schuldverhältnisse von Art. 27 bis 37 EGBGB und der allgemeinen Bestimmungen im ersten Abschnitt des zweiten Kapitels ist somit nur ein staatliches Recht von den Parteien wählbar.

(b) Historische Auslegung

Die Begründung des Gesetzgebers zur Neuregelung des IPR ergibt zwar keinen weiteren Aufschluss darüber, ob es in seinem Sinne war, dass nichtstaatliches Recht vereinbart werden kann[163]. Aufschluss über die Absicht des historischen Gesetzgebers ergibt sich aber aus dem Folgenden: Die Neufassung des IPR beruht auf der innerstaatlichen Umsetzung des EWG-Übereinkommens über das auf

161 Zur Problematik der Einordnung mitgliedschaftsähnlicher Verhältnisse in das Vertrags- oder Gesellschaftsstatut vergleiche bereits die Ausführungen in Fußnote 155.

162 In diesem Sinne für die lex mercatoria: *von Bar*, Bd. II, § 4 Rn. 425, S. 315.

163 Begründung des Gesetzentwurfes der Bundesregierung zur Neuregelung des Internationalen Privatrechts, BT-Drucksache 10/504, Bd. 296, S. 76 ff.

vertragliche Schuldverhältnisse anzuwendende Recht (EVÜ) vom 19.06.1980[164], vergleiche insofern auch Art. 36 EGBGB. Auch im EVÜ wird nur von staatlichen Rechten ausgegangen, vergleiche Art. 1 Abs. 1 EVÜ („[...] bei Sachverhalten, die eine Verbindung zum Recht verschiedener Staaten aufweisen [...]“) sowie Art. 3 und 4 EVÜ, wobei letztere den Art. 27 und 28 EGBGB entsprechen.

Besonders deutlich wird die Maßgeblichkeit des staatlichen Rechts durch die Formulierung des Art. 2 EVÜ:

> „Das nach diesem Übereinkommen bezeichnete Recht ist auch dann anzuwenden, wenn es das Recht eines Nichtvertragsstaates ist.“

Diese Klausel macht deutlich, dass die Parteien des Übereinkommens davon ausgegangen sind, dass nur staatliche Rechte zur Disposition stehen. Anderenfalls wäre an dieser Stelle die Ergänzung zu erwarten gewesen, dass ein Recht auch dann anzuwenden ist, wenn es das Recht keines Staates, nicht einmal eines Nichtvertragsstaates, sondern ein transnationales bzw. das Recht einer internationalen Organisation oder Völkerrecht ist.

Da sich die Regelungen des EGBGB als innerstaatliche Umsetzung des EVÜ darstellen, ist davon auszugehen, dass der historische Wille des Gesetzgebers dahin ging, gemäß dem Verständnis des EVÜ die Maßgeblichkeit staatlichen Rechts im EGBGB umzusetzen.

(c) Sinn und Zweck

Sinn und Zweck des Internationalen Privatrechts und damit des EGBGB sind es, internationale Sachverhalte einer nationalen Rechtsordnung zu unterstellen, um somit zum Zweck der Rechtssicherheit einer parallelen Geltung mehrerer nationaler Rechtsordnungen und dem Fehlen einer eindeutigen Zuordnung eines Sachverhalts vorzubeugen[165].

Die Zulassung der Vereinbarung einer internationalen Sportrechtsordnung erfüllt diesen Zweck nicht. Denn bei dieser handelt es sich nicht um eine nationale Rechtsordnung eines Staates, sondern um privat gesetztes Recht. Eine eindeutige Zuordnung zu einer nationalen Rechtsordnung würde bei einer solchen Wahl

---

164 Abgedruckt in der Textsammlung von Jayme/Hausmann (Hrsg.), Internationales Privat- und Verfahrensrecht, 12. Auflage, München 2004, Ordnungsziffer 70.

165 Staudinger/*Fritz und Gudrun Sturm*, Einleitung zum IPR Rn. 3 und 55 ff.; MüKo/*Sonnenberger*, Einleitung IPR Rn. 1 ff. und Rn. 9 ff. und Art. 3 EGBGB Rn. 2 ff.; Soergel/*Kegel*, Vor Art. 3 EGBGB Rn. 1; *Kropholler*, § 3 und § 4, S. 16 ff.; *von Hoffmann* in FS Kegel, S. 215, 231.

nichtstaatlichen Rechts entgegen des Zwecks des Internationalen Privatrechts nicht erfolgen.

Sinn und Zweck des EGBGB sprechen folglich dagegen, das EGBGB so auszulegen, dass eine internationale Sportrechtsordnung als Recht gewählt werden darf.

(d) Ergebnis zur Rechtswahl nach Art. 27 Abs. 1 S. 1 EGBGB

Nach alledem ist es mit dem Wortlaut, der Systematik, der Absicht des historischen Gesetzgebers und dem Sinn und Zweck des deutschen Kollisionsrechts und dem damit umgesetzten EVÜ nicht vereinbar, dass die Parteien ein nichtstaatliches Recht wählen.

(2) Keine Analogie zu Art. 27 und 28 EGBGB

Trotz dieses Ergebnisses kommt eine analoge Anwendung der Art. 27 und 28 EGBGB in Betracht. Art. 27 Abs. 1 EGBGB könnte in der Weise analog anzuwenden sein, dass den Parteien die Möglichkeit zur ausdrücklichen oder stillschweigenden Wahl eines nichtstaatlichen Rechts zu geben ist. Ebenso ist eine Analogie zu Art. 28 Abs. 1 EGBGB zu erwägen: Bei fehlender Rechtswahl könnte ein internationales Sportrecht als nichtstaatliches Recht bzw. als Recht einer internationalen Organisation oder Völkerrecht entscheidend sein, da der Vertrag zu diesem die engsten Verbindungen aufweist.

Für eine Analogie spricht, dass die nationalen Rechte aufgrund ihrer jeweiligen Unterschiede keine befriedigende Lösung für die internationale Problematik bereithalten könnten. Zudem sind diese geschaffen worden, um Austauschbeziehungen innerhalb und nicht außerhalb eines Staates zu regeln. Die besonderen Bedürfnisse und Eigenheiten des internationalen Sports wie die weltweite Vergleichbarkeit der Sportleistungen und die weltweite Einheitlichkeit der Sportregeln, die in den internationalen Sportsatzungen und -regelwerken ausdrücklich geregelt sind, würden dabei womöglich nicht hinreichend berücksichtigt.

Eine Analogie ist nur zulässig, wenn eine planwidrige Regelungslücke und eine Ähnlichkeit der Interessenlagen bestehen[166].

(a) Zweifel an Planwidrigkeit

Eine Planwidrigkeit ließe sich annehmen, falls der Gesetzgeber entgegen dem oben dargelegten Wortlaut, der Systematik seiner Regelungen, der Betrachtung

166 *Zippelius*, § 11, S. 64 ff.; *Brox*, Rn. 64 ff.

des EVÜ und dem Sinn und Zweck des Internationalen Privatrechts die Möglichkeit eines transnationalen Regelungsbereiches, der einer besonderen Behandlung bedarf, nicht gesehen hat.

An einem solchen Übersehen ist schon deshalb zu zweifeln, weil jedenfalls die Diskussion um die lex mercatoria als gleichermaßen nichtstaatlichem Recht in der Literatur zum Zeitpunkt der Vereinbarung des EVÜ bereits heftig geführt wurde[167]. Da der Gesetzgeber des EGBGB und die Vertragsstaaten des EVÜ es aber unterlassen haben, ausdrücklich die Wahl nichtstaatlichen Rechts auszuschließen, lassen sich ein Übersehen und eine Planwidrigkeit nicht ohne weiteres ablehnen.

(b) Fehlen einer Regelungslücke

Doch selbst eine solche Planwidrigkeit unterstellt, bestünde die darüber hinaus erforderliche Regelungslücke nur, wenn die Wertungen und Eigengesetzlichkeiten des internationalen Sports nicht anders zu berücksichtigen wären als durch die Anerkennung der Möglichkeit, dass die beteiligten Parteien für ihr Verhältnis die Geltung eines von staatlichem Recht unabhängigen internationalen Sportrechts vereinbaren dürfen.

Bei einer umfassenden Betrachtung des staatlichen deutschen Rechts kommt man allerdings zu dem Schluss, dass die Wertungen und Eigengesetzlichkeiten des internationalen Sports auch dann hinreichend berücksichtigt werden, wenn man das internationale Sportverbandsrecht als vom staatlichen Recht abgeleitet und allein staatliches Recht für vereinbar betrachtet.

Zunächst erlaubt es das deutsche Recht in § 1051 Abs. 3 ZPO durchaus, dass ein echtes Schiedsgericht nach Billigkeit – und somit auch nach einem so bezeichneten internationalen Sportrecht und der in ihm vereinten Grundsätze und Prinzipien – entscheidet, falls die Parteien es ausdrücklich dazu ermächtigt haben.

Darüber hinaus sind auch durch ein staatliches deutsches Gericht die Wertungen und Interessen des internationalen Sports und seine Eigengesetzlichkeiten gerade aufgrund der gewährten Vereinsautonomie jeweils zu berücksichtigen, sofern staatliche Normen auszulegen oder unbestimmte Rechtsbegriffe[168], zivilrechtliche Generalklauseln wie die §§ 133, 138, 157, 242, 315 BGB[169], allge-

---

167 Vergleiche die Darstellung der Entwicklung bei: MüKo/*Sonnenberger*, Einleitung IPR Rn. 230; *von Bar/Mankowski*, Bd. I, § 2 Rn. 73 ff., S. 78 ff.

168 PHBSportR/*Summerer* 2/10.

169 PHBSportR/*Summerer* 2/13; Kegel/Schurig/*Schurig*, S. 128 für § 138 BGB bei der lex mercatoria.

meine Verhaltens- und Verkehrssicherungspflichten[170] sowie Sorgfaltsmaßstäbe, wie zum Beispiel nach § 276 BGB oder der Rechtswidrigkeitsmaßstab im Deliktsrecht[171], zu konkretisieren sind[172].

Für die lex mercatoria lässt sich dies zudem aus § 346 HGB herleiten, der eine Rücksichtnahme auf Handelsgewohnheiten und -bräuche vorsieht. In der Diskussion um eine originäre lex mercatoria wird entsprechend vorgebracht, dass jedes nationale Recht die Privatautonomie anerkenne und Handelsbräuchen lückenfüllende Funktion gebe[173].

Es bedarf mithin keiner als originär anzuerkennenden transnationalen Rechtsordnung, die als Recht im Sinne des Art. 27 Abs. 1 S. 1 EGBGB von den Parteien wählbar ist, um die spezifischen Gegebenheiten des internationalen Sports, die in den jeweiligen internationalen Sportsatzungen und -regelwerken Berücksichtigung finden – insbesondere auch das Ziel der weltweiten Vergleichbarkeit der Sportleistungen und weltweiten Einheitlichkeit der Regeln –, auch im nationalen deutschen Recht ausreichend zu berücksichtigen. Eine für die analoge Anwendung der Art. 27, 28 EGBGB erforderliche Regelungslücke ist daher nicht vorhanden.

(3) Contra NGOs als Völkerrechtssubjekte oder ähnlich Völkerrechtssubjekten und contra Quasi-Völkerrecht nach der lex contractus

Zudem spricht Art. 3 Abs. 2 S. 1 EGBGB gegen die Ansicht, dass eine originäre Rechtsetzungs- und Rechtsanwendungsmacht daraus folgt, dass internationale Sportorganisationen in der Form von NGOs als Völkerrechtssubjekte oder ähnlich Völkerrechtssubjekten einzuordnen sind und ihr Satzungsrecht dem Völkerrecht unterworfen ist bzw. internationales Sportrecht als Quasi-Völkerrecht nach der lex contractus zu betrachten ist.

Zwar regelt Art. 3 Abs. 2 S. 1 EGBGB, dass Regelungen in völkerrechtlichen Vereinbarungen, soweit sie unmittelbar anwendbares innerstaatliches Recht ge-

---

170 So BGHZ 58, 40, 42 ff. bezüglich der vom Internationalen Skiverband FIS für Skifahrer aufgestellten Verhaltensregeln.

171 Vergleiche: BGHZ 110, 323, 333 (Schärenkreuzer); Palandt/*Sprau*, § 823 BGB Rn. 39 und Rn. 217.

172 So fordert auch *Westermann* in seinem Aufsatz mit der provokanten Überschrift „Das Recht des Leistungssports – ein Sonderprivatrecht?“ in FS Rittner, S. 772 ff., nicht das Erlassen von staatlichen Gesetzen im Sinne eines die in Betracht kommenden Interessen schützenden Sonderprivatrechts, sondern lediglich ein entsprechendes Problembewusstsein für die verschiedenen Interessen, womit er das Augenmerk auf ergänzende normative Wertungen unter dem Gesichtspunkt der besonderen Interessenlage im Sport lenken will (aaO, S. 790).

173 *Von Hoffmann* in FS Kegel, S. 215, 220.

worden sind, den Vorschriften des EGBGB vorgehen. Doch selbst wenn das internationale Sportrecht völkerrechtliche bzw. quasi-völkerrechtliche Vereinbarungen darstellen würde, sind diese nicht entsprechend Art. 3 Abs. 2 S. 1 EGBGB unmittelbar anwendbares innerstaatliches Recht geworden. Denn zu ihrer innerstaatlichen Geltung bedürfte es gemäß Art. 59 Abs. 2 GG eines Transformationsgesetzes, an dem es in Deutschland fehlt.

Auch kann internationales Sportrecht nicht als unmittelbar nach Art. 25 GG geltendes Völkergewohnheitsrecht betrachtet werden. Für die Annahme von Gewohnheitsrecht ist die allgemeine Übung durch die Staatengemeinschaft und eine allgemeine Überzeugung der Richtigkeit notwendig[174]. Als Völkergewohnheitsrecht bezeichnet man diejenigen Verhaltensregeln, die bisher von Völkerrechtssubjekten in ihrem gegenseitigen Verkehr beachtet worden sind, falls zu dieser Praxis die gemeinsame Überzeugung der Völkerrechtsgemeinschaft tritt, dass eine Rechtspflicht zur Befolgung besteht.[175]

Die dargelegte Diskussion um die richtige Einordnung des internationalen Sportrechts macht deutlich, dass von einer solchen allgemeinen Überzeugung durch die Staatengemeinschaft, dass es sich beim internationalen Sportrecht um allgemein anerkannte Regeln des Völkerrechts handelt, nicht ausgegangen werden kann. Die unüberschaubare Vielfalt internationaler Sportregeln hat nicht den Status allgemeiner Regeln, von denen die Staaten überzeugt sind, dass deren Befolgung eine Rechtspflicht für sie darstellt[176]. Auch das selbst geschaffene Re-

---

174 Vitzthum/*Vitzthum*, 1. Abschnitt, Rn. 131; *Seidl-Hohenveldern/Stein*, Rn. 467; *Stein/von Buttlar*, Rn. 124.

175 *Seidl-Hohenveldern/Stein*, Rn. 467 und 477; *Stein/von Buttlar*, Rn. 124 ff.

176 Zur Frage, ob ausnahmsweise die vom Internationalen Skiverband FIS 1967 für Skifahrer aufgestellten Verhaltensregeln Gewohnheitsrecht sind: bejahend OLG Hamm in Handbuch des Sportrechts, Ordner 2, Dok. Nr. 21 41 50; kritisch Handbuch des Sportrechts/*Haas*, Ordner 1, B 2. Kapitel Rn. 6 und *Will* in RuS 7, S. 29, 47 ff. Nach *Haas* aaO billigen außerhalb dieses eng begrenzten Sonderfalls deutsche Gerichte den Verbandregelwerken nicht die Qualität von objektivem Recht zu. Der BGH wendet die FIS-Regeln in BGHZ 58, 40, 42 ff. nicht direkt an, sondern zieht sie lediglich bei der Konkretisierung der ohnehin bestehenden allgemeinen Verhaltenspflichten mit heran. Die fehlende Notwendigkeit, die FIS-Regeln als Gewohnheitsrecht anzuerkennen, ist schon oben im Rahmen der Ablehnung einer Analogie zu Art. 27, 28 EGBGB deutlich gemacht worden: Die FIS-Regeln lassen sich hinreichend bei der Konkretisierung allgemein und für jedermann bestehender Verhaltenspflichten und Sorgfaltsmaßstäbe berücksichtigen. Zudem erfolgt die Qualifizierung der FIS-Regeln als Gewohnheitsrecht nicht zum Zweck der Begründung einer originären staatsfernen Rechtsordnung, sondern zum Zweck, jeden, der auf einer Skipiste fährt, den Regeln zu unterwerfen, auch wenn er kein Mitglied eines Skivereins ist. Diese Geltung ist aber auch dann erreichbar, wenn man die Regeln zur Konkretisierung allgemeiner und für jedermann geltender Verhaltens- und

gelwerk anderer NGOs oder IGOs ist kein Völkergewohnheitsrecht, sondern hat seinen Geltungsgrund in der vertraglichen Verpflichtung der beteiligten Staaten.

Selbst wenn man internationales Sportrecht als völkerrechtliche oder quasi-völkerrechtliche Vereinbarung ansieht, verbleibt es somit bei der Regelung der Art. 27 ff. EGBGB, dass sich die Rechtswahl nur auf staatliches Recht beziehen darf.

(4) Contra Theorie von der Institutionalisierung

Einzig die Theorie von der Institutionalisierung der Sportrechtsordnung durch die staatliche Rechtsordnung wäre mit den Vorschriften des EGBGB vereinbar, wenn die Parteien nicht die originäre Sportrechtsordnung als Recht wählen würden, sondern das staatliche Recht, das das internationale Sportrecht institutionalisiert hätte.

Gegen die Theorie von der Institutionalisierung sprechen allerdings konzeptionelle Bedenken. Sofern die internationale Sportrechtsordnung nach dieser Auffassung in das staatliche Recht eingegliedert wird, stellt sie sich im Ergebnis nicht als eine eigene Rechtsordnung, sondern als Teil einer staatlichen Rechtsordnung dar. Sie zunächst als vom staatlichen Recht unabhängig, dann aber im nächsten Schritt als staatlichem Recht untergeordnet zu betrachten, stellt sich als ein rechtsdogmatischer Kunstgriff dar. Die behauptete originäre Autonomie hat nur theoretischen Charakter und praktisch keinen Wert, wenn es schließlich doch der Institutionalisierung bedarf.

Zudem stellt sich die Frage, wie diese Institutionalisierung in die deutsche Rechtsordnung erfolgen soll. Die Vertreter dieser Ansicht führen an, dass der italienische und französische Gesetzgeber ausdrücklich durch Gesetz Bezug auf die internationalen Sportregeln nehmen und sich diese durch Verweisung „einverleiben" würden[177]. In Deutschland fehlt de lege lata ein solches „Einverleibungs"-Gesetz. Folglich fehlt es an einer erforderlichen Institutionalisierung in die deutsche Rechtsordnung.

Die Konzeption einer Institutionalisierung widerspricht darüber hinaus dem bestehenden Konzept der deutschen Rechtsordnung: Die Vereinsautonomie wird vom deutschen Recht bereits vorgesehen – vergleiche insofern Art. 9 GG, § 25 BGB, § 1 VereinsG – und braucht daher nicht nach ihrer Anwendung in Form von Sportregelwerken erneut der staatlichen Rechtsordnung unterworfen bzw. institutionalisiert zu werden. Was bereits im Rahmen und den Grenzen des staatli-

---

Sorgfaltspflichten heranzieht. Im Übrigen ausführlich zur Geltung von Regelwerken gegenüber Nichtmitgliedern unter II 2 a) aa) (3) (a).

177 Vergleiche die Nachweise oben unter I 2 b) aa) (2).

chen Rechts anerkannt ist, braucht nicht ein zweites Mal anerkannt bzw. institutionalisiert werden.

Auch eine Parallele zum Kirchenrecht zeigt, dass dem deutschen Gesetz- und Verfassungsgeber die Konzeption einer Institutionalisierung einer originären Rechtsordnung fremd ist. Nach Art. 140 GG in Verbindung mit Art. 137 Abs. 2 S. 1 WRV wird die Freiheit der Vereinigung zu Religionsgesellschaften gewährleistet und nach Art. 140 GG in Verbindung mit Art. 137 Abs. 3 S. 1 WRV eine selbständige Ordnung und Verwaltung der eigenen Angelegenheiten innerhalb der Schranken des für alle geltenden Gesetzes zuerkannt. Die Autonomie der Religionsgesellschaften wird von vornherein verfassungsrechtlich zuerkannt und nicht im Nachhinein eine originäre und autonome Kirchenordnung institutionalisiert und dem staatlichen Recht eingegliedert.

Nach alledem ist die Theorie von der Institutionalisierung abzulehnen.

(5) Ergebnis zur kollisionsrechtlichen Betrachtung

Nach dem deutschen Kollisionsrecht und dem damit umgesetzten EVÜ ist es nicht vorgesehen, dass die Parteien ein nichtstaatliches Recht wählen, sei es ein transnationales Recht, das Recht einer internationalen Organisation oder Völkerrecht.

Das deutsche Kollisionsrecht ist insoweit für deutsche Gerichte allein entscheidungserheblich, da die Art. 27 bis 37 EGBGB gemäß der lex specialis Art. 35 EGBGB lediglich eine Sachnormverweisung und keine Gesamtverweisung im Sinne der lex generalis des Art. 4 Abs. 1 EGBGB auf Sach- und Kollisionsnormen einer ausländischen Rechtsordnung enthalten. Der deutsche Richter muss daher nicht klären, ob nach dem Kollisionsrecht der für das materielle Recht anzuwendenden ausländischen Rechtsordnung die Vereinbarung einer originären internationalen Sportrechtsordnung zulässig ist. Da der staatliche Richter an das Gesetz gebunden ist, darf er auch nicht das Kollisionsrecht der lex fori, mithin das deutsche Kollisionsrecht, für unanwendbar halten[178]. Für deutsche Richter folgt dies zwingend aus Art. 20 Abs. 3 GG.

Die Begründungsansätze der eigenständigen Rechtsordnung, des Vergleichs zur lex mercatoria und zur lex contractus, der Theorie von der Entwicklung eines originären internationalen Sportrechts durch die internationale echte Sportschiedsgerichtsbarkeit und der Theorien von der Qualifizierung von NGOs als Völkerrechtssubjekte bzw. ähnlich Völkerrechtssubjekten sind somit mit dem

178 MüKo/*Martiny*, Art. 27 EGBGB Rn. 32; MüKo/*Sonnenberger*, Einleitung IPR Rn. 239; Soergel/*von Hoffmann*, Art. 27 EGBGB Rn. 19; *Kropholler*, § 12 I 3, S. 99; *von Bar/Mankowski*, Bd. I, § 2 Rn. 73, S. 79.

deutschen Kollisionsrecht des EGBGB nicht zu vereinbaren. Die Theorie von der Institutionalisierung, die als einziger Begründungsansatz mit dem deutschen Kollisionsrecht des EGBGB vereinbar sein könnte, ist jedenfalls aus den soeben angeführten Gründen abzulehnen.

Doch nicht nur diese kollisionsrechtliche Betrachtung, auch weitere Gründe sprechen gegen die Annahme eines internationalen Sportrechts als dritte Rechtsordnung bzw. gegen eine staatliche Unabhängigkeit aufgrund einer völkerrechtlichen Einordnung.

bb) Internationalität keine Besonderheit des Sports

Zwar mag ein gewisses Unbehagen, dass international angelegte Sachverhalte durch nationale Rechtsordnungen gelöst werden sollen, verständlich sein. Ungewöhnlich oder systemfremd ist dies aber nicht. Das von den verschiedenen Auffassungen angeführte Argument der Internationalität des Sports reicht für die Begründung einer originären staatsfernen Rechtsordnung nicht aus. Denn die Internationalität ist keine alleinige Besonderheit des Sports[179]. Jeder Regelungsbereich kann neben einem nationalen stets einen internationalen Bezug haben: der Sport, der Handel, die Wirtschaft, die Religion, die Wissenschaft, die Kunst, das Bankrecht, das Strafrecht usw. Deshalb wird aber nicht für jeden Regelungsbereich eine staatsferne originäre Rechtsordnung begründet. Es wird in der Literatur auch keineswegs gefordert, dass jeder Regelungsbereich mit internationalem Bezug seine originäre Rechtsordnung haben solle. Die Grenzziehung, welcher Regelungsbereich aufgrund seiner Internationalität einer originären Rechtsordnung bedarf, könnte allenfalls willkürlich geschehen.

Darüber hinaus höhlt das Anerkennen zahlreicher originärer Rechtsordnungen die staatlichen Rechtsordnungen in ihrem Anwendungsbereich aus. Um diesen Konflikt zwischen nationaler Rechtsordnung und internationalem Bezug zu lösen, bestehen vielmehr das Internationale Privatrecht der einzelnen Staaten und internationale Abkommen zwischen den Staaten wie zum Beispiel das EVÜ, die die Anwendung nationaler Rechtsordnungen auf international angelegte Sachverhalte regeln.

De lege lata ist eine originäre internationale Sportrechtsordnung nicht vorgesehen, wie die Untersuchung des EGBGB gezeigt hat. Allein aus ihrer möglichen Zweckmäßigkeit in bestimmten Fällen ist nicht abzuleiten, dass eine solche anzuerkennen ist. Aus einem Sein, der Internationalität, kann noch kein Sollen, die

179 In diesem Sinne für den Handel hinsichtlich der lex mercatoria: *von Bar/Mankowski*, Bd. I, § 2 Rn. 76, S. 82.

staatsferne originäre Rechtsordnung, abgeleitet werden[180]. Diesem Sollen liegt auch keine Notwendigkeit zugrunde, wie die mögliche Berücksichtigung der Sportregeln bei der Auslegung staatlicher Normen oder Konkretisierung unbestimmter Rechtsbegriffe, Generalklauseln und allgemeiner Verhaltens- und Verkehrspflichten der nationalen Rechtsordnungen verdeutlicht[181].

Die Bezeichnung des internationalen Sportrechts als „transnationales oder anationales Recht" lässt ebenfalls keine originäre staatsferne Rechtsordnung entstehen. Die Zusammenfassung unter einem einheitlichen Namen ist nicht ausreichend für die Entstehung einer eigenständigen Rechtsordnung und für die Abkoppelung von den staatlichen Rechtsordnungen[182].

Das Argument der Internationalität des Sports reicht somit nicht für die Annahme einer originären staatsfernen Rechtsordnung aus.

cc) Lückenhaftigkeit

Ein weiterer Aspekt, der gegen die Annahme einer wie auch immer begründeten internationalen lex sportiva als staatsferner originärer Rechtsordnung spricht, ist die Lückenhaftigkeit, die eine solche Rechtsordnung mit sich bringt[183]. Eine umfassende Regelung aller Lebensbereiche kann eine private Rechtsordnung, die von ihrem Anwendungsbereich auf einen klar eingegrenzten Lebensbereich – den Sport – beschränkt ist, im Gegensatz zu einer allumfassenden staatlichen Rechtsordnung nicht leisten. Selbst der detaillierteste Vertrag kann nicht alle denkbaren Streitfragen regeln[184].

Dieses Problem sehen die Auffassungen von der lex mercatoria und der lex contractus. Zur Ausfüllung etwaiger Lücken wird auf allgemeine Rechtsgrundsätze und für den Fall, dass es keine allgemeinen Rechtsgrundsätze geben sollte, auf die Möglichkeit der subsidiären Wahl einer staatlichen Rechtsordnung verwiesen[185]. Dies offenbart einen Widerspruch in sich selbst: Eine Rechtsordnung

---

180 Vergleiche zur Trennung von Sein und Sollen nach der Reinen Rechtslehre Kelsens: *Kelsen*, S. 5 ff.; *Alexy*, S. 15 ff.

181 Vergleiche die obigen Ausführungen unter I 2 c) aa) (2) zur fehlenden Regelungslücke bezüglich einer Analogie zu Art. 27 und 28 EGBGB.

182 Vergleiche: *von Bar/Mankowski*, Bd. I, § 2 Rn. 94, S. 92.

183 PHBSportR/*Pfister* 6/10; *Kropholler*, § 52 II 3 e, S. 458, hinsichtlich der Wahl außerstaatlicher Regelwerke allgemein.

184 Vergleiche Staudinger/*Magnus*, Art. 27 EGBGB Rn. 45 zur Wahl anationalen Rechts in rechtsordnungslosen Verträgen. Ebenso *Kropholler*, § 52 II 3 e, S. 458.

185 Siehe die obigen Meinungsdarstellungen unter I 2 b) (3) und (4) und insbesondere die Musterklausel für eine Rechtswahl der lex mercatoria bei *Kappus* in IPRax 1993, S. 137, 138.

ist nicht originär und eigenständig, wenn sie sich letztlich auf eine andere Rechtsordnung beziehen muss, um eigene Lücken zu schließen.

dd) Unübersehbare Vielfalt oder Unbestimmtheit

Darüber hinaus ist zu diskutieren, woraus diese internationale lex sportiva sui generis bestehen soll. Es sind zwei Möglichkeiten denkbar: Jede Sportverbandsordnung ist eine eigene lex sportiva internationalis sui generis oder aus allen Sportverbandsordnungen lassen sich allgemeine Prinzipien ableiten[186], aus denen sich eine einzige lex sportiva internationalis sui generis ergibt. Die erste Variante führt zu einer unübersehbaren Vielfalt, die zweite zu einer ungenügenden inhaltlichen Bestimmtheit.

(1) Unübersehbare Vielfalt

Die Theorien von der eigenen Rechtsordnung, der Institutionalisierung und die völkerrechtlichen Ansätze gehen ihren Begründungen entsprechend davon aus, dass jede internationale Sportrechtsordnung eine eigene lex sportiva internationalis sui generis verkörpert. Die Folge wäre eine unübersehbare Vielfalt internationaler Sportrechtsordnungen. Eine über die einzelne Sportart hinausgehende Gleichbehandlung aller Sportler ist aber nur durch eine gemeinsame Rechtsordnung zu erreichen[187].

Die fehlende Praktikabilität und Vergleichbarkeit zahlreicher unterschiedlicher Sportrechtsordnungen auf internationalem Gebiet zeigt das mittlerweile erfolgreiche Bemühen der internationalen Verbände, im Kampf gegen das Doping einen gemeinsamen World Anti-Doping Code zu schaffen.

(2) Unbestimmtheit

Von einer einzigen gemeinsamen lex sportiva internationalis sui generis gehen die Begründungsansätze der lex mercatoria und der lex contractus aus, da sie von allgemeinen Rechtsgrundsätzen sprechen.

Eine klare Eingrenzung, was zu diesen allgemeinen Rechtsgrundsätzen gehört und wann von einem allgemeinen Rechtsgrundsatz auszugehen ist, erfolgt aber nicht. Eine gemeinsame Kodifikation besteht nicht. Als solche könnte man allen-

---

186 Bereits wegen der großen Unterschiede der einzelnen Sportarten und der daraus resultierenden Unmöglichkeit, allgemeine Grundsätze für einen konkreten Fall abzuleiten, lehnen dies ab: *Summerer*, S. 115; *van Hecke* in FS Seidl-Hohenveldern, S. 629, 632.

187 So auch *Summerer*, S. 114.

falls die Olympische Charta und den World Anti-Doping Code begreifen. Die Olympische Charta beschränkt sich allerdings auf die Besonderheiten der Olympischen Bewegung, der World Anti-Doping Code auf den Kampf gegen das internationale Doping. Was unter den Begriff der allumfassenden lex sportiva internationalis sui generis fallen soll, bleibt daher unbestimmt. Über den genauen Inhalt dieser angeblich originären Rechtsordnung, die für alle Sportarten gelten soll, besteht somit keine Klarheit.

(3) Contra originäres Sportrecht durch internationale echte Sportschiedsgerichtsbarkeit

Lediglich die Auffassung von der Entwicklung eines internationalen originären Sportrechts durch die internationale echte Sportschiedsgerichtsbarkeit scheint eine Lösung anzubieten.

Nach dieser Ansicht bildet sich eine internationale lex sportiva als autonome staatsferne Rechtsordnung durch die Rechtsprechung des Internationalen Schiedsgerichtshofes für Sportsachen CAS heraus. Diese Rechtsprechung führe zu einer Herausbildung materieller und prozessualer Mindeststandards, die den Kern einer eigenständigen lex sportiva bilden könnten. Der Auffassung kann neben den bereits dargelegten Argumenten gegen alle eine originäre Rechtsordnung bejahenden Auffassungen allerdings zudem aus den nachfolgenden speziellen Gründen nicht gefolgt werden.

Zunächst beschreibt die Ansicht selbst eine lediglich zukünftige Entwicklung. Die Herausbildung der lex sportiva als autonome Rechtsordnung, die von den Parteien ohne Rückgriff auf ein staatliches Recht vereinbart werden dürfe, befindet sich nach der eigenen Beschreibung noch in der Entstehung und ist keineswegs vollumfänglich vorhanden. Dies zeigen die von *Heß* gewählten Formulierungen[188]. Ist die autonome Rechtsordnung erst in der Entstehung, ist fraglich, wie bereits jetzt die Vereinbarung des internationalen Sportrechts als eigene Rechtsordnung trotz fehlender Bestimmtheit zugelassen werden kann[189]. Es ist ungewiss, woraus diese Rechtsordnung besteht, wenn sie noch nicht endgültig oder zumindest größtenteils entstanden ist. Mögen sich ihre Konturen auch immer deutlicher abzeichnen, führt die unbestritten vorhandene Unvollständigkeit gezwungenermaßen zum Rückgriff auf das jeweils anwendbare staatliche Recht.

---

188 *Heß* in Aktuelle Rechtsfragen, S. 1, 41 ff.: S. 41: „[...] ein internationales Sonderrecht für den Spitzensport *herausbildet*", S. 42: „[...] *können* den *Kern* einer eigenständigen lex sportiva bilden", S. 47: „*zunehmend* selbständige Maßstäbe" und „[...] zeichnen sich *Konturen* eines autonomen, staatsfernen Sportrechts zunehmend deutlicher ab". Kursivdruck zwecks Hervorhebung hinzugefügt.

189 So aber *Heß* in Aktuelle Rechtsfragen, S. 1, 43.

Was sich zukünftig als eigenständige lex sportiva entwickeln und möglicherweise ein hinreichendes Maß an Bestimmtheit aufweisen mag, kann heute noch nicht als anwendbare Rechtsordnung vereinbart werden.

Zudem bezieht sich diese Ansicht nur auf die Rechtsprechung des CAS als echtes Schiedsgericht und nicht auf das bereits bestehende Sportverbandsrecht. Die Autonomie echter Schiedsgerichte folgt aber aus der staatlichen Anerkennung weitgehender Autonomie echter Schiedsgerichte nach §§ 1025 ff. ZPO bzw. nach dem jeweils anzuwendenden staatlichen Recht. Diese gesetzlich anerkannte Autonomie gilt für alle echten Schiedsgerichte, unabhängig davon, ob sie über internationale Sport- oder Wirtschaftsstreitigkeiten oder Streitigkeiten aus anderen Lebensbereichen entscheiden. Eine originäre Autonomie des durch die Verbände gesetzten Sportrechts wird damit nicht verliehen. Nicht das Sportrecht als solches, sondern das Schiedsgericht ist autonom. Dies ist allerdings keine Besonderheit des Sports, sondern eine Folge der staatlichen Anerkennung der weitgehenden Autonomie von echten Schiedsgerichten. Selbst wenn ein echtes Schiedsgericht durch seine jahrelange Rechtsprechung Rechtsgrundsätze mit einem hinreichenden Maß an Bestimmtheit für einen bestimmten Lebensbereich herausbildet, lassen diese nicht eine eigene autonome staatsferne Rechtsordnung entstehen. Sie sind vielmehr logische und zwingende Folge der bereits bestehenden Autonomie des rechtsprechenden Schiedsgerichtes, die durch den von staatlichem Recht vorgegebenen Rahmen begrenzt ist. Im deutschen Recht finden diese Grenzen ihren Ausdruck in den §§ 1025 ff. ZPO, insbesondere in § 1059 ZPO für inländische Schiedsgerichte und in § 1061 Abs. 1 S. 1 ZPO in Verbindung mit Art. V UNÜ für ausländische Schiedsgerichte[190].

Der Bezug auf die Rechtsprechung des CAS begründet noch einen weiteren Kritikpunkt. Entscheidend für die behauptete Entstehung des originären internationalen Sportrechts durch seine Rechtsprechung ist, dass der CAS auch jederzeit in der Zukunft als echtes Schiedsgericht im Einzelfall zu qualifizieren ist und dass eine wirksame Schiedsvereinbarung zwischen den Parteien vorliegt. Besteht keine wirksame Schiedsvereinbarung zum CAS, gibt es keine Rechtfertigung, dass die dann zur Überprüfung der verbandsgerichtlichen Entscheidung berufenen staatlichen Gerichte das vom CAS herausgebildete internationale Sportrecht anwenden, wenn schon der rechtsprechende CAS von einer Partei nicht anerkannt ist. Ansonsten hätte das Fehlen einer wirksamen Schiedsvereinbarung keine Auswirkung, falls das statt des CAS entscheidende staatliche Gericht allein die Rechtsprechung des CAS zur Entscheidungsfindung heranzieht. Es findet in diesem Fall vielmehr das jeweilige staatliche Recht Anwendung unter Berücksichti-

190 Vergleiche dazu ausführlich unten unter II 1.

gung etwaiger sportrechtlicher Eigenheiten über unbestimmte Rechtsbegriffe oder Generalklauseln.

Nach alledem ist auch die Auffassung von der Entwicklung eines internationalen originären Sportrechts durch die internationale echte Sportschiedsgerichtsbarkeit, die als einzige eine unübersehbare Vielfalt bzw. Unbestimmtheit verhindert, abzulehnen.

ee) Eigene Sportregelwerke konträr zum Selbstverständnis

Auch die eigenen Sportregelwerke stellen sich im Ergebnis als konträr zum Selbstverständnis von der originären internationalen Sportrechtsordnung dar. Es fehlt an einer konsequenten Umsetzung des eigenen Selbstverständnisses. Dies verdeutlichen die beiden nachfolgend erläuterten Beispiele aufgrund ihres universellen Geltungsanspruchs für den gesamten Bereich des Sports und nicht nur einzelne Sportarten besonders deutlich.

(1) Regelwerk für die Schiedsgerichtsbarkeit in Sportsachen

Als erstes Beispiel dient das im Rahmen der Gründung des Internationalen Schiedsgerichtshofes für Sportsachen CAS geschaffene Regelwerk für die Schiedsgerichtsbarkeit in Sportsachen[191].

Art. R45 dieses Regelwerkes, der die Überschrift „Für die Sachentscheidung maßgebliches Recht“ trägt, erwähnt das internationale Sportrecht nicht explizit. Es besteht lediglich die Möglichkeit, dass die Parteien das Schiedsgericht ermächtigen, nach Billigkeit zu entscheiden. Hier wäre zu erwarten gewesen, dass das internationale Sportverbandsrecht als eigene Rechtsordnung genannt wird und nicht bloß von „Billigkeit“ gesprochen wird.

Noch deutlicher ist die Regelung zum anwendbaren Recht im Berufungsschiedsverfahren: Nach Artikel R58 entscheidet das Schiedsgericht nach den anwendbaren Regeln und dem von den Parteien gewählten Recht oder, mangels Rechtswahl, nach dem Recht des Staates, in dem der Verband, die Vereinigung oder die sonstige Sportorganisation ihren Sitz hat, oder nach dem Recht, dessen Anwendung das Schiedsgericht für angemessen betrachtet. Diese Vorschrift nimmt explizit auf staatliche Rechte Bezug, nicht aber auf staatsfernes internationales Sportrecht, das keiner Ableitung aus staatlichem Recht bedarf. Für den Fall

---

191 Aktuelle englische Fassung dieser Statutes of the Bodies Working for the Settlement of Sportsrelated Disputes abgedruckt im Handbuch des Sportrechts, Ordner 1, C.IV.3, oder als pdf-Dokument unter http://www.tas-cas.org/en/code/frmco.htm; deutsche Übersetzung in der Fassung von Januar 2000: *Vedder/Lämmer*, S. 87 ff.

der mangelnden Rechtswahl wäre bei konsequenter Umsetzung des eigenen Selbstverständnisses zu erwarten gewesen, dass nach den Grundsätzen des internationalen Sportrechts zu entscheiden ist und nicht nach einem staatlichen Recht.

(2) World Anti-Doping Code

Als zweites und aktuellstes Beispiel dient der im Jahre 2003 erarbeitete World Anti-Doping Code (WADC)[192], der vom Internationalen Olympischen Komitee, den internationalen Sportfachverbänden, dem Internationalen Paralympischen Komitee, den Nationalen Olympischen und Paralympischen Komitees, Großveranstaltern, nationalen Antidopingagenturen und der Welt-Anti-Doping-Agentur (WADA) unterzeichnet wurde. Der WADC soll zu einer Harmonisierung der internationalen Dopingbestimmungen führen und zielt somit auf eine weltweite Anwendung.

Zwar ist nach Art. 24.3 WADC der Code als unabhängiger und eigenständiger Text auszulegen und nicht als Verweis auf bestehendes Recht oder bestehende Satzungen der Unterzeichner oder Regierungen. Allerdings ist der Code demnach nur als „Text" und nicht als unabhängige und eigenständige Rechtsordnung auszulegen. Dementsprechend sehen Art. 22 und 23.2 WADC keine unmittelbare Geltung der Regeln des Codes vor, sondern die Notwendigkeit einer Verpflichtungserklärung der Regierungen und einer Umsetzung des Codes durch die Unterzeichner und die Regierungen in deren Verantwortungsbereichen[193]. Würde der Code als Teil einer eigenständigen transnationalen Rechtsordnung begriffen, bedürfte es dieser Adoption nicht, da die Normen dann self-executing wären[194]. Für eine originäre Rechtsordnung ist charakteristisch, dass ihre Normen unmit-

192 Fassung in deutscher Sprache mit Stand Januar 2004 abgedruckt im Handbuch des Sportrechts, Ordner 1, C.IV.2, oder als pdf-Dokument unter http://www.nada-bonn.de/uploads/tx_nfdown-loads/WADA_Code_deutsch_-_23.3.04_-_gesperrt.pdf.

193 Zur Verpflichtung der Regierungen, den WADC umzusetzen, dient die Anti-Doping-Konvention der UN-Organisation für Bildung, Erziehung und Wissenschaft (UNESCO), die bis zu den Olympischen Winterspielen im Februar 2006 in Kraft treten soll. Das durch die UNESCO-Generalversammlung im Oktober 2005 verabschiedete Abkommen tritt in Kraft, wenn es 30 der 191 UNESCO-Mitgliedsländer ratifiziert haben. Vergleiche dazu Frankfurter Allgemeine Zeitung vom 20.10.2005, S. 34, und vom 26.10.2005, S. 35. Die Ratifizierung durch den Deutschen Bundestag wird laut Bundesinnenministerium nicht mehr im Jahre 2005 erfolgen, vergleiche Frankfurter Allgemeine Zeitung vom 28.10.2005, S. 35.

194 Eine Norm ist self-executing, wenn sie unmittelbar bindend und vollzugsfähig ist und keiner besonderen staatlichen Durchführungsvorschrift zur Umsetzung bedarf, vergleiche ausführlich: *Stein/von Buttlar*, Rn. 185 ff. und *Schweitzer*, Rn. 436 ff.

telbar gelten und keine oder höchstens eine deklaratorische Adoption voraussetzen[195]. Von einer rein deklaratorischen Adoption ist aufgrund der Bestimmung zur Umsetzung in Art. 23.2 WADC nicht auszugehen. Nach dieser Vorschrift ist der Code durch Strategien, Satzungen, Regeln oder Vorschriften umzusetzen und nicht schlicht deklaratorisch zu übernehmen.

(3) Weitere Beispiele

Neben diesen beiden Beispielen gibt es weitere auf die einzelnen Sportverbände bezogene Beispiele, die das Fehlen der konsequenten Umsetzung des eigenen Selbstverständnisses deutlich machen[196].

ff) Sportverband gleichzeitig als Partei und Gesetzgeber

Ginge man tatsächlich davon aus, dass internationales Sportverbandsrecht eine eigenständige Rechtsordnung darstellt, die die alleinige Grundlage für die Entscheidung von Streitigkeiten sein soll, würde dies zu der befremdlichen Situation führen, dass ein internationaler Sportverband einerseits Partei einer Streitigkeit ist, andererseits aber ebenso Gesetzgeber der streitentscheidenden Normen. Damit hätte er es in der Hand, die anwendbaren Rechtsnormen einseitig zu ändern[197]. Eine ausgewogene Vertragsparität, vor allem ein ausreichender Schutz der dem internationalen Sportverband gegenüberstehenden Vertragspartei, wäre nicht gewährleistet.

Dies offenbart einen deutlichen Unterschied zur lex mercatoria des internationalen Wirtschaftshandels: Während bei dieser die nichtautoritäre Herrschaft des Marktes für die Entstehung der Regeln der lex mercatoria entscheidend ist, ist bei der lex sportiva eine autoritäre Herrschaft durch internationale Monopolverbände entscheidend[198].

---

195 *Summerer*, S. 117; *ders.* in FS Hanisch, S. 267, 273.

196 Zwei konkrete Beispiele: Nach Art. 15.6 FIBT-Satzung gilt für Berufungsverhandlung vor dem CAS englisches Gesetz. Art. 16 IAAF-Constitution lautet: „The governing law of the IAAF shall be the law of Monaco."

197 Vergleiche zur ähnlichen Problematik bei Verträgen zwischen Staaten und Privaten: Soergel/*von Hoffmann*, Art. 27 EGBGB Rn. 25 ff.; MüKo/*Martiny*, Art. 27 EGBGB Rn. 27.

198 *Reuter* in DZWir 1996, S. 1, 8 warnt daher vor vorschnellen Analogien angesichts der unterschiedlichen Strukturen.

gg) Erst-recht-Schluss zu IGOs

Ein Erst-recht-Schluss zu den IGOs als allgemein anerkannten Völkerrechtssubjekten zeigt, dass den internationalen Sportorganisationen auch als NGOs keine originäre Rechtsetzungs- und Rechtsanwendungsmacht aufgrund einer etwaigen Völkerrechtssubjektivität zukommt, sondern lediglich eine von den Gründerstaaten abgeleitete. Denn selbst IGOs sind keine originären Völkerrechtssubjekte mit einer originären Rechtsordnung, sondern werden von den als originäre Rechtsträger anerkannten Staaten als abgeleitete Rechtssubjekte geschaffen[199].

Zwar ist die herrschende Lehre zur Frage des Umfangs der Rechtspersönlichkeit internationaler Organisationen weniger streng als die Auffassung *Kelsens*, nach der internationale Organisationen lediglich zur Wahrnehmung derjenigen Rechte und Pflichten berechtigt sind, die in ihrem Gründungsvertrag ausdrücklich angeführt sind. Denn nach der herrschenden Lehre ist der Umfang der Völkerrechtssubjektivität mittels der Regeln von dem „effet utile" und von den „implied powers" dergestalt auszuweiten, dass die Organisation alle Rechte genießt, die sie nach dem von den Vertragsparteien gewollten Zweck zur Erfüllung ihrer Aufgaben benötigt[200]. Nichts desto trotz ist die Grundlage dieser weiter als im Gründungsvertrag gehenden Rechte, dass überhaupt ein Gründungsvertrag besteht, aus dem Rechte abgeleitet werden. Es handelt sich immer nur um eine von Staaten abgeleitete Rechtspersönlichkeit und dementsprechend auch nur um eine abgeleitete Rechtsetzungs- und Rechtsanwendungsbefugnis.

Haben schon IGOs als Völkerrechtssubjekte keine originäre, sondern eine von den sie gründenden Staaten abgeleitete Rechtsetzungsmacht, dann haben NGOs erst recht keine originäre Rechtsetzungsmacht, selbst wenn man sie den IGOs gleichstellt und sie als Völkerrechtssubjekte oder ähnlich Völkerrechtssubjekten qualifiziert.

hh) Fehlen von Staatsverträgen

Das Fehlen eines zwischenstaatlichen Gründungsaktes in Form eines völkerrechtlichen Staatsvertrages spricht gegen die Annahme einer Völkerrechtssubjektivität von internationalen Sportorganisationen.

Gegen die Ansicht, dass es keinen Unterschied mache, ob die Staaten eine IGO vereinbaren oder eine bereits bestehende Organisation wie das IOC aner-

---

199 Vitzthum/*Hailbronner*, 3. Abschnitt, Rn. 9; Vitzthum/*Klein*, 4. Abschnitt, Rn. 93; *Seidl-Hohenveldern/Loibl*, Rn. 0307, 0310.

200 Vitzthum/*Hailbronner*, 3. Abschnitt, Rn. 12; *Seidl-Hohenveldern/Loibl*, Rn. 0307, 0310-0313.

kennen, so dass diesem zumindest bestimmte Rechte und Pflichten im Rahmen des Völkerrechts zustehen, spricht ebenfalls, dass es auch an solchen nachträglichen Staatsverträgen fehlt, die das IOC oder andere internationale Sportorganisationen anerkennen. Selbst wenn solche zukünftig geschlossen würden, würden diese ebenso wenig wie vorherige Gründungsverträge eine originäre Rechtssetzungsmacht begründen, sondern wie die vorherigen – wie soeben dargelegt – allenfalls eine abgeleitete.

Das Fehlen von Verträgen spricht gleichermaßen gegen die Theorie von der lex contractus. Diese geht davon aus, dass die quasi-völkerrechtlichen Verträge vom Staat abgeschlossen werden[201]. Staaten sind allerdings keine Vertragspartner der Sportsatzungen. Vielmehr gibt sich der internationale Sportverband eine eigene Satzung. Er nutzt die ihm vom Staat in den staatlichen Grenzen gewährte Privatautonomie, schließt aber keinen Vertrag mit diesem.

ii) Keine Repräsentation von Nationen

Gegen die Auffassung, dass internationale Sportverbände bei Weltmeisterschaften nationale Souveränitäten repräsentieren würden und daher ihr Satzungsrecht dem Völkerrecht unterliege, spricht darüber hinaus, dass die internationalen Sportverbände nicht die einzelnen nationalen Staaten, sondern die nationalen Verbände repräsentieren. Diese sind aber nicht durch den Staat als Souverän legitimiert, sondern durch ihre jeweiligen Mitglieder, die einzelnen Landessportverbände und die Vereine.

Ein Abstellen allein auf von den internationalen Sportverbänden durchgeführte Weltmeisterschaften greift zudem zu kurz. Das Satzungsrecht hat nicht nur Bedeutung für Weltmeisterschaften, an denen Nationen teilnehmen, sondern in der Regel auch für internationale und nationale Wettkämpfe zwischen Vereinen im Mannschaftssport oder zwischen einzelnen Sportlern in Individualsportarten. Hauptsächlich im Mannschaftssport stammt ein Verein zwar aus einer bestimmten Nation, eine Repräsentation einer nationalen Souveränität ist aber außerhalb von Nationalmannschaften noch weniger gerechtfertigt, weil in einer Vereinsmannschaft Spieler zahlreicher Nationen spielen.

Am Beispiel des IOC wird ebenfalls deutlich, dass es sich nicht als Repräsentant einzelner Staaten sieht. Das IOC betrachtet nach Regel 16 Absatz 1.4 Olympische Charta seine Mitglieder nicht als Delegierte der Nationen, sondern als Repräsentanten des IOC in den einzelnen Ländern. Nach Regel 16 Absatz 1.5 Olympische Charta erkennen sie keine Instruktionen ihrer Regierungen für ihre Handlungen oder ihre Stimmabgabe an.

---

201 *Verdross* in ZaöRV Bd. 18 (1957/58), S. 635, 639.

3. Ergebnis zum Verhältnis von internationalem Sportverbandsrecht zu nationalem Recht, insbesondere zu deutschem Recht

Da die dargelegten Begründungen für eine vom nationalen Recht unabhängige originäre Normsetzungsbefugnis internationaler Sportverbände aufgrund der angeführten Argumente nicht überzeugen, ist die Existenz eines originären internationalen Sportrechts als dritte Rechtsordnung, eine sogenannte lex sportiva internationalis sui generis, neben Völkerrecht und staatlichem Recht abzulehnen.

Die durch staatliches Recht anerkannte Vereins- und Verbandsautonomie führt somit genauso wenig wie im nationalen Bereich im internationalen Bereich zu einer originären Rechtssetzungs- und Rechtsanwendungsmacht. Eine originäre und von staatlichem Recht unabhängige Rechtssetzungs- und Rechtsanwendungsmacht ergibt sich auch nicht aus einer etwaigen Völkerrechtssubjektivität internationaler Sportverbände.

Das internationale Sportverbandsrecht ist nur durch den staatlichen Geltungsbefehl verbindlich und nicht als eigenständige Rechtsordnung von den beteiligten Parteien als anwendbares Recht vor einem staatlichen deutschen Gericht nach Art. 27 Abs. 1 S. 1 EGBGB vereinbar.

Das von den internationalen Sportverbänden gesetzte und angewendete Verbandsrecht bedarf somit einer Ableitung aus staatlichem und Anerkennung durch staatliches Recht, in das es eingebettet ist. Internationales Sportrecht ist als das im Rahmen der staatlich anerkannten Vereins- bzw. Verbandsautonomie von den internationalen Sportverbänden gesetzte private Regelwerk anzusehen, dass nur durch das staatliche Recht Geltung erlangt[202] und bei der Auslegung und Anwendung dieses, beispielsweise im Rahmen von unbestimmten Rechtsbegriffen oder Generalklauseln, Berücksichtigung findet. Die Anwendung dieses staatlichen Rechts, das dem internationalen Sportrecht zur Anerkennung verhilft, unterliegt – falls es sich um eine ausländische Rechtsordnung handelt – einer Überprüfung nach Art. 6 EGBGB, nicht aber das Sportverbandsrecht selbst[203].

Dieses Ergebnis schließt allerdings nicht aus, dass die Parteien ein von ihnen angerufenes Schiedsgericht ermächtigen, den Streitfall losgelöst von einem nationalen Recht nach Billigkeit zu entscheiden[204], die wiederum auf den Grundsätzen

---

202 In Deutschland geschieht dies u. a. durch Art. 9 GG, § 25 ff. BGB und § 1 VereinsG.

203 Ausführlich zur Bedeutung von Art. 6 EGBGB bei Ablehnung der lex sportiva als eigenständige originäre Rechtsordnung unten bei der Darstellung des Kontrollmaßstabes unter II 2 b).

204 *Von Bar/Mankowski*, Bd. I, § 2 Rn. 78, S. 83; *von Hoffmann* in FS Kegel, S. 215, 226; MüKo/*Martiny*, Art. 27 EGBGB Rn. 35.

einer transnationalen lex sportiva basieren kann[205]. Diese Möglichkeit einer Billigkeitsentscheidung nach internationalem Sportrecht begründet sich aber nicht durch eine originäre vom staatlichen Recht unabhängige Rechtsordnung, sondern durch die Zulassung einer Billigkeitsentscheidung von Schiedsgerichten durch das nach dem Kollisionsrecht anzuwendende staatliche Recht[206]. In Deutschland ist dies gemäß § 1051 Abs. 3 ZPO der Fall[207]. Denn während bei staatlicher Rechtsprechungstätigkeit wegen der Beteiligung des öffentlichen Interesses der Rechtssicherheit Vorrang vor dem individuellen Parteiwillen einzuräumen ist, ist es den Parteien in einem privaten Schiedsgerichtsverfahren ohne Beteiligung des öffentlichen Interesses zu gewähren, der Rechtssicherheit eine geringere Bedeutung beizumessen und sich für eine Entscheidung nach Billigkeit zu entscheiden[208]. Dementsprechend ist das bereits erwähnte EVÜ[209] nach seinem Art. 1 Abs. 2 d) auf Schieds- und Gerichtsstandsvereinbarungen nicht anwendbar.

Vor Schiedsgerichten ist eine solche Vereinbarung der Entscheidung nach Billigkeit möglich, nicht aber vor dem staatlichen deutschen Gericht, wie die obigen Ausführungen zeigen. Dieses muss eine staatliche Rechtsordnung anwenden[210]. Die Vereinbarung der Parteien hinsichtlich einer lex mercatoria oder lex sportiva wird nur im Rahmen des anwendbaren Sachrechts berücksichtigt[211].

II. Kontrollmaßstab für internationale Sportschiedssprüche

Nach der Feststellung, dass internationales Sportverbandsrecht keine originäre Rechtsordnung darstellt, ist zu erörtern, welchen Kontrollmaßstab bzw. welche Kontrollintensität ein deutsches Gericht anzulegen hat, wenn es über einen internationalen Sportschiedsspruch zu befinden hat, der das im Rahmen der staatlich

---

205 *Summerer*, S. 129/130; *Krieger*, S. 223; *Adolphsen*, S. 630 ff. mwN in Fn. 718.

206 *Von Bar/Mankowski*, Bd. I, § 2 Rn. 78, S. 83; eine entsprechende Regelung für die internationale Handelsschiedsgerichtsbarkeit enthält Art. VII Abs. 2 des Genfer Europäischen Übereinkommens über die internationale Handelsschiedsgerichtsbarkeit (kurz EuÜ), abgedruckt in der Textsammlung von Jayme/Hausmann (Hrsg.), Internationales Privat- und Verfahrensrecht, 12. Auflage, München 2004, Ordnungsziffer 243.

207 Rechtsvergleichender Überblick bei: *von Hoffmann* in FS Kegel, S. 215, 226 in Fn. 37; *Schlosser*, Rn. 749.

208 *Von Hoffmann* in FS Kegel, S. 215, 224.

209 Siehe oben unter I 2 c) aa) (1) (b).

210 Siehe oben unter I 2 c) aa) (5).

211 In diesem Sinne für die lex mercatoria: *von Bar/Mankowski*, Bd. I, § 2 Rn. 86, S. 87; Staudinger/*Magnus*, Art. 27 EGBGB Rn. 49; MüKo/*Martiny*, Art. 27 EGBGB Rn. 32; Kegel/Schurig/ *Schurig*, S. 128.

gewährten Verbandsautonomie geschaffene Verbandsregelwerk angewendet hat. Die Beantwortung dieser Frage hängt davon ab, ob ein echtes Schiedsgericht (dazu unter 1.) oder lediglich ein Verbands- oder Vereinsgericht (dazu unter 2.) entschieden hat. Der Unterschied zwischen echten Schiedsgerichten und Verbandsgerichten liegt darin, dass echte Schiedsgerichte im Gegensatz zu Verbandsgerichten staatlicher Gerichtsbarkeit gleichgesetzt werden können und diese größtenteils – bis auf die nachfolgend angeführten Fälle – verdrängen. Verbandsgerichte sind hingegen verbandsinterne Organe, die der staatlichen Gerichtsbarkeit lediglich vorgeschaltet sind.[212]

Sowohl hinsichtlich Schiedssprüchen von echten Schiedsgerichten als auch von Verbandsgerichten spielt der nationale deutsche ordre public, wenn auch in unterschiedlicher Intensität, eine bedeutende Rolle (dazu unter 3.). Ein Vergleich der Kontrolle von Verbandsschiedssprüchen nach deutschem Recht[213] mit der Kontrolle nach dem ordre public (dazu unter 4.), eine beispielhafte Darstellung von prozessualen Fallgestaltungen vor deutschen Gerichten (dazu unter 5.) und ein zusammenfassendes Ergebnis (dazu unter 6.) schließen die Bearbeitung des Kontrollmaßstabes für internationale Sportschiedssprüche ab.

1. Kontrollmaßstab deutscher Gerichte bei internationalen Sportschiedssprüchen echter Schiedsgerichte

Hat ein echtes Schiedsgericht entschieden, erfolgt lediglich eine sehr eingeschränkte Überprüfung des Schiedsspruches durch das deutsche Gericht. Der we-

---

212 Vergleiche: BGHZ 128, 93, 109 f. (Reiter); BGH SpuRt 2004, 159, 160 (Landseer-Hunde); *Haas/Gedeon* in SpuRt 2000, S. 228, 229; PHBSportR/*Summerer* 2/279; *Kröll* in ZIP 2005, S. 13, 14. Zur exakten Abgrenzung eines echten Schiedsgerichtes von einem Verbandsgericht vergleiche sogleich unter II 1 c). Im Rahmen dieser Arbeit wird der Begriff „Schieds- oder Sportgericht" oder „Sportschiedsgericht" ohne den Zusatz „echtes" als Oberbegriff für echte Schiedsgerichte und Verbandsgerichte verwendet. Gleiches gilt für den Begriff „Schiedsspruch".
Verbands- und Vereinsgerichte sind begrifflich nicht mit sogenannten unechten Schiedsgerichten gleichzusetzen, auch wenn dies in der Literatur mitunter geschieht, vergleiche: *Summerer*, S. 56 und PHBSportR/*Summerer* 2/279. Unechte Schiedsgerichte sind öffentlich-rechtliche Schiedsgerichte, die nicht wie echte Schiedsgerichte auf privatem Rechtsgeschäft wie einer Schiedsvereinbarung oder einer satzungsmäßigen Anordnung beruhen, sondern durch eine Rechtsnorm (Gesetz, Verordnung, öffentlich-rechtliche Satzung) oder völkerrechtlichen Vertrag eingesetzt sind, vergleiche: BGHZ 128, 380, 383; MüKo/*Münch*, Vor § 1025 ZPO Rn. 1; Baumbach/*Albers*, Grundz § 1025 ZPO Rn. 1 und 2.

213 Die Kontrolle von Verbandsschiedssprüchen nach deutschem Recht ist unter II 2 a) aa) dargestellt.

sentliche Bestandteil dieser Überprüfung ist eine Kontrolle am Maßstab des deutschen ordre public.

Die eingeschränkte Überprüfung ist dadurch gerechtfertigt, dass echte Schiedsgerichte im Gegensatz zu Verbandsgerichten aufgrund ihrer Zusammensetzung und ihres Verfahrens ein hohes Maß an Rechtsstaatlichkeit und Rechtssicherheit aufweisen. Das in Art. 92 GG verankerte Rechtsprechungsmonopol des staatlichen Richters kann sich daher auf die Überprüfung der Schiedsvereinbarung, der Schiedsgerichtszusammensetzung, des Verfahrens und der Einhaltung der wesentlichen Grundsätze des eigenen Rechts, des ordre public, beschränken.[214]

Die jeweilige Rechtsgrundlage für diese eingeschränkte Überprüfung unterscheidet sich danach, ob ein inländisches deutsches oder ausländisches echtes Schiedsgericht entschieden hat. Es ist entweder die ZPO oder das New Yorker UN-Übereinkommen über die Anerkennung und Vollstreckung ausländischer Schiedssprüche (UNÜ)[215] anzuwenden. Ob ein deutsches oder ausländisches echtes Schiedsgericht vorliegt, richtet sich gemäß § 1025 Abs. 1 ZPO und Art. I Abs. 1 UNÜ nach dem Ort des schiedsrichterlichen Verfahrens.

a) Inländisches echtes Schiedsgericht

Liegt der Ort des schiedsrichterlichen Verfahrens gemäß § 1025 Abs. 1 ZPO in Verbindung mit § 1043 Abs. 1 ZPO in Deutschland und handelt es sich somit um den Schiedsspruch eines inländischen echten Schiedsgerichtes, gibt § 1059 ZPO die Voraussetzungen vor, unter denen ein deutsches Gericht den echten Schiedsspruch aufheben kann. Gemäß § 1059 Abs. 3 ZPO ist der Aufhebungsantrag innerhalb von drei Monaten nach Empfang des Schiedsspruches bei Gericht einzureichen.

§ 1059 ZPO gilt nicht nur für vertraglich vereinbarte Schiedsgerichte, sondern gemäß § 1066 ZPO entsprechend für außervertragliche satzungsmäßige[216] Schiedsgerichte, wie zum Beispiel in Sportverbandssatzungen vorgesehene[217].

---

214 MüKo/*Münch*, Vor § 1025 ZPO Rn. 2 ff. und § 1059 ZPO Rn. 1; PHBSportR/*Summerer* 2/280; *Fenn* in FS Henckel, S. 173, 174; *Reichert*, Rn. 4843 (9. Auflage: Rn. 2531).

215 Abgedruckt in der Textsammlung von Jayme/Hausmann (Hrsg.), Internationales Privat- und Verfahrensrecht, 12. Auflage, München 2004, Ordnungsziffer 240.

216 Häufig wird für „satzungsmäßig" der Begriff „statutarisch" verwendet.

217 So für die herrschende Meinung: MüKo/*Münch*, § 1066 ZPO Rn. 4; *Kröll* in ZIP 2005, S. 13, 14; Musielak/*Voit*, § 1066 ZPO Rn. 7 mwN. Zur Minderheitsmeinung vergleiche *Schwab/Walter*, Kapitel 32 Rn. 4 ff.: Satzungsmäßige Schiedsgerichte sind wie vertragliche Schiedsgerichte zu behandeln.

aa) § 1059 Abs. 2 Nr. 1 a) bis d) ZPO

Die Aufhebungsgründe des § 1059 Abs. 2 Nr. 1 a) bis d) ZPO lassen sich zusammenfassend als Verstöße gegen das schiedsrichterliche Verfahren bezeichnen.

Dies sind nach § 1059 Abs. 2 Nr. 1 a) ZPO die fehlende Fähigkeit einer der Parteien, nach dem für sie maßgebenden Recht eine Schiedsvereinbarung schließen zu können, oder die Ungültigkeit der Schiedsvereinbarung nach dem gewählten Recht bzw. bei fehlender Rechtswahl nach dem deutschen Recht, nach dem hinsichtlich der Form insbesondere § 1031 ZPO zu beachten ist[218].

Nr. 1 b) sieht die Aufhebung für den Fall vor, dass eine Partei von der Bestellung eines Schiedsrichters oder von dem schiedsrichterlichen Verfahren nicht gehörig in Kenntnis gesetzt worden ist oder dass sie aus einem anderen Grund ihre Angriffs- oder Verteidigungsmittel nicht hat geltend machen können. Es handelt sich um Fälle, in denen nicht hinreichend rechtliches Gehör gewährt worden ist.

Nr. 1 c) rechtfertigt die Aufhebung, wenn der Schiedsspruch oder ein abtrennbarer Teil des Schiedsspruches eine in der Schiedsabrede nicht erwähnte oder nicht unter deren Bestimmungen fallende Streitigkeit betrifft oder der Schiedsspruch die Grenzen der Schiedsabrede überschreitet.

Nach Nr. 1 d) kann der Schiedsspruch aufgehoben werden, falls die Bildung des Schiedsgerichtes oder das schiedsrichterliche Verfahren einer Bestimmung des 10. Buches der ZPO oder einer zulässigen Vereinbarung der Parteien nicht entsprochen hat und anzunehmen ist, dass sich dies auf den Schiedsspruch ausgewirkt hat.

---

218 Satzungsmäßige Schiedsgerichte unterfallen nach herrschender Meinung § 1066 ZPO, so dass die Vorschriften der §§ 1025 ff. ZPO entsprechend anzuwenden sind. Nach herrschender Meinung bedarf es zur Vereinbarung aber nicht der Form des § 1031 ZPO, da es an einer „Vereinbarung“ fehlt: BGH SpuRt 2000, 153, 154; Hans. OLG Hamburg SpuRt 2001, 247, 248; *Haas* in SpuRt 2000, S. 139, 141; MüKo/*Münch*, § 1066 ZPO Rn. 4 und 6; Thomas/Putzo/*Reichold*, § 1066 ZPO Rn. 1 und 3; Musielak/*Voit*, § 1066 ZPO Rn. 7 mwN. Zur Problematik der nachträglichen Ergänzung der Satzung um eine Schiedsklausel vergleiche: BGH aaO und *Haas* aaO sowie *Schwab/Walter*, Kapitel 32 Rn. 16.
Nichtmitglieder des internationalen Verbandes hingegen können mangels Satzungsgebundenheit nur durch eine vertragliche Vereinbarung im Sinne des § 1031 ZPO an das Schiedsgericht gebunden werden. Zur vertraglichen Vereinbarung mit Nichtmitgliedern nach deutscher Rechtsordnung und wie das Sportregelwerk für Nichtmitglieder nach deutscher Rechtsordnung Geltung erlangt, siehe sogleich zusammenfassend unter II 2 a) aa) (3) (a) und (b).

Eine Auswirkung auf den Schiedsspruch verlangt der Wortlaut der Nr. 1 b) zwar nicht. Dennoch fordert die herrschende Meinung auch in den Fällen der Nr. 1 b) eine mögliche Auswirkung[219]. Denn eine Aufhebung aus rein formalen Gründen wäre sinnlos, da ein Schiedsspruch mit gleichem Inhalt ergehen könnte[220]. Wie die Wertung des § 561 ZPO in Bezug auf die Revision gegen Urteile zeigt, ist eine Aufhebung zur Beseitigung eines folgenlos gebliebenen Fehlers nicht geboten, zumal es sich bei den Gründen der Nr. 1 b) nicht um absolute Aufhebungsgründe im Sinne des § 547 ZPO handelt[221].

Es genügt die Möglichkeit, dass ohne den Verstoß anders entschieden worden wäre[222]. Allerdings ist die Partei gemäß § 1027 ZPO mit Gründen präkludiert, die sie trotz Kenntnis im Schiedsverfahren nicht gerügt hat[223].

Gemäß dem Wortlaut von § 1059 Abs. 2 Nr. 1 ZPO hat das staatliche Gericht die in § 1059 Abs. 2 Nr. 1 a) bis d) ZPO genannten Gründe nur zu beachten, wenn der Antragssteller sie begründet geltend macht.

bb) § 1059 Abs. 2 Nr. 2 a) und b) ZPO, insbesondere der deutsche ordre public

Die Aufhebungsgründe des § 1059 Abs. 2 Nr. 2 a) und b) ZPO lassen sich zusammenfassend als Verstöße gegen das deutsche Recht bezeichnen.

In Nr. 2 a) ist geregelt, dass eine Aufhebung erfolgen kann, sofern der Gegenstand des Streites nach deutschem Recht nicht schiedsfähig ist. Gemäß § 1030 Abs. 1 S. 1 ZPO besteht in vermögensrechtlichen Streitigkeiten eine grundsätzlich umfassende Schiedsfähigkeit. In nichtvermögensrechtlichen Streitigkeiten bejaht § 1030 Abs. 1 S. 2 ZPO eine Schiedsfähigkeit bei einer materiellrechtli-

---

219 Musielak/*Voit*, § 1059 ZPO Rn. 13; Stein/Jonas/*Schlosser*, § 1059 ZPO Rn. 19 iVm Anhang § 1061 ZPO Rn. 82; *Schwab/Walter*, Kapitel 24 Rn. 30; BGHZ 3, 215, 218 f.; 31, 43, 46 f. zu § 1041 Abs. 1 Nr. 4 ZPO a. F. vor dem Schiedsverfahrens-Neuregelungsgesetz. Für die Gründe der Nr. 1 a) und c) liegt eine solche Auswirkung auf der Hand. Andere Auffassung für Nr. 1 b): MüKo/*Gottwald*, § 1059 ZPO Rn. 12, dem aus den nachfolgend genannten Argumenten nicht gefolgt werden kann.

220 Musielak/*Voit*, § 1059 ZPO Rn. 13; Stein/Jonas/*Schlosser*, § 1059 ZPO Rn. 19 iVm Anhang § 1061 ZPO Rn. 82; *Schwab/Walter*, Kapitel 24 Rn. 30.

221 BGHZ 31, 43, 46 f.; Musielak/*Voit*, § 1059 ZPO Rn. 27.

222 BGHZ 3, 215, 218 f.; 31, 43, 46 f.; Musielak/*Voit*, § 1059 ZPO Rn. 13; Stein/Jonas/*Schlosser*, § 1059 ZPO Rn. 19 iVm Anhang § 1061 ZPO Rn. 82; *Schwab/Walter*, Kapitel 24 Rn. 30.

223 OLG Frankfurt/Main SpuRt 2003, 79, 81 (Lizenzierung für 2. Fußballbundesliga); OLG Stuttgart NJW-RR 2003, 495, 496 (Lizenzierung für 2. Fußballbundesliga); Thomas/Putzo/*Reichold*, § 1059 ZPO Rn. 12 iVm § 1027 ZPO Rn. 7; Musielak/*Voit*, § 1059 ZPO Rn. 19; MüKo/*Münch*, § 1027 ZPO Rn. 9.

chen Berechtigung der Parteien, über die Streitigkeit einen Vergleich zu schließen[224].

Nach Nr. 2 b) kann eine Aufhebung erfolgen, falls die Anerkennung oder Vollstreckung des echten Schiedsspruches zu einem Ergebnis führt, das der öffentlichen Ordnung (dem ordre public) Deutschlands widerspricht. Neben den eher formalen Prüfungspunkten zuvor, bietet der ordre public einen Ansatzpunkt für eine weitergehende materielle Prüfung des Schiedsspruches[225].

Im Gegensatz zu den Gründen der Nr. 1 hat das Gericht die Gründe der Nr. 2 von Amts wegen zu berücksichtigen[226]. Ein Verfahrensverstoß nach den Gründen der Nr. 1, der vor dem staatlichen Gericht nicht ausdrücklich geltend gemacht worden ist, kann folglich im Rahmen der Nr. 2 Bedeutung erlangen, sofern er zugleich einen ordre public-Verstoß darstellt[227].

b) Ausländisches echtes Schiedsgericht

Liegt der Ort des schiedsrichterlichen Verfahrens nicht in Deutschland und handelt es sich somit um den Schiedsspruch eines ausländischen echten Schiedsgerichtes, geben die §§ 1025 Abs. 4, 1061 Abs. 1 S. 1 ZPO in Verbindung mit Art. V UNÜ die Voraussetzungen vor, unter denen ein deutsches Gericht den echten Schiedsspruch nicht anerkennen kann. Stehen beispielsweise Schiedssprüche des CAS in Lausanne in Rede, ist das UNÜ anzuwenden[228].

Das UNÜ ist für alle ausländischen Schiedssprüche selbst dann der Prüfungsmaßstab für ein deutsches Gericht, wenn der Schiedsspruch in einem Nichtvertragsstaat ergangen ist. Ein Gegenseitigkeitsvorbehalt besteht für Deutschland

---

224 An einer Schiedsfähigkeit fehlt es damit insbesondere in hier nicht in Betracht kommenden Ehe- und Kindschaftssachen, vergleiche Musielak/*Voit*, § 1030 ZPO Rn. 6. Gemäß § 1030 Abs. 3 ZPO ist der Ausschluss durch § 101 Abs. 3 ArbGG zu beachten, vergleiche dazu auch die Ausführungen unter II 3 e) bb) (9).

225 Zum Inhalt des ordre public vergleiche ausführlich unter II 3.

226 Begründung des Entwurfes eines Gesetzes zur Neuregelung des Schiedsverfahrensrechts, BT-Drucksache 13/5274, Bd. 561, S. 58 f.; BGHZ 142, 204, 206; *Schwab/Walter*, Kapitel 25 Rn. 9; MüKo/*Münch*, § 1059 ZPO Rn. 25 mwN in Fn. 130; Thomas/Putzo/*Reichold*, § 1059 ZPO Rn. 6; Handbuch des Sportrechts/*Haas*, Ordner 1, B 2. Kapitel Rn. 217; *Reichert*, Rn. 5166 (9. Auflage: Rn. 2740). Zöller/*Geimer*, § 1059 ZPO Rn. 35 f. beschränkt die Ermittlung von Amts wegen auf Fälle, in denen unmittelbare Staatsinteressen zu wahren sind. Dabei bleibt aber unklar, wann unmittelbare Staatsinteressen vorliegen und wann nicht. Es liegt zudem nahe, dass die Einhaltung des ordre public immer ein unmittelbares Staatsinteresse darstellt.

227 *Schwab/Walter*, Kapitel 24 Rn. 35; Thomas/Putzo/*Reichold*, § 1059 ZPO Rn. 9.

228 *Prokop* in 2. Internationaler Sportrechtskongress, S. 140, 149; *Engelbrecht* in AnwBl 2001, S. 637, 638 f.; OLG München SpuRt 2001, 64, 66 (Roberts).

seit 1998 nicht mehr. Den gemäß Art. I Abs. 3 S. 1 UNÜ möglichen Gegenseitigkeitsvorbehalt, den die Bundesrepublik beim Beitritt erklärt hatte, hat sie 1998 im Zuge der Neuregelung des Schiedsverfahrensrechts zurückgenommen[229]. Allein entscheidungserheblich ist daher das UNÜ als multilaterales Übereinkommen, vorbehaltlich anderer zwei- oder mehrseitiger Verträge, welche die Anerkennung und Vollstreckung zwischen den Vertragsstaaten dieser Verträge regeln sollen, Art. VII Abs. 1 UNÜ[230].

Art. V UNÜ entspricht größtenteils dem soeben dargestellten § 1059 ZPO. Im Gegensatz zur dreimonatigen Frist für die Geltendmachung nach § 1059 Abs. 3 S. 1 ZPO ist die Geltendmachung nach dem UNÜ allerdings zeitlich unbeschränkt.

Ein weiterer wesentlicher Unterschied besteht in der Rechtsfolge: Während ein deutsches Gericht inländische Schiedssprüche aufheben kann, kann es ausländischen Schiedssprüchen lediglich die Anerkennung und Vollstreckbarkeit versagen. Ausländische Schiedssprüche werden als ausländische Rechtsprechungsakte verstanden, weshalb deutschen Gerichten nicht die Kompetenz zukommen kann, diese aufzuheben[231]. An die Stelle der Aufhebung tritt gemäß § 1061 Abs. 2 ZPO die Feststellung, dass der Schiedsspruch im Inland nicht anzuerkennen ist[232]. Eine Aufhebung mit weltweiter Wirkung kann nur vor den Gerichten am Sitz des Schiedsgerichtes erreicht werden[233]. So sind Urteile des CAS beim schweizerischen Bundesgericht anzufechten, §§ 176 ff. IPRG der Schweiz[234].

---

229 BGBl. 1999, Teil II, S. 7; BGH NJW-RR 2001, 1059, 1059; Stein/Jonas/*Schlosser*, § 1061 ZPO Rn. 1.

230 Vergleiche insofern zu bilateralen Staatsverträgen der Bundesrepublik Deutschland und ihres Verhältnisses zum UNÜ: Stein/Jonas/*Schlosser*, Anhang § 1061 ZPO Rn. 220 ff., Rn. 227 ff.

231 Stein/Jonas/*Schlosser*, § 1061 ZPO Rn. 1 und Anhang § 1061 ZPO Rn. 72; *Adolphsen*, S. 513.

232 Stein/Jonas/*Schlosser*, § 1061 ZPO Rn. 1; Musielak/*Voit*, § 1061 ZPO Rn. 28; MüKo/*Münch*, § 1061 ZPO Rn. 11.

233 *Adolphsen*, S. 513; PHBSportR/*Pfister* 6/132.

234 Vergleiche: Schweizerisches Bundesgericht SpuRt 2004, 38 ff. und SpuRt 2005, 159 f. und 160 f. sowie *Hofmann* in SpuRt 2002, S. 7, 8. Die Rügegründe sind in Art. 190 Abs. 2 IPRG der Schweiz geregelt und erfassen ähnlich dem deutschen Recht und dem UNÜ u. a. die vorschriftswidrige Bestellung bzw. Zusammensetzung des Schiedsgerichtes, einen fehlerhaften Zuständigkeitsentscheid des Schiedsgerichtes, die Verletzung der Grundsätze der Gleichbehandlung der Parteien oder des rechtlichen Gehörs und die Unvereinbarkeit mit dem schweizerischen ordre public.

aa) § 1061 Abs. 1 S. 1 ZPO i. V. m. Art. V Abs. 1 a) bis e) UNÜ

Die Regelungen des Art. V Abs. 1 a) bis d) UNÜ entsprechen denen des § 1059 Abs. 2 Nr. 1 a) bis d) ZPO. Sie lassen sich wie diese zusammenfassend als Verstöße gegen das schiedsrichterliche Verfahren bezeichnen.

Im Unterschied zu den Regelungen des § 1059 ZPO ist für Art. V Abs. 1 a) und d) UNÜ hinsichtlich der Wirksamkeit der Schiedsvereinbarung und der Bildung sowie des Verfahrens des Schiedsgerichtes nicht deutsches Recht, sondern das Recht des Landes entscheidend, in dem das schiedsrichterliche Verfahren stattfindet, soweit bezüglich Bildung und Verfahren nicht eine gesonderte Vereinbarung der Parteien besteht[235]. Im Fall des CAS stellt sich als eine solche Parteivereinbarung die Verfahrensordnung des CAS dar.

Die Form der Schiedsvereinbarung muss unabhängig von strengeren oder milderen Voraussetzungen des nationalen Rechts die Voraussetzungen des Art. II UNÜ erfüllen[236]. Fehlt eine solche Vereinbarung im Sinne des Art. II UNÜ oder entspricht sie nicht den Anforderungen des Art. II UNÜ, liegt bereits darin ein Anerkennungsversagungsgrund nach Art. V Abs. 1 a) UNÜ[237].

Zusätzlich im Vergleich zu den Regelungen des § 1059 ZPO darf nach Art. V Abs. 1 e) UNÜ die Anerkennung und Vollstreckung versagt werden, wenn nachgewiesen wird, dass der Schiedsspruch noch nicht verbindlich geworden ist oder dass er von einer zuständigen Behörde des Landes, in dem oder nach dessen

---

235 Hinsichtlich Schiedsvereinbarungen zu echten Schiedsgerichten gibt § 1061 Abs. 1 S. 1 ZPO iVm Art. V Abs. 1 a) UNÜ somit auch die kollisionsrechtliche Anknüpfung vor, nach welchem Recht die Wirksamkeit der Schiedsvereinbarung zu bewerten ist.

236 MüKo/*Gottwald*, Art. V UNÜ Rn. 12; *Haas*, S. 165 f.

237 MüKo/*Gottwald*, Art. II UNÜ Rn. 7; *Haas*, S. 165. Die Meistbegünstigungsklausel des Art. VII Abs. 1 UNÜ, nach der sich eine Partei auf einen Schiedsspruch nach Maßgabe des innerstaatlichen Rechts oder der Verträge des Landes, in dem er geltend gemacht wird, berufen kann, gilt nicht, da das deutsche Recht in § 1061 Abs. 1 ZPO ausdrücklich auf das UNÜ verweist, Musielak/*Voit*, § 1031 ZPO Rn. 18; *Oschütz*, S. 71. Da Art. II UNÜ Schriftform fordert, könnte eine satzungsmäßige Schiedsbindung nicht ausreichend sein, vergleiche: PHBSportR/*Pfister* 6/119 ff.; MüKo/*Gottwald*, Art. II UNÜ Rn. 7 ff.; Stein/Jonas/*Schlosser*, Anhang § 1061 ZPO Rn. 56 ff.; andere Auffassung: *Heß* in ZZPInt 1998, S. 457, 463, der in der schriftlichen Beitrittserklärung die Erfüllung des Formerfordernisses des Art. II UNÜ sieht. Den internationalen Sportverbänden ist daher zu empfehlen, trotz einer satzungsmäßigen Bindung der unmittelbaren Mitglieder mit diesen eine separate schriftliche Vereinbarung im Sinne des Art. V Abs. 1 a) iVm Art. II Abs. 2 UNÜ zu treffen, um eine Nichtanerkennung eines Schiedsspruches aufgrund fehlender schriftlicher Schiedsvereinbarung zu verhindern.

Recht er ergangen ist, aufgehoben oder in seinen Wirkungen einstweilen gehemmt worden ist.

Gemäß dem Wortlaut von Art. V Abs. 1 UNÜ hat das staatliche Gericht diese Gründe nur zu beachten, wenn die beantragende Partei sie vorträgt und entsprechenden Beweis erbringt[238]. Es muss wie bei den Gründen nach § 1059 Abs. 2 Nr. 1 a) bis d) ZPO jedenfalls möglich erscheinen, dass die Gründe sich auf das Ergebnis des Schiedsverfahrens ausgewirkt haben[239].

Die Partei ist wie bei inländischen Schiedssprüchen mit Gründen präkludiert, die sie schon im Schiedsverfahren hätte gelten machen können[240]. Die Nichteinlegung eines Rechtsbehelfs gegen den Schiedsspruch vor einem staatlichen Gericht in seinem Heimatstaat – zum Beispiel in Form einer Aufhebungsklage – ist aber ohne Bedeutung. Denn dies ist der Verteidigung vor Erlass des Schiedsspruches nicht gleichwertig. Zudem enthält Art. V UNÜ keinen Anknüpfungstatbestand für einen Rügeverlust durch Unterlassen der Aufhebungsklage im Heimatstaat des Schiedsspruches.[241]

---

238 BGH NJW-RR 2001, 1059, 1059; MüKo/*Gottwald*, Art. V UNÜ Rn. 1; Stein/Jonas/*Schlosser*, Anhang § 1061 ZPO Rn. 74.

239 Während dies bei den Gründen in Art. V Abs. 1 a) und c) UNÜ auf der Hand liegt, entspricht es auch für die Gründe in Art. V Abs. 1 b) und d) UNÜ der herrschenden Meinung, die dies auch trotz des im Gegensatz zu § 1059 Abs. 2 Nr. 1 d) ZPO nicht ausdrücklichen Wortlauts des Art. V Abs. 1 d) UNÜ annimmt: Musielak/*Voit*, § 1061 ZPO Rn. 15, 17; Stein/Jonas/*Schlosser*, Anhang § 1061 ZPO Rn. 82 und 122; *Schwab/Walter*, Kapitel 24 Rn. 21 und Kapitel 57 Rn. 10 und 13; *Schlosser*, Rn. 817 mwN, dass dies international anerkannt ist; BGH NJW 1992, 2299, 2299 mwN zu § 1044 Abs. 2 ZPO a. F. vor dem Schiedsverfahrens-Neuregelungsgesetz; MüKo/*Gottwald*, Art. V UNÜ Rn. 17 für Abs. 1 b), während er in Rn. 35 für Abs. 1 lit. d) einschränkt, dass das nur dann gelte, wenn es das anwendbare Verfahrensrecht vorsehe.

240 Zöller/*Geimer*, § 1061 ZPO Rn. 29 und 22; *Schlosser*, Rn. 838, 847; *Schwab/Walter*, Kapitel 57 Rn. 2 und 13; ähnlich BGH NJW 1990, 2199, 2200.

241 Dies entspricht der herrschenden Meinung seit den Änderungen durch das Schiedsverfahrens-Neuregelungsgesetz, vergleiche dazu und auch zur früheren Rechtsprechung: OLG Schleswig RIW 2000, 706, 708; BayOblG NJW-RR 2001, 431, 432; BGHZ 120, 305, 313 f. und KG Berlin FamRZ 2004, 275, 278 zu § 328 Abs. 1 Nr. 2 ZPO; Stein/Jonas/*Schlosser*, Anhang § 1061 ZPO Rn. 75 und 76; *Schlosser*, Rn. 838; Zöller/*Geimer*, § 1061 ZPO Rn. 29; *Geimer*, Rn. 3907 und 3908 mwN. Vergleiche auch Art. VI iVm Art. V Abs. 1 e) UNÜ, die nur die Möglichkeit der Aufhebung, nicht aber den Zwang der Aufhebung im Heimatstaat in Bezug nehmen. Musielak/*Voit*, § 1061 ZPO Rn. 20 bejaht entgegen der herrschenden Meinung die Präklusion auch bei Nichtergreifen von Rechtsbehelfen wie der Aufhebungsklage vor staatlichen Gerichten des Schiedsverfahrensstaates.

bb) § 1061 Abs. 1 S. 1 ZPO i. V. m. Art. V Abs. 2 a) und b) UNÜ, insbesondere der deutsche ordre public

Die Regelungen des Art. V Abs. 2 a) und b) UNÜ entsprechen denen des § 1059 Abs. 2 Nr. 2 a) und b) ZPO. Sie lassen sich zusammenfassend als Verstöße gegen das Recht des Anerkennungsstaates bezeichnen. Da vorliegend die Anerkennung durch deutsche Gerichte untersucht wird, ist das deutsche Recht entscheidend.

Besondere Bedeutung kommt daher gemäß Art. V Abs. 2 b) UNÜ auch bei Schiedssprüchen ausländischer Schiedsgerichte dem deutschen ordre public zu. Es ist zu prüfen, ob die Anerkennung oder Vollstreckung des echten Schiedsspruches der öffentlichen Ordnung Deutschlands widersprechen würde.

Im Gegensatz zu den Gründen des Absatzes 1 hat das Gericht die Gründe des Absatzes 2 von Amts wegen zu berücksichtigen[242]. Ein Verfahrensverstoß nach den Gründen des Absatzes 1, der nicht geltend gemacht worden ist, kann insofern Bedeutung erlangen, falls er zugleich einen ordre public-Verstoß darstellt[243].

c) Vorliegen eines echten Schiedsgerichtes

Sind die genannten Aufhebungs- bzw. Nichtanerkennungsgründe zu bejahen, führt dies nicht dazu, dass ein begrifflich vorliegendes echtes Schiedsgericht zu einem Verbandsgericht wird. Vielmehr ist der Spruch des echten Schiedsgerichtes lediglich aufhebbar bzw. nicht anzuerkennen. Die Qualifikation als echtes Schiedsgericht verliert der Spruchkörper dadurch nicht. Von den soeben dargelegten Wirksamkeitsvoraussetzungen an einen echten Schiedsspruch sind somit die begrifflichen Voraussetzungen zu trennen, nach denen ein echtes Schiedsgericht von einem schlichten Verbandsgericht abzugrenzen ist[244].

---

242 MüKo/*Gottwald*, Art. V UNÜ Rn. 1 und 47; Stein/Jonas/*Schlosser*, Anhang § 1061 ZPO Rn. 74; Musielak/*Voit*, § 1061 ZPO Rn. 21. Andere Auffassung trotz des eindeutigen Wortlauts: Zöller/*Geimer*, § 1061 ZPO Rn. 31.

243 MüKo/*Gottwald*, Art. V UNÜ Rn. 47 und 49; Musielak/*Voit*, § 1061 ZPO Rn. 23.

244 In der Rechtsprechung und Literatur fehlte es bis zum Beschluss des BGH SpuRt 2004, 159 ff. (Landseer-Hunde, ebenso abgedruckt in NJW 2004, 2226 ff., ZIP 2005, 46 ff. und SchiedsVZ 2004, 205 ff.) an einer klaren und deutlichen Abgrenzung von Begriffs- und Wirksamkeitsvoraussetzungen und ihren unterschiedlichen Rechtsfolgen, vergleiche *Fenn* in FS Henckel, S. 173, 179 ff., 183 f. zum „ebenso facettenreichen wie unübersichtlichen Meinungsspektrum". Die folgende Ausarbeitung steht unter der Prämisse, unter Berücksichtigung und Auswertung dieses Meinungsspektrums und insbesondere des aktuellen BGH-Beschlusses eine grundsätzliche Definition für den Begriff der echten Schiedsgerichtsbarkeit in klarer Abgrenzung zur Verbandsgerichtsbarkeit herauszuarbeiten.

Unter welchen Voraussetzungen begrifflich ein echtes Schiedsgericht und nicht nur ein Verbandsgericht vorliegt, hängt davon ob, ob es sich um ein inländisches oder ausländisches Schiedsgericht handelt und infolgedessen die Voraussetzungen des UNÜ oder der deutschen ZPO maßgebend sind. Die Abgrenzung erfolgt damit auf nationaler anders als auf internationaler Ebene[245].

aa) Vorliegen eines inländischen echten Schiedsgerichtes

Liegt ein inländisches deutsches Schiedsgericht vor, richtet sich die Abgrenzung, ob ein echtes Schiedsgericht oder lediglich ein Verbandsgericht vorliegt, nach deutschem Recht[246].

Da ein echtes Schiedsgericht ein hohes Maß an Rechtsstaatlichkeit und Rechtssicherheit aufweisen muss, um staatliche Gerichte und das in Art. 92 GG verankerte Rechtsprechungsmonopol des staatlichen Richters weitgehend mit Ausnahme der Aufhebungsgründe des § 1059 ZPO auszuschließen und im Sinne von § 1055 ZPO die Wirkungen eines rechtskräftigen Urteils zu haben, sind an sein Vorliegen strenge Voraussetzungen zu knüpfen[247]. Ein Verbandsgericht ist nicht allein deshalb als echtes Schiedsgericht anzuerkennen, weil es durch die Parteien oder nach der Satzung so bezeichnet wird[248].

---

245 *Haas* in ZEuP 1999, S. 355, 367; *Haas/Prokop* in JR 1998, S. 45, 51; *Adolphsen* in SpuRt 2000, S. 159, 159.

246 Als echtes Schiedsgericht ist zum Beispiel das Ständige Schiedsgericht für Vereine und Kapitalgesellschaften der Lizenzligen des Deutschen Fußballbundes anzusehen: OLG Stuttgart NJW-RR 2003, 495 ff. bzw. SpuRt 2002, 207 ff. und OLG Frankfurt/Main NJW-RR 2003, 498 ff. bzw. SpuRt 2003, 79 ff. (jeweils hinsichtlich Lizenzierung für 2. Fußballbundesliga) sowie *Grunsky* in FS Röhricht, S. 1137, 1144 ff. Im Rahmen der Nationalen Anti-Doping-Agentur (NADA) besteht die erklärte Absicht, ein echtes Schiedsgericht für Dopingstreitigkeiten in Deutschland zu schaffen, vergleiche: *Haas/Holla* in RuS 31, S. 9 ff. Auch die vom Deutschen Sportbund eingesetzte und aus Juristen bestehende Rechtskommission des Sports gegen Doping empfiehlt zum Zweck einer umfassenden Dopingbekämpfung die Einrichtung eines echten Sportschiedsgerichtes im Sinne der Zivilprozessordnung und außerhalb der Verbandsgerichtsbarkeit, vergleiche: Frankfurter Allgemeine Zeitung vom 20.06.2005, S. 31; *Hauptmann* in SpuRt 2005, S. 198 ff.

247 Stein/Jonas/*Schlosser*, vor § 1025 ZPO Rn. 5; PHBSportR/*Summerer* 2/280; *Fenn* in FS Henckel, S. 173, 174; Handbuch des Sportrechts/*Haas*, Ordner 1, B 2. Kapitel Rn. 152 ff.

248 BGH SpuRt 2004, 159, 160 (Landseer-Hunde); *Reichert*, Rn. 4844 (9. Auflage: Rn. 2532); *Haas/Gedeon* in SpuRt 2000, S. 228, 228; Handbuch des Sportrechts/*Haas*, Ordner 1, B 2. Kapitel Rn. 153; Stein/Jonas/*Schlosser*, vor § 1025 ZPO Rn. 5; *Grunsky* in FS Röhricht, S. 1137, 1138; *Fenn* in FS Henckel, S. 173, 179; *Schwab/Walter*, Kapitel 32 Rn. 17; *Hilpert* in BayVBl 1988, S. 161, 169.

Entscheidend ist, dass bei vertraglich vereinbarten Schiedsgerichten die Parteien hinsichtlich einer Streitigkeit in Bezug auf ein bestimmtes Rechtsverhältnis (dazu unter (1)) einen endgültigen Rechtswegausschluss vereinbart haben (dazu unter (2)) und ein unbeteiligter Dritter entscheidet (dazu unter (3)). Bei statutarischen Schiedsgerichten muss die Satzung diese Kriterien vorsehen.[249]

Die Anforderungen sind sowohl an vertraglich vereinbarte als auch an satzungsmäßige Schiedsgerichte dieselben[250]. Der Wille der Parteien bzw. der Inhalt der Satzung ist nach allgemeinen Grundsätzen durch Auslegung von Vertrag bzw. Satzung zu ermitteln[251]. Im Zweifel ist aufgrund der weitreichenden Folgen eines Ausschlusses der staatlichen Gerichtsbarkeit von einem Verbandsgericht auszugehen[252].

(1) Streitigkeit in Bezug auf ein bestimmtes Rechtsverhältnis

Nach § 1029 Abs. 1 ZPO muss eine Streitigkeit in Bezug auf ein bestimmtes Rechtsverhältnis zur Entscheidung stehen. Ist lediglich vorgesehen, dass der Spruchkörper einen Schlichtungsversuch vornimmt oder zu abstrakten Rechtsfragen ein Gutachten erstellt, liegt keine Entscheidung einer Streitigkeit und mithin kein echtes Schiedsgericht vor[253].

Für das Vorliegen eines echten Schiedsgerichtes ist es unerheblich, ob es eine Kontrolle einer bereits getroffenen Verbandsentscheidung durchführt oder mit seinem Spruch erstmalig die Verbandsstrafgewalt ausübt[254].

---

249 BGH SpuRt 2004, 159, 161 (Landseer-Hunde); *Fenn* in FS Henckel, S. 173, 179 ff., 185, 198; MüKo/*Münch*, § 1066 ZPO Rn. 11; Stein/Jonas/*Schlosser*, vor § 1025 ZPO Rn. 5 und § 1066 ZPO Rn. 15; *Schlosser* in LMK 2004, S. 169, 169; *Schwab/Walter*, Kapitel 32 Rn. 17 ff.; Musielak/*Voit*, § 1029 ZPO Rn. 19; *Reichert*, Rn. 4843 (9. Auflage: Rn. 2531).

250 *Fenn* in FS Henckel, S. 173, 192 f.; MüKo/*Münch*, § 1066 ZPO Rn. 11.

251 Baumbach/*Albers*, Grundz § 1025 ZPO Rn. 9; *Haas/Gedeon* in SpuRt 2000, S. 228, 228; *Fenn* in FS Henckel, S. 173, 192. Satzungen sind mit der herrschenden Meinung von der modifizierten Normentheorie wie Gesetze auszulegen, vergleiche dazu unter II 2 a) aa) (2) (c) (dd).

252 MüKo/*Münch*, § 1066 ZPO Rn. 11; *Fenn* in FS Henckel, S. 173, 195 und 198; *Kröll* in ZIP 2005, S. 13, 19 f.; *Meyer* in SpuRt 2005, S. 97, 98.

253 Baumbach/*Albers*, Grundz § 1025 ZPO Rn. 2, 9 ff.; *Haas/Gedeon* in SpuRt 2000, S. 228, 228; *Fenn* in FS Henckel, S. 173, 185 f.; MüKo/*Münch*, Vor § 1025 ZPO Rn. 25 zum Schiedsgutachten.

254 OLG Frankfurt NJW 1970, 2250, 2251; *Schlosser* in Vereins- und Verbandsgerichtsbarkeit, S. 119; Stein/Jonas/*Schlosser*, vor § 1025 ZPO Rn. 5; *Schwab/Walter*, Kapitel 32 Rn. 23; *Fenn* in FS Henckel, S. 173, 182 und 186; *Haas/Gedeon* in SpuRt 2000, S. 228, 231; *Adolphsen*, S. 502, 517, 529, 530 f.; MüKo/*Gottwald*, § 319 BGB Rn. 26 bezüglich einer Leistungsbestimmung; andere Auffassung: *Rei-*

(2) Rechtswegausschluss nach dem Willen der Parteien

Ein echtes Schiedsgericht liegt nur vor, wenn das Schiedsgericht nach dem Willen der Parteien bzw. nach dem Inhalt der Satzung anstelle und unter weitgehendem Ausschluss des ordentlichen Rechtsweges endgültig und bindend entscheiden soll[255]. Wollen die Parteien keinen Ausschluss der ordentlichen Gerichtsbarkeit bis auf die nach den §§ 1025 ff. ZPO möglichen Anträge oder ist ein solcher Ausschluss den Regelungen der Vereinbarung bzw. der Satzung nicht zu entnehmen, liegt kein echtes Schiedsgericht vor.

Der Wille der Parteien bzw. der Inhalt der Satzung muss nicht ausdrücklich erklärt sein, sondern kann nach allgemeinen Grundsätzen durch Auslegung ermittelt werden[256].

Ist geregelt, dass dem Sportler der Gang vor staatliche Gerichte nur für die Dauer des verbandsinternen Verfahrens verwehrt ist, danach aber offensteht, liegt kein echtes Schiedsgericht, sondern lediglich ein Verbandsgericht vor.

Sollte der Rechtswegausschluss nicht ausdrücklich geregelt sein, kann im Rahmen der dann notwendigen Auslegung den oben dargestellten Wirksamkeitsvoraussetzungen indizielle Bedeutung zukommen. Lehnt sich die vertragliche bzw. satzungsmäßige Regelung an Regelungen und Voraussetzungen der §§ 1025 ff. ZPO an, die bei einer schlichten Verbandsgerichtsbarkeit nicht zu beachten sind[257], ist im Regelfall davon auszugehen, dass ein echtes Schiedsgericht von den Parteien gewollt bzw. von der Satzung vorgesehen ist[258]. Nur in dieser indi-

---

chert, Rn. 4848 ff. (9. Auflage: keine Ausführungen dazu) und *ders.* in SpuRt 2004, S. 50, 52.

255 BGH SpuRt 2004, 159, 161 (Landseer-Hunde); BGHZ 128, 93, 108 f. (Reiter); *Reichert*, Rn. 4843 (9. Auflage: Rn. 2531); *Haas/Prokop* in JR 1998, S. 45, 46; Stein/Jonas/*Schlosser*, vor § 1025 ZPO Rn. 5; *Adolphsen*, S. 507 f.; *Grunsky* in FS Röhricht, S. 1137, 1145 ff.; *Fenn* in FS Henckel, S. 173, 191 f.; *Kröll* in ZIP 2005, S. 13, 16; Handbuch des Sportrechts/*Haas*, Ordner 1, B 2. Kapitel Rn. 153; *Schauhoff* in SpuRt 1995, S. 24, 24.

256 Baumbach/*Albers*, Grundz § 1025 ZPO Rn. 9; *Haas/Gedeon* in SpuRt 2000, S. 228, 228; Handbuch des Sportrechts/*Haas*, Ordner 1, B 2. Kapitel Rn. 153; *Fenn* in FS Henckel, S. 173, 192; *Grunsky* in FS Röhricht, S. 1137, 1145 ff. Vergleiche auch bereits oben unter aa). Der BGH spricht in SpuRt 2004, 159, 161 (Landseer-Hunde) von „Gesamtschau". Satzungen sind mit der herrschenden Meinung von der modifizierten Normentheorie wie Gesetze auszulegen, vergleiche dazu unter II 2 a) aa) (2) (c) (dd).

257 Zum Beispiel bezüglich Verfahrensfragen oder durch einen Verweis auf die Aufhebung nach § 1059 ZPO oder auf die gerichtliche Zuständigkeit in den in § 1062 ZPO genannten Punkten.

258 *Schwab/Walter*, Kapitel 32 Rn. 17; *Fenn* in FS Henckel, S. 173, 194; *Kröll* in ZIP 2005, S. 13, 18 f.; *Grunsky* in FS Röhricht, S. 1137, 1145 ff. BGHZ 128, 93, 109

rekten Weise können die Wirksamkeitsvoraussetzungen des § 1059 ZPO für die Frage der begrifflichen Abgrenzung der echten Schiedsgerichtsbarkeit von der Verbandsgerichtsbarkeit Geltung erlangen.

Kommt man mittels Auslegung nicht zu einem eindeutigen Ergebnis über das Bestehen eines Rechtswegausschlusses, ist aufgrund der sonst weitreichenden Folgen des Verzichts auf den gesetzlichen Richter gemäß Art. 101 Abs. 1 S. 2 GG von einer Verbandsgerichtsbarkeit auszugehen[259].

(3) Entscheidung eines personenverschiedenen und weisungsunabhängigen Dritten

Aus der notwendigen Vergleichbarkeit mit staatlichen Gerichten folgt, dass der Schiedsspruch von einem von den Parteien verschiedenen Dritten erlassen werden muss[260]. Mit schiedsrichterlicher Tätigkeit ist es unvereinbar, wenn eine Partei Richterin in eigener Sache ist[261]. Demzufolge darf ein echtes Schiedsgericht zwar durch eine Partei errichtet werden, niemals aber deren Organ sein[262]. Bei Satzungsgestaltungen oder vertraglichen Vereinbarungen, die auf ein Richten des Verbandes in eigener Sache hinauslaufen, liegt demnach nicht echte Schiedsgerichtsbarkeit, sondern Verbandsgerichtsbarkeit vor[263].

Begriffliche Voraussetzung für ein echtes Schiedsgericht ist daher der Status als ein Dritter, der den Rechtsstreit zwischen den streitenden Parteien entscheidet. Dieser Status als Dritter liegt vor, sofern einerseits der bzw. die Schiedsrichter von den Parteien personenverschieden und weisungsunabhängig sind (dazu unter (a)) und andererseits das Schiedsgericht als Institution von den Parteien

---

(Reiter) und OLG Frankfurt NJW 1970, 2259, 2251 knüpfen an die „Ausgestaltung der Schiedsgerichte" an, BGH SpuRt 2004, 159, 161 (Landseer-Hunde) geht darauf im Rahmen seiner oben genannten „Gesamtschau" ein.

259 *Kröll* in ZIP 2005, S. 13, 19 f.; *Meyer* in SpuRt 2005, S. 97, 98; *Fenn* in FS Henckel, S. 173, 195; *Schwab/Walter*, Kapitel 32 Rn. 17; MüKo/*Münch*, § 1066 ZPO Rn. 11. Vergleiche auch bereits oben unter aa).

260 BGH SpuRt 2004, 159, 161 (Landseer-Hunde); BGHZ 51, 255, 258 f.; 54, 392, 395; 65, 59, 62; 98, 70, 72; Stein/Jonas/*Schlosser*, § 1029 ZPO Rn. 14; Handbuch des Sportrechts/*Haas*, Ordner 1, B 2. Kapitel Rn. 154; *Haas/Prokop* in JR 1998, S. 45, 46; *Haas/Gedeon* in SpuRt 2000, S. 228, 229; *Summerer*, S. 57.

261 BGHZ 51, 255, 258 f.; 98, 70, 72; BGH NJW 1985, 1903, 1904; *Adolphsen*, S. 507; Handbuch des Sportrechts/*Haas*, Ordner 1, B 2. Kapitel Rn. 154; *Haas/Gedeon* in SpuRt 2000, S. 228, 229.

262 *Reichert*, Rn. 4842 und 4844 (9. Auflage: Rn. 2530 und 2532); *Haas/Gedeon* in SpuRt 2000, S. 228, 229; Stein/Jonas/*Schlosser*, § 1029 ZPO Rn. 14; *Schauhoff* in SpuRt 1995, S. 24, 24.

263 BGH SpuRt 2004, 159, 161 (Landseer-Hunde); *Fenn* in FS Henckel, S. 173, 188 f.; *Reichert*, Rn. 4845 (9. Auflage: Rn. 2533).

verschieden und weisungsunabhängig ist (dazu unter (b)). In diesem Zusammenhang ist zu klären, wie sich ein Übergewicht einer Partei bei der Zusammensetzung des Schiedsgerichtes, im schiedsrichterlichen Verfahren oder bei dem Abschluss der Schiedsvereinbarung auswirkt (dazu unter (c)).

(a) Personenverschiedene und weisungsunabhängige Schiedsrichter

Zunächst müssen die Schiedsrichter von den Parteien personenverschiedene und weisungsunabhängige nicht beteiligte Dritte sein[264]. Dies ist bei einer Streitigkeit zwischen Sportler und Verband nicht der Fall, wenn die Schiedsrichter Verbandsfunktionäre sind[265]. Eine Regelung, dass für verbandsinterne Streitigkeiten als Schiedsrichter nur Vereins- bzw. Verbandsmitglieder in Betracht kommen, ist allerdings zulässig[266].

Sind die Schiedsrichter zwar von den Parteien personenverschieden, so dass kein Richten in eigener Sache vorliegt, aber in anderer Form nicht unabhängig und überparteilich, sondern aus welchen Gründen auch immer parteiisch, führt dies nicht dazu, dass dem Schiedsgericht die Qualität als echtes Schiedsgericht abzusprechen ist[267]. Für diesen Fall stehen die §§ 1036 ff. ZPO zur Verfügung, nach denen die vermeintlich benachteiligte Partei einen Schiedsrichter ablehnen und ersetzen lassen kann.

Benennen beide Parteien jeweils einen Schiedsrichter, § 1035 Abs. 3 S. 2 ZPO, kann eine Partei den von der anderen Partei benannten Schiedsrichter nicht mit dem Argument ablehnen, dass dieser aufgrund der Benennung durch die andere Partei von vornherein parteiisch sein wird. Die vom Gesetzgeber gewollte Wahl durch die Parteien begründet für sich allein genommen noch keine berechtigten Zweifel an der Unparteilichkeit und Unabhängigkeit des Schiedsrichters im Sinne des § 1036 Abs. 2 S. 1 ZPO[268].

---

264 BGHZ 51, 255, 258 f.; 54, 392, 395; 65, 59, 62; 98, 70, 72; *Reichert*, Rn. 4843 (9. Auflage: Rn. 2531); *Schwab/Walter*, Kapitel 9 Rn. 6 und Kapitel 32 Rn. 23; *Pfister/Steiner*, S. 146; *Kröll* in ZIP 2005, S. 13, 17; *Schauhoff* in SpuRt 1995, S. 24, 24.

265 *Kröll* in ZIP 2005, S. 13, 17; MüKo/*Münch*, § 1036 ZPO Rn. 6; *Schwab/Walter*, Kapitel 9 Rn. 7 und Kapitel 32 Rn. 23; Soergel/*Hadding*, § 25 BGB Rn. 56; Handbuch des Sportrechts/*Haas*, Ordner 1, B 2. Kapitel Rn. 191; *Stöber*, Rn. 759.

266 MüKo/*Münch*, § 1036 ZPO Rn. 6; *Kröll* in ZIP 2005, S. 13, 17; *Fenn* in FS Henckel, S. 173, 190; Soergel/*Hadding*, § 25 BGB Rn. 56; *Stöber*, Rn. 759.

267 Handbuch des Sportrechts/*Haas*, Ordner 1, B 2. Kapitel Rn. 155, 193; *Haas/Gedeon* in SpuRt 2000, S. 228, 229; *Adolphsen*, S. 507; *Schwab/Walter*, Kapitel 9 Rn. 12.

268 MüKo/*Münch*, § 1036 ZPO Rn. 15; Musielak/*Voit*, § 1036 ZPO Rn. 7.

(b) Personenverschiedene und weisungsunabhängige Institution

Aber nicht nur die einzelnen Schiedsrichter, sondern auch die Schiedsinstitution als solche muss von den jeweiligen Parteien personenverschieden und weisungsunabhängig sein[269]. Das Schiedsgericht darf zwar eine Einrichtung, aber kein Organ einer der Parteien sein, das den Beschlüssen oder Weisungen der Mitgliederversammlung unterworfen ist[270]. Es muss eine ausreichende Unabhängigkeit in organisatorischer, sachlicher, personeller und finanzieller Hinsicht bestehen[271].

(c) Übergewicht einer Partei

Durch die Neuregelung der §§ 1025 ff. ZPO durch das Schiedsverfahrens-Neuregelungsgesetz mit Wirkung zum 01.01.1998[272] ist ein Übergewicht einer Partei bei der Zusammensetzung des Schiedsgerichtes, im schiedsrichterlichen Verfahren oder bei dem Abschluss der Schiedsvereinbarung kein Grund mehr, das Vorliegen eines echten Schiedsgerichtes zu verneinen[273].

(aa) Übergewicht bei der Zusammensetzung des Schiedsgerichtes oder im schiedsrichterlichen Verfahren

Wie die Neuregelung des § 1034 Abs. 2 ZPO und die Abschaffung des § 1025 Abs. 2 ZPO a. F.[274] zeigen, führt ein Übergewicht der einen Partei bei der Ernen-

---

269 BGH SpuRt 2004, 159, 161 (Landseer-Hunde); *Reichert*, Rn. 4843 (9. Auflage: Rn. 2530); Handbuch des Sportrechts/*Haas*, Ordner 1, B 2. Kapitel Rn. 190; *Haas/Gedeon* in SpuRt 2000, S. 228, 229 und 230; *Haas/Holla* in RuS 31, S. 9, 22; PHBSportR/*Summerer* 2/281; *Schwab/Walter*, Kapitel 32 Rn. 17 für außervertragliche Schiedsgerichte; *Schauhoff* in SpuRt 1995, S. 24, 24.

270 *Reichert*, Rn. 4842 und 4844 (9. Auflage: Rn. 2530 und 2532); *Haas/Gedeon* in SpuRt 2000, S. 228, 229; *Schauhoff* in SpuRt 1995, S. 24, 24; Stein/Jonas/*Schlosser*, § 1029 ZPO Rn. 14; *Stöber*, Rn. 760.

271 *Haas/Holla* in RuS 31, S. 9, 22; *Haas/Prokop* in JR 1998, S. 45, 46; Stein/Jonas/*Schlosser*, vor § 1025 ZPO Rn. 5; *Reichert*, Rn. 4842 (9. Auflage: Rn. 2530); *Summerer*, S. 57; *Pfister/Steiner*, S. 146.

272 BGBl. 1997, Teil I, S. 3224 ff.; vergleiche zum Ablauf des Gesetzgebungsverfahrens die Übersicht bei MüKo/*Münch*, Vor § 1025 ZPO Rn. 54.

273 So noch zur alten Rechtslage: BGHZ 51, 255, 258 f.

274 Wortlaut des § 1025 Abs. 2 ZPO vor dem Schiedsverfahrens-Neuregelungsgesetz: „Der Schiedsvertrag ist unwirksam, wenn eine Partei ihre wirtschaftliche oder soziale Überlegenheit dazu ausgenutzt hat, den anderen Teil zu seinem Abschluss oder zur Annahme von Bestimmungen zu nötigen, die ihr im Verfahren, insbesondere hinsichtlich der Ernennung oder Ablehnung der Schiedsrichter, ein Übergewicht über den anderen Teil einräumen."

nung oder Ablehnung der Schiedsrichter nicht dazu, dass begrifflich kein echtes Schiedsgericht vorliegt[275]. Hinsichtlich der Zusammensetzung des Schiedsgerichtes hat die benachteiligte Partei nun nach § 1034 Abs. 2 ZPO die Möglichkeit, bei Gericht zu beantragen, den oder die Schiedsrichter abweichend von der erfolgten Ernennung oder der vereinbarten Ernennungsregelung zu bestellen. Dafür reicht bereits das benachteiligende Übergewicht, die Ausnutzung der wirtschaftlichen oder sozialen Überlegenheit wie nach § 1025 Abs. 2 ZPO a. F. ist nicht erforderlich.

Der Gesetzgeber wollte damit der Grundentscheidung der Parteien, sich einem Schiedsverfahren zu unterwerfen, auch in diesen Fällen Rechnung tragen[276]. Angesichts des in § 1042 Abs. 1 ZPO n. F. verankerten Gebots der Gleichbehandlung beider Parteien im schiedsrichterlichen Verfahren könne ein nicht hinzunehmendes Übergewicht einer Partei über die andere Partei im schiedsrichterlichen Verfahren selbst nur bei der Zusammensetzung des Schiedsgerichtes auftreten. Insofern erscheine es aber angemessener, die in § 1025 Abs. 2 ZPO a. F. vorgesehene Rechtsfolge der Unwirksamkeit der Schiedsvereinbarung durch eine Regelung zu ersetzen, die eine ausgewogene Zusammensetzung des Schiedsgerichtes sicherstelle, wie durch § 1034 Abs. 2 ZPO n. F. geschehen[277]. Diese Regelung werde den Interessen der Parteien und vor allem ihrer Grundentscheidung, sich einem Schiedsverfahren zu unterwerfen, besser gerecht als die u. a. für diesen Fall in § 1025 Abs. 2 ZPO a. F. vorgesehene Rechtsfolge der Unwirksamkeit der Schiedsvereinbarung[278].

(bb) Übergewicht bei dem Abschluss der Schiedsvereinbarung

Ebenso wenig führt nunmehr nach dem Willen des Gesetzgebers das Ausnutzen eines Übergewichts bei dem Abschluss der Schiedsvereinbarung dazu, dass kein

275 *Adolphsen*, S. 507; Handbuch des Sportrechts/*Haas*, Ordner 1, B 2. Kapitel Rn. 155; *Haas/Gedeon* in SpuRt 2000, S. 228, 230; *Kröll* in ZIP 2005, S. 13, 18; *Meyer* in SpuRt 2005, S. 97, 98; *Schlosser* in LMK 2004, S. 169, 169; *Grunsky* in FS Röhricht, S. 1137, 1143; *Schwab/Walter*, Kapitel 9 Rn. 12 und Kapitel 32 Rn. 15; *Haas* in Akademieschrift 49, S. 57, 72 und 76.

276 Begründung des Gesetzentwurfes der Bundesregierung, BR-Drucksache 211/96 zu § 1029 ZPO (S. 109 f.) und § 1034 ZPO (S. 124 f.); ebenso in Begründung des Beschlusses durch den Bundestag, BT-Drucksache 13/5274, Bd. 561, zu § 1029 ZPO (S. 34) und zu § 1034 ZPO (S. 39).

277 Begründung des Gesetzentwurfes der Bundesregierung, BR-Drucksache 211/96 zu § 1029 ZPO (S. 109); ebenso in Begründung des Beschlusses durch den Bundestag, BT-Drucksache 13/5274, Bd. 561, zu § 1029 ZPO (S. 34).

278 Begründung des Gesetzentwurfes der Bundesregierung, BR-Drucksache 211/96 zu § 1034 ZPO (S. 125); ebenso in Begründung des Beschlusses durch den Bundestag, BT-Drucksache 13/5274, Bd. 561, zu § 1034 ZPO (S. 39).

echtes Schiedsgericht vorliegt. Der Abschluss der Schiedsvereinbarung als solcher stelle unter der Prämisse einer Gleichbehandlung der Parteien sowohl bei der Zusammensetzung des Schiedsgerichtes jedenfalls mit Hilfe des § 1034 Abs. 2 ZPO als auch bei der Durchführung des schiedsrichterlichen Verfahrens im Sinne des § 1042 Abs. 1 ZPO keine Benachteiligung einer Partei dar. Die in § 1025 Abs. 2 ZPO a. F. vorgesehene Regelung der Rechtsfolge der Unwirksamkeit des Schiedsvertrages für den Fall, dass eine Partei ihre wirtschaftliche und soziale Überlegenheit dazu ausgenutzt habe, die andere Partei zum Abschluss der Schiedsvereinbarung zu nötigen, erscheine angesichts der Tatsache, dass die Schiedsgerichtsbarkeit einen der staatlichen Gerichtsbarkeit grundsätzlich gleichwertigen Rechtsschutz biete, zu weitgehend.[279]

Im Übrigen seien Verträge zwischen Parteien, von denen die eine der anderen wirtschaftlich oder sozial überlegen sei, in der Realität sehr häufig. Ebenso wenig wie sich aus dieser Tatsache als solcher die Nichtigkeit des Hauptvertrages herleiten lasse, könne dieses allein für die Schiedsvereinbarung gelten.[280] Eine solche Nichtigkeit nach den allgemeinen Vorschriften wie §§ 134, 138, 142 Abs. 1, 119, 123 BGB wird bei dem Vorliegen eines Übergewichts infolgedessen erst anzunehmen sein, wenn weitere besondere Umstände hinzutreten, die ein Festhalten der Parteien an der Schiedsvereinbarung als sittenwidrig oder arglistig erscheinen lassen[281].

(cc) Ergebnis zum Übergewicht einer Partei

Nach dem somit eindeutig zum Ausdruck gebrachten gesetzgeberischen Willen führt ein Übergewicht einer Partei weder bei dem Abschluss der Schiedsvereinbarung noch bei der Zusammensetzung des Schiedsgerichtes noch im Rahmen des schiedsrichterlichen Verfahrens zur Ablehnung des Vorliegens eines echten Schiedsgerichtes[282].

---

279 Begründung des Gesetzentwurfes der Bundesregierung, BR-Drucksache 211/96 zu § 1029 ZPO (S. 109 f.); ebenso in Begründung des Beschlusses durch den Bundestag, BT-Drucksache 13/5274, Bd. 561, zu § 1029 ZPO (S. 34).

280 Siehe die Nachweise in der vorhergehenden Fußnote.

281 MüKo/*Münch*, § 1034 ZPO Rn. 8; *Haas/Holla* in RuS 31, S. 9, 27 und 29; Handbuch des Sportrechts/*Haas*, Ordner 1, B 2. Kapitel Rn. 180; *Schwab/Walter*, Kapitel 4 Rn. 15 und Kapitel 32 Rn. 13.

282 Ein Übergewicht bei der Schiedsrichterbenennung und ein Alleinbenennungsrecht stellen gleich: *Haas/Gedeon* in SpuRt 2000, S. 228, 230; Thomas/Putzo/*Reichold*, § 1034 ZPO Rn. 3. Der BGH SpuRt 2004, 159, 161 (Landseer-Hunde) hat sich mittlerweile ausdrücklich gegen diese Literaturansicht ausgesprochen, da eine ein Alleinbenennungsrecht vorsehende Schiedsvereinbarung nicht auf eine Streitentscheidung durch ein unabhängiges und unparteiliches Schiedsgericht ausgerichtet

Dieses Ergebnis führt dazu, dass eine Reihe von Sportschiedsgerichten, die zum Zweck einer höheren Akzeptanz bei den Betroffenen gemäß der Satzung des Sportverbandes bzw. gemäß der vertraglichen Vereinbarung als Schiedsrichter nur Verbandsmitglieder haben, die kein anderes Amt im Verband bekleiden dürfen, und die im Übrigen weisungsungebunden sind, bei einem dazu tretenden Rechtswegausschluss trotz einer überwiegenden Benennung der Schiedsrichter durch den Verband als echte Schiedsgerichte zu qualifizieren sind. Für die anwaltliche Praxis ist es daher in derartigen Fällen von großer Bedeutung, rechtzeitig innerhalb der Zwei-Wochen-Frist des § 1034 Abs. 2 S. 2 ZPO vorsorglich den Ersetzungsantrag zu stellen, um nach Ergehen des Schiedsspruches nicht auf die äußerst eingeschränkte Überprüfung nach § 1059 ZPO verwiesen zu werden.

Aufgrund der nach § 1034 Abs. 2 S. 3 ZPO erfolgenden entsprechenden Anwendung des § 1032 Abs. 2 S. 3 ZPO hindert der Ersetzungsantrag nicht die Einleitung bzw. Fortsetzung des schiedsrichterlichen Verfahrens und das Ergehen eines Schiedsspruches.

(d) Ergebnis zur Entscheidung eines personenverschiedenen und weisungsunabhängigen Dritten und zum Vorliegen eines inländischen echten Schiedsgerichtes

Zahlreiche Verbände sehen zwecks höherer Akzeptanz bei den Beteiligten in den vertraglich vereinbarten bzw. satzungsmäßig angeordneten Spruchkörpern vor, dass nur unbeteiligte und unabhängige Dritte als Schiedsrichter in Betracht kommen. Dadurch wird deutlich, dass dem Kriterium des Rechtswegauschlusses für die Abgrenzung zwischen echtem Schiedsgericht und Verbandsgericht erhebliche Bedeutung zukommt und die Vereinbarung einer Unabhängigkeit der Schiedsrichter allein noch keine eindeutige Beurteilung zulässt, ob nach deutschem Recht echte Schiedsgerichtsbarkeit oder lediglich Verbandsgerichtsbarkeit vorliegt.

---

sei. Ebenso *Meyer* in SpuRt 2005, S. 97, 98 und *Schwab/Walter*, Kapitel 32 Rn. 23. Bei einem Alleinbenennungsrecht kann demnach nicht von einem echten Schiedsgericht, sondern lediglich von einem Verbandsgericht ausgegangen werden. Entgegen *Kröll* und *Meyer* jeweils aaO ist der BGH SpuRt 2004, 159, 161 (Landseer-Hunde) nicht insofern zu verstehen, dass dieser auch für den Fall des Übergewichts bei der Benennung von einem Verbandsgericht ausgeht. Denn der zu entscheidende Fall betraf einen Fall des Alleinbenennungsrechts durch den Verein und nur darauf bezieht sich die Argumentation des BGH.

bb) Vorliegen eines ausländischen echten Schiedsgerichtes

Liegt ein ausländisches Schiedsgericht vor, ist für die Anerkennung das UNÜ entscheidend. Nach dem UNÜ richtet sich damit auch die Abgrenzung zwischen echtem Schiedsgericht und Verbandsgericht.

Das UNÜ regelt in Art. I Abs. 1 lediglich, wann ein inländisches oder ausländisches Schiedsgericht vorliegt. Es enthält aber keine ausdrückliche Definition, wann von einem echten Schiedsgericht auszugehen ist. Wann ein echtes Schiedsgericht nach dem UNÜ vorliegt, ist demzufolge durch Auslegung zu ermitteln. Als multilaterales Abkommen ist das UNÜ nicht nach dem Recht des Anerkennungs- und Vollstreckungsstaates, sondern aus sich heraus eigenständig auszulegen. Es kommt hauptsächlich auf den Wortlaut, die Entstehungsgeschichte und den Sinn und Zweck an.[283]

(1) Privates gerichtsähnliches Verfahren anstelle eines staatsgerichtlichen Verfahrens

Den Wortlaut betrachtend haben der im englischen Text verwendete Begriff „arbitration“, der im französischen Text verwendete Begriff „arbitrage“ und der im deutschen Text verwendete Begriff „Schiedsspruch“ die Bedeutung eines Verfahrens, das nach seinem äußeren Ablauf ein privates gerichtsähnliches Verfahren anstelle eines staatsgerichtlichen Verfahrens darstellt[284].

(2) Bedeutung des Heimatrechts des Schiedsspruches

Umstritten ist, ob es sich bei dem Schiedsspruch darüber hinaus nach dem Heimatrecht des Schiedsverfahrens um einen vollstreckungsfähigen echten Schiedsspruch handeln muss.

(a) Nach Heimatrecht vollstreckungsfähiger echter Schiedsspruch

Aufgrund des Sinn und Zwecks des UNÜ reicht das Vorliegen eines privaten gerichtsähnlichen Verfahrens anstelle eines staatsgerichtlichen Verfahrens nach der herrschenden Meinung nicht aus.

---

283 BGH NJW 1982, 1224, 1225; *Adolphsen*, S. 501; *ders.* in SpuRt 2000, S. 159, 159; MüKo/*Gottwald*, Art. I UNÜ Rn. 2; Stein/Jonas/*Schlosser*, Anhang § 1061 ZPO Rn. 9; *Haas*, S. 143 f.; *Haas* in ZEuP 1999, S. 355, 365 ff.; *Haas/Prokop* in JR 1998, S. 45, 50.

284 BGH NJW 1982, 1224, 1225; *Haas/Prokop* in JR 1998, S. 45, 50; *Haas* in ZEuP 1999, S. 355, 367.

Das UNÜ habe den Sinn und Zweck, Schiedssprüche mit Auslandswirkungen gleich zu behandeln und dadurch eine Rechtsvereinheitlichung zu erreichen[285]. Es sei darauf gerichtet, die Wirkung der nach dem Heimatrecht des Schiedsverfahrens vollstreckungsfähigen Schiedssprüche auf die anderen Vertragsstaaten auszudehnen, ohne aber über die nationalen Gesetze des Heimatrechts hinaus zusätzliche vollstreckungsfähige Schiedssprüche zu schaffen[286]. Dies wäre allerdings in den ausländischen Vertragsstaaten der Fall, wenn dort Schiedssprüche anzuerkennen und zu vollstrecken wären, die nicht einmal nach ihrem Heimatrecht vollstreckungsfähig wären und damit nach ihrem Heimatrecht keine prozessrechtliche Bindung der Parteien bewirken würden[287].

Vollstreckungsfähig sind nur echte Schiedssprüche aufgrund ihrer prozessrechtlichen Wirkung wegen ihrer Urteilsersatzfunktion im Gegensatz zu Verbandsschiedssprüchen, die mangels urteilsgleicher Wirkung nur eine schuldrechtliche Bindung zwischen den Parteien entfalten[288]. Daher müsse als weitere Voraussetzung für einen Schiedsspruch im Sinne des UNÜ der Schiedsspruch nach seinem Heimatrecht auch vollstreckungsfähig und mithin ein echter Schiedsspruch mit prozessrechtlicher Wirkung und nicht nur ein lediglich schuldrechtlich bindender Verbandsschiedsspruch sein[289].

(b) Auch nach Heimatrecht nur schuldrechtlich bindender Schiedsspruch

Dieser herrschenden Meinung wird von *Schlosser*[290] entgegengehalten, dass auch nur schuldrechtlich bindende Schiedssprüche vom UNÜ erfasst sein müssen. Ansonsten könnten Staaten, die keine prozessrechtlich, sondern nur eine schuldrechtlich bindende Schiedsgerichtsbarkeit kennen, durch einen Beitritt zum UNÜ keine internationale Anerkennung ihrer eigenen Rechtseinrichtung erreichen. Die von der herrschenden Meinung befürchteten unterschiedlichen Rechtswirkungen

---

285 BGH NJW 1982, 1224, 1225.

286 BGH aaO zum lodo di arbitrato irrituale des italienischen Rechts, einem die Parteien nur schuldrechtlich, aber nicht prozessrechtlich bindenden Schiedsspruch; ebenso: *Schwab/Walter*, Kapitel 42 Rn. 4; MüKo/*Gottwald*, Art. I UNÜ Rn. 3; *Haas* in ZEuP 1999, S. 355, 367.

287 Siehe die Nachweise in der vorhergehenden Fußnote.

288 In Deutschland ergibt sich die prozessrechtliche Bindungswirkung echter Schiedssprüche aus § 1055 ZPO, nach dem ein Schiedsspruch unter den Parteien die Wirkung eines rechtskräftigen gerichtlichen Urteils hat.

289 BGH aaO; *Haas* in ZEuP 1999, S. 355, 367; *Schwab/Walter*, Kapitel 30 Rn. 10 und Kapitel 42 Rn. 4; MüKo/*Gottwald*, Art. I UNÜ Rn. 3; im Ergebnis ebenso: *Oschütz*, S. 69.

290 Stein/Jonas/*Schlosser*, Anhang § 1061 ZPO Rn. 9; *Schlosser*, Rn. 766.

in den Vertragsstaaten seien dadurch zu verhindern, dass der Schiedsspruch nur mit einer seinem Heimatrecht entsprechenden Wirkung anerkannt werde.

(c) Vom Heimatrecht unabhängige Definition

Adolphsen[291] versucht, eine vom Heimatrecht unabhängige Definition des Schiedsspruches herzuleiten, da das Heimatrecht des Schiedsverfahrens sowohl zu strenge als auch zu milde Voraussetzungen für die Annahme eines vollstreckungsfähigen echten Schiedsspruches enthalten könne.

Mit Hilfe der Kriterien der Unabhängigkeit bzw. Überparteilichkeit und des Rechtswegausschlusses, ergänzt durch eine Auslegung der Satzung und eventuell des anzuwendenden Schiedsverfahrensrechts, solle sich regelmäßig eine Abgrenzung von Verbands- und echten Schiedsgerichten ergeben.

(d) Stellungnahme

Der zuletzt dargelegten Ansicht ist entgegenzuhalten, dass zu milde Voraussetzungen des Heimatrechts durch den deutschen ordre public korrigierbar sind. Ist dieser zum Beispiel wegen fehlender Unabhängigkeit des Schiedsgerichtes verletzt, kann der Schiedsspruch in Deutschland nicht anerkannt und für vollstreckbar erklärt werden, auch wenn er nach seinem Heimatrecht als echter Schiedsspruch betrachtet wird. Die befürchteten zu strengen Voraussetzungen des Heimatrechts sind letztlich auf den Willen der Parteien zurückzuführen, das Schiedsverfahren an einem Ort durchzuführen, dessen Heimatrecht strenge Anforderungen stellt. Eine spätere Privilegierung durch die Bejahung der Anwendbarkeit des UNÜ ist bei einer solchen bewussten Wahl nicht gerechtfertigt. Die Parteien hätten sich sogleich bei der Wahl des Schiedsverfahrensortes darüber informieren können und müssen.

Der Ansicht, die auch nach dem schiedsverfahrensrechtlichen Heimatrecht nur schuldrechtlich bindende Schiedssprüche erfassen will, ist entgegenzuhalten, dass dem UNÜ beitretende Staaten nicht erwarten können, dass ihre nur schuldrechtlich wirkenden Schiedssprüche in anderen Staaten im Gegensatz zum eigenen Recht ohne weiteres vollstreckungsfähig sind. Mit der Entscheidung für eine lediglich schuldrechtliche Schiedsgerichtsbarkeit hat der betreffende Staat festgelegt, dass es selbst nach eigenem Recht einer Klage vor dem staatlichen Gericht bedarf und erst dieses Urteil, nicht aber bereits der zuvor ergangene Schiedsspruch, der Vollstreckung fähig ist. Etwas anderes kann dann auch nicht für die Wirkung im Ausland erwartet werden.

---

291 *Adolphsen*, S. 502 ff.

Die Anerkennung des nur schuldrechtlich bindenden Schiedsspruches mit einer seinem Heimatrecht entsprechenden Bindung ist wenig sinnvoll. Selbst wenn es eine Entsprechung im Recht des Anerkennungsstaates geben sollte, würden dadurch nicht die Wirkungen des UNÜ ausgelöst, da es an der prozessrechtlichen Bindung weiterhin fehlen würde. Die Anerkennung würde lediglich deklaratorisch erfolgen. Denn ein schuldrechtlich bindender Schiedsspruch ist in Deutschland im Rahmen einer für die Vollstreckung dann notwendigen Klage auch nicht nach den nur eingeschränkten Voraussetzungen des § 1059 ZPO – entsprechend denen des Art. V UNÜ – zu prüfen. Eine deklaratorische Anerkennung eines schuldrechtlich bindenden Schiedsspruches nach dem UNÜ hätte daher faktisch keine Bedeutung für dessen Überprüfung.

Die zuerst dargestellte Ansicht überzeugt als einzige. Was nach dem Heimatrecht nicht als vollstreckungsfähiger echter Schiedsspruch anzuerkennen ist und nur eine schuldrechtliche, aber keine prozessrechtliche Bindung der Parteien im Sinne eines Urteils[292] bewirkt, kann nicht nach den Vorschriften des UNÜ in einem anderen Staat anerkannt und für vollstreckbar erklärt werden. Ansonsten würde dem nach seinem Heimatrecht nicht vollstreckungsfähigen Schiedsspruch im Anerkennungsstaat eine prozessrechtliche Wirkung zuteil, die er noch nicht einmal nach seinem Heimatrecht hat. Das UNÜ will aber nur erreichen, dass die Vollstreckung von inländisch vollstreckungsfähigen und mithin echten Schiedssprüchen auch im Ausland gewährleistet ist.

(3) Ergebnis zum Vorliegen eines ausländischen echten Schiedsgerichtes

Somit muss der in Rede stehende ausländische Schiedsspruch zum einen das Ergebnis eines privaten gerichtsähnlichen Verfahrens anstelle eines staatsgerichtlichen Verfahrens sein und zum anderen nach seinem Heimatrecht einen vollstreckungsfähigen echten Schiedsspruch mit prozessrechtlicher und nicht lediglich schuldrechtlicher Wirkung, wie sie ein Verbandsschiedsspruch hat, darstellen.

Die Anforderungen des Anerkennungsstaates für die Annahme eines echten Schiedsgerichtes erlangen an dieser Stelle keine Bedeutung. Sie sind allenfalls bei der späteren Prüfung des verfahrensrechtlichen ordre public zu berücksichtigen[293].

Der CAS ist als echtes Schiedsgericht im Sinne der schweizerischen Rechtsordnung und damit des UNÜ anerkannt[294]. Auch bei Zugrundelegung der Maß-

---

292 Vergleiche für die deutsche Rechtsordnung § 1055 ZPO.

293 BGHZ 98, 70, 72; *Haas* in ZEuP 1999, S. 355, 367. Vergleiche zur Prüfung des verfahrensrechtlichen ordre public ausführlich unter II 3 e) aa).

294 Schweizerisches Bundesgericht in Entscheidungen des Schweizerischen Bundesgerichts, 119. Band, II. Teil, 271, 275 ff.; Schweizerisches Bundesgericht SpuRt 2002,

stäbe der deutschen Rechtsordnung nach §§ 1025 ff. ZPO wird der CAS als echtes Schiedsgericht angesehen[295]. Dem früheren Arbitration Panel der IAAF[296] wurde nach englischem Recht ebenfalls die Eigenschaft als echtes Schiedsgericht zuerkannt[297].

2. *Kontrollmaßstab deutscher Gerichte bei internationalen Sportschiedssprüchen von Verbandsgerichten*

Hat kein echtes Schiedsgericht, sondern ein Verbandsgericht entschieden, finden die Vorschriften der ZPO und des UNÜ über echte Schiedsgerichte keine Anwendung. Bei Verbandsgerichten ist die erhebliche Privilegierung in der Überprüfbarkeit wie bei echten Schiedsgerichten nicht gerechtfertigt, da sie nicht die Kriterien erfüllen, die bei echten Schiedsgerichten die geringere Überprüfung begründen[298].

Entscheidend für den Kontrollmaßstab deutscher Gerichte bei internationalen Verbandsschiedssprüchen sind das nach dem Internationalen Privatrecht anzuwendende und dem Sportverband die Autonomie verleihende staatliche Recht und der von diesem vorgegebene Kontrollmaßstab (dazu unter a)) und wiederum der deutsche ordre public (dazu unter b)). Die Prüfung des ordre public findet im Gegensatz zu echten Schiedsgerichten ihre Grundlage nicht in der ZPO oder dem UNÜ, sondern in Art. 6 EGBGB.

Folglich überprüft das deutsche Gericht einen internationalen Verbandsschiedsspruch in zwei Schritten (zu Schritt 1 nachfolgend unter a), zu Schritt 2 unter b)).

a) Kontrolle nach anzuwendender Rechtsordnung

In einem ersten Schritt ist zu prüfen, ob die verbandsgerichtliche Entscheidung nach dem staatlichen Recht, das nach dem Internationalen Privatrecht dem Sport-

---

62, 64 und SpuRt 2004, 38, 39 ff.; *Adolphsen*, S. 492; *ders.* in SpuRt 2000, S. 159, 159; *Engelbrecht* in AnwBl 2001, S. 637, 638 f.; *Haas* in ZEuP 1999, S. 355, 361 ff. und 368; *Haas/Holla* in RuS 31, S. 9, 21; *Hofmann* in SpuRt 2002, S. 7, 8; *Prokop* in 2. Internationaler Sportrechtskongress, S. 140, 148; *Heß* in Aktuelle Rechtsfragen, S. 1, 13; *Soek* in RuS Doping-Forum, S. 35, 50; *Pfister/Steiner*, S. 147 und 239; *Oschütz*, S. 40 ff. und 421; *Summerer*, S. 59 f.

295 OLG München SpuRt 2001, 64, 65 (Roberts); *Krähe* in SpuRt 2004, S. 204, 205; *Nolte* in Sport und Recht, S. 24.

296 Vergleiche 1. Kapitel III 10.

297 *Adolphsen*, S. 506; *Haas* in ZEuP 1999, S. 355, 366; *Haas/Gedeon* in SpuRt 2000, S. 228, 230 mwN.

298 Vergleiche dazu oben unter II 1.

verband die Autonomie und damit die abgeleitete Normsetzungs- und Normanwendungsbefugnis verleiht, zulässig ist[299]. Der Kontrollmaßstab richtet sich jeweils nach dieser anzuwendenden staatlichen Rechtsordnung[300]. Denn der Kontrollmaßstab durch staatliche Gerichte ist letztlich Ausdruck der durch die ausländische Rechtsordnung gewährten Verbandsautonomie: Je nach dem Umfang der gewährten Verbandsautonomie richtet sich der Umfang der gerichtlichen Kontrolle[301].

Das Recht der lex fori, das am Gerichtsort geltende Recht, ist im Rahmen dieses Kontrollschrittes unerheblich. Es ist allein auf das Recht abzustellen, das die Verbandsautonomie gewährt.[302]

Nachfolgend wird der Kontrollmaßstab nach deutscher Rechtsordnung ausführlich dargestellt (dazu unter aa)) und im Anschluss auf die bei einem ausländischen Kontrollmaßstab zu beachtenden Grundzüge eingegangen (dazu unter bb)).

---

299 PHBSportR/*Pfister* 6/17; *Haas/Prokop* in JR 1998, S. 45, 52; *Reuter* in DZWir 1996, S. 1, 6; *Reichert*, Rn. 6372 (9. Auflage: Rn. 3166); *Adolphsen*, S. 358; *ders.* in IPRax 2000, S. 81, 83 f.; *Pfister* in SpuRt 1995, S. 250, 250; *Nolte* in Sport und Recht, S. 28; *Vieweg*, S. 311, 317, 352 ff.; *Petri*, S. 320 ff.; *Summerer*, S. 127. In diesem Punkt unterscheiden sich die unter I dargelegten Ansichten zum Verhältnis des internationalen Sportverbandsrechts zu nationalem Recht: Während die Auffassung von der abgeleiteten Normsetzungs- und Normanwendungsbefugnis, die hier vertreten wird, wie vorliegend dargestellt, zunächst die verbandsgerichtliche Entscheidung am Kontrollmaßstab der die Autonomie verleihenden Rechtsordnung prüft, unterlässt dies die Auffassung von der originären Rechtsordnung, nach der lediglich eine Prüfung der verbandsgerichtlichen Entscheidung am Maßstab des deutschen ordre public nach Art. 6 EGBGB in Betracht kommt.

300 Zur Frage, welche staatliche Rechtsordnung nach Internationalem Privatrecht anzuwenden ist, vergleiche ausführlich unter III.

301 PHBSportR/*Pfister* 6/17; *Haas/Prokop* in JR 1998, S. 45, 52; *Adolphsen*, S. 358; *ders.* in IPRax 2000, S. 81, 83 f.; *Reichert*, Rn. 6372 (9. Auflage: Rn. 3166); *Vieweg*, S. 317; *Petri*, S. 320 ff.; *Summerer*, S. 127.

302 *Adolphsen*, S. 358; *ders.* in IPRax 2000, S. 81, 83 f.; *Haas/Prokop* in JR 1998, S. 45, 52.
OLG München NJWE-VHR 1996, 96, 102 (Krabbe) und LG Stuttgart SpuRt 2002, 245, 246 (Baumann) wenden hingegen – ohne weitere Begründung und ohne Art. 6 EGBGB zu erwähnen oder auf die Problematik einzugehen – den deutschen Kontrollmaßstab bei Sanktionen internationaler Sportverbände gegen deutsche Sportler an. Aufgrund der dargelegten Systematik ist dies nicht haltbar.

aa) Anwendung der deutschen Rechtsordnung

Ist die deutsche Rechtsordnung anzuwenden[303], unterliegt der Verbandsschiedsspruch einer zwar umfangreicheren Kontrolle als ein echter Schiedsspruch nach § 1059 ZPO. Allerdings handelt es sich auch nicht um eine uneingeschränkte gerichtliche Kontrolle.

Für eine gerichtliche Überprüfbarkeit nach deutscher Rechtsordnung stellt sich zunächst die Frage, ob alle Regeln des Sports und die auf ihrer Anwendung beruhenden Entscheidungen justiziabel sind.

(1) Justiziabilität: Rechtsregel oder Spielregel im engeren Sinne

Für die Justiziabilität der Entscheidungen des Sports ist ausschlaggebend, ob die Entscheidung der Durchsetzung einer Spielregel im engeren Sinne oder einer Rechtsregel[304] dient. Eine Entscheidung zur Durchsetzung einer Spielregel im engeren Sinne ist der Überprüfung durch staatliche Gerichte grundsätzlich vollständig entzogen[305].

Kennzeichnend für Spielregeln im engeren Sinne ist, dass deren Durchsetzung sich darauf beschränkt, das laufende Spielgeschehen bzw. den laufenden Wettkampf zu beeinflussen und nach den geltenden Spiel- und Wettkampfregeln aufrechtzuerhalten[306]. Kennzeichnend für eine Rechtsregel ist, dass ihre Durch-

---

303 Die Anwendung deutschen Rechts kommt zum Beispiel in Betracht, wenn der internationale Verband seinen Sitz in Deutschland hat bzw. nach deutschem Recht gegründet wurde. Vergleiche dazu ausführlich unter III und als praktisches Beispiel den Fall des Profibasketballspielers Stanley Roberts gegen den Internationalen Basketballverband FIBA mit damaligem Sitz in München: LG München I SpuRt 2000, 155 ff. und OLG München SpuRt 2001, 64 ff.

304 Während der BGH von „Spielregel im engeren Sinne" spricht (BGHZ 128, 93, 110 (Reiter)), verwendet die Literatur häufig das Begriffspaar „Spiel- und Rechtsregel".

305 BGHZ 128, 93, 110 (Reiter); LG Frankfurt ZIP 1989, 599, 601; Handbuch des Sportrechts/*Haas*, Ordner 1, B 2. Kapitel Rn. 45, 120; *Haas/Prokop* in JR 1998, S. 45, 49 f.; *Prokop* in 2. Internationaler Sportrechtskongress, S. 140, 144 f.; *Haas* in Akademieschrift 49, S. 57, 65; *Röhricht* in RuS 22, S. 19, 23 f. Ebenso der EuGH in SpuRt 2005, 20, 21 hinsichtlich des Verhältnisses des EG-Vertrages zu sportlichen Regelwerken.

306 *Haas/Prokop* in JR 1998, S. 45, 49 f.; *Prokop* in 2. Internationaler Sportrechtskongress, S. 140, 144 f.; Handbuch des Sportrechts/*Haas*, Ordner 1, B 2. Kapitel Rn. 45, 120; *Haas* in Akademieschrift 49, S. 57, 65; *Kummer*, S. 44; *Röhricht* in RuS 22, S. 19, 23 f.; LG Frankfurt ZIP 1989, 599, 601. Nach PHBSportR/*Pfister* Einleitung/22 sind „Spielregeln im weiteren Sinne" solche, die aufeinander aufbauende Mehrstufenspiele regeln, wie beispielsweise in kurz aufeinander folgenden Runden ausgespielte Pokalwettbewerbe.

setzung eine über das laufende Spielgeschehen hinausgehende Wirkung hat[307]. In der Regel beruht die Durchsetzung einer Spielregel auf einer Tatsachenentscheidung.

Demnach sind Entscheidungen über einen Freistoß, einen Elfmeter, einen Einwurf, Abseits, einen Fehlstart, eine Wende im Schwimmen, die Übergabe des Staffelstabes, das Einfädeln beim Slalom oder Verwarnungen wie eine gelbe Karte im Fußball nicht von einem staatlichen Gericht überprüfbar.

(a) Begründung für fehlende Justiziabilität hinsichtlich Spielregeln im engeren Sinne

Die fehlende Justiziabilität hinsichtlich der Durchsetzung solcher Spiel- und Wettkampfregeln im engeren Sinne ist darin begründet, dass anderenfalls das Ergebnis eines Spiels erst nach jahrelangen Gerichtsverfahren womöglich von der einstweiligen Verfügung[308] bis zur Berufung und Revision feststehen würde, wenn jede Entscheidung zur Aufrechterhaltung des Spiels gerichtlich überprüfbar wäre.

Die Eigenart sowie die Spannung und der Reiz des Spieles sind es jedoch, eine Entscheidung innerhalb der Spielzeit durch den Schiedsrichter und nicht im Nachhinein oder während des Spieles per einstweiliger Verfügung durch das staatliche Gericht herbeizuführen. Dabei werden fehlerhafte Entscheidungen durch den spielleitenden Schieds- oder Wettkampfrichter in der Hektik und Schnelle des Wettkampfes zum Zweck des Spielflusses von allen Parteien akzeptiert.[309] Daher kann auch die Anwendung einer Spielregel durch den das Spiel leitenden Schiedsrichter, die auf einer für alle Fernsehzuschauer offenkundig falschen Tatsachenwahrnehmung beruht, nicht durch ein staatliches Gericht überprüft werden[310]. Etwas anderes gilt nur, sofern die Spiel- oder Wettkampfregel

---

307 Siehe die Nachweise in der vorhergehenden Fußnote.

308 Der auf der Sporttribüne sitzende und zur einstweiligen Verfügung bereite Amtsrichter wird in der Literatur immer wieder als Schreckensbild genannt: *Röhricht* in RuS 22, S. 19, 24; *Kauffmann* in WFV 24, S. 6, 17.

309 *Haas/Prokop* in JR 1998, S. 45, 49; *Röhricht* in RuS 22, S. 19, 23 f.; *Kauffmann* in WFV 24, S. 6, 13; *Westermann* in WFV 24, S. 41, 57 f.; *Pfister* in SpuRt 1998, S. 221, 223; Handbuch des Sportrechts/*Haas*, Ordner 1, B 2. Kapitel Rn. 45, 120.

310 *Westermann* in WFV 24, S. 41, 58; *Grunsky* in WFV 24, S. 63, 71. Etwas anderes wird in der Literatur bei Überprüfung der Schiedsrichterentscheidung durch ein Verbandsgericht diskutiert, vergleiche: *Hilpert* in SpuRt 1999, S. 49 ff.; PHBSportR/*Summerer* 2/334 ff.; *Reichert*, Rn. 2892 ff. (9. Auflage: Rn. 1696 ff.), die Korrektur durch ein Sportgericht in Extremfällen bei

1. ganz offensichtlicher Fehlerhaftigkeit hinsichtlich spielentscheidender Tatsachen und

im engeren Sinne nachweislich vorsätzlich falsch angewendet wurde, um ein bestimmtes Spiel- bzw. Wettkampfergebnis herbeizuführen[311].

Aufgrund dessen ist davon auszugehen, dass eine Auslegung des Parteiwillens bzw. des Sinn und Zwecks des Regelwerkes ergibt, dass die Durchsetzung der Regeln von dem satzungsmäßigen oder einzelvertraglich vereinbarten Regelwerk, die allein Spielregeln im engeren Sinne sind, weder primär bezüglich der Änderung des Spielergebnisses noch sekundär bezüglich eines etwaigen Schadensersatzanspruches justiziabel ist[312]. Würden die Parteien die fehlende Justiziabilität der Durchsetzung einer Spielregel im engeren Sinne nicht akzeptieren wollen, läge im Sinne des Spielflusses die Einführung eines sofortigen Videobeweises im Anschluss an die strittige Entscheidung näher als die Forderung nach einer staatsgerichtlichen Überprüfung.

(b) Keine Auswirkung über das Spiel hinaus

Die fehlende Justiziabilität wird nur angenommen, wenn die Entscheidung über eine Spielregel keine Auswirkung über das Spiel hinaus hat.

Zieht beispielsweise eine gelb-rote Karte im Fußball nicht nur den Ausschluss vom laufenden Spiel, sondern automatisch auch eine Sperre für das nächste Spiel nach sich, ist die Entscheidung insoweit nicht mehr auf das laufende Spiel be-

---

2. schwerwiegenden wirtschaftlichen Folgen zulassen wollen. Vergleiche zu vom Schiedsrichter gegebenen Toren, obwohl der Ball nicht annähernd die Torlinie überquert hatte: DFB-Bundesgericht Handbuch des Sportrechts, Ordner 2, Dok. Nr. 16 16 13 (Fall Borussia Neunkirchen); DFB-Sportgericht SpuRt 1994, 110 ff.; *Eilers* in SpuRt 1994, S. 79, 79 f. Letztere in Bezug auf die Entscheidung des DFB-Sportgerichtes zum spielentscheidenden „Phantom-Tor" des Profifußballers Thomas Helmer im April 1994. Das DFB-Sportgericht stellte – auch um die Problematik der Korrektur einer Tatsachenentscheidung zu umgehen – auf einen Regelverstoß des Schiedsrichters aufgrund fehlender Rückfrage beim Assistenten trotz eigener Zweifel am Torerfolg ab. Die Diskussion um die nachträgliche Aberkennung spielentscheidender „Phantom-Tore" wird sich mit der von der FIFA – die selbst bei „Phantom-Toren" auf der Unumstößlichkeit der Tatsachenentscheidung beharrt, vergleiche *Hilpert* aaO – beabsichtigten Einführung eines technischen Torkontrollsystems im Profifußball erledigen, vergleiche Frankfurter Allgemeine Zeitung vom 28.02.2005, S. 25. In Amateurspielen bleibt es bei der unüberprüfbaren Tatsachenentscheidung. Alle anderen Tatsachenentscheidungen bleiben mangels der offensichtlichen und für keinen Sportsmann zu ertragenden Ungerechtigkeit wie bei einem „Phantom-Tor" und aufgrund ihrer Häufigkeit unüberprüfbar.

311 *Pfister* in SpuRt 1998, S. 221, 226; PHBSportR/*Summerer* 2/343; *Vieweg* in FS Röhricht, S. 1255, 1262 f.

312 Siehe die Nachweise in der vorhergehenden Fußnote.

grenzt. Die als unmittelbare Folge eintretende automatische Sperre für das folgende Spiel – nicht aber der Ausschluss für das laufende Spiel – ist keine Entscheidung zur Durchsetzung einer Spielregel im engeren Sinne[313].

Führt allerdings ein Freistoß, der in der letzten Minute des über den Ausgang der Meisterschaft entscheidenden Spiels verhängt wurde, zu einem Tor und damit zu dem Gewinn der Meisterschaft, mag zwar eine mittelbare und aufgrund der besonderen Umstände außerordentlich deutlich erkennbare Auswirkung über das Spiel hinaus vorliegen. Eine solche mittelbare Auswirkung ist aber selbst in diesem besonderen Fall kein Grund, eine Justiziabilität anzunehmen. Ansonsten könnte über diesen mittelbaren Weg jede Entscheidung, die an sich ausschließlich auf der Anwendung einer Spielregel im engeren Sinne durch den das Spiel leitenden Schiedsrichter besteht, als justiziabel betrachtet werden und eine Flut von Überprüfungen bewirken. Diese stünden einem Abschluss der Saison im vorgegebenen Zeitrahmen entgegen.

(c) Abgrenzungsschwierigkeiten

Die Übergänge, wann nur eine Auswirkung auf das Spielgeschehen oder darüber hinaus vorliegt, sind fließend, so dass eine klare Abgrenzung mitunter schwerfällt[314].

Zum Beispiel ist nicht eindeutig zu beantworten, ob eine fehlerhafte Weiten- oder Zeitmessung[315] oder ein Zugrundelegen eines zu geringen Schwierigkeitsgrades beim Kunstturnen oder Eislaufen auf der Anwendung einer Spielregel im engeren Sinne beruht[316].

Schwierigkeiten entstehen auch dadurch, dass sich ein- und dieselbe Regel sowohl als Spiel- als auch als Rechtsregel darstellen kann[317]. Dies verdeutlicht das bereits erwähnte Beispiel der gelb-roten Karte mit der Folge des Ausschlusses für das laufende Spiel und der spielexternen Folge der automatischen Sperre für das folgende Spiel.

---

313 *Pfister* in SpuRt 1998, S. 221, 225.

314 Handbuch des Sportrechts/*Haas*, Ordner 1, B 2. Kapitel Rn. 45; *Haas* in Akademieschrift 49, S. 57, 65; *Haas/Prokop* in JR 1998, S. 45, 49 f.; *Summerer*, S. 23 ff.; *Röhricht* in RuS 22, S. 19, 23 f.

315 Soweit der Gegenstand der Kritik an der Zeitmessung nicht die Ermessensausübung des Schiedsrichters in Hinblick auf die Spieldauer bzw. Nachspielzeit, sondern ein zum Beispiel technischer Fehler der Messung als solcher ist.

316 Zu weiteren schwierigen Abgrenzungsfällen vergleiche: PHBSportR/*Summerer* 2/7; *Haas/Prokop* in JR 1998, S. 45, 50; *Vieweg* in FS Röhricht, S. 1255 ff.

317 *Summerer*, S. 24.

(d) Verbandsgerichtliche Anwendung einer Spielregel im engeren Sinne

Zweifel bestehen ebenfalls, wenn ein Verbandsgericht eine Anwendung einer Spielregel im engeren Sinne durch den das Spiel leitenden Schiedsrichter im Nachhinein ändert und somit das Spielergebnis ändert.

Zwar wird die verbandsgerichtliche Änderung einer Tatsachenentscheidung im Gegensatz zur Korrektur eines Regelverstoßes, bei dem die Tatsachen zwar richtig erkannt, aber falsch subsumiert wurden, häufig vom Regelwerk ausgeschlossen[318]. Ist sie indessen dennoch möglich, ist es abzulehnen, dass diese abändernde sportgerichtliche Entscheidung nicht justiziabel sein soll. Zwar nimmt sie Bezug auf die Anwendung einer Spielregel, allerdings dient eine nachträgliche Änderung eines Spiel- oder Wettkampfergebnisses nicht der Durchsetzung einer Spielregel im Spielfluss, sondern bewirkt ihre Aufhebung im Nachhinein nach Abschluss des Spieles bzw. Wettkampfes.

So ist bei der nachträglichen verbandsgerichtlichen Aberkennung einer errungenen Medaille, eines Titels oder Preisgeldes oder der gewonnenen Punkte für die Saisontabelle aufgrund eines Verstoßes gegen eine Spielregel im engeren Sinne das Spiel längst beendet und nur sein Ergebnis wird im Nachhinein korrigiert. Der Sinn und Zweck der Nichtjustiziabilität der Durchsetzung einer Spielregel im engeren Sinne – die Aufrechterhaltung des Spielflusses – ist zum Zeitpunkt nach Abschluss des Spiels aber nicht mehr gegeben.

Die Kompetenz zur Änderung des Spielergebnisses beruht auf anderen Regeln als auf der betroffenen Spielregel. Diese Kompetenz-Regel, die auch die Entscheidungsmöglichkeiten des Verbandsgerichtes enthält, ist keine Spielregel im engeren Sinne, da sie nicht dem unmittelbaren Spielfluss dient. Dementsprechend ist nicht der Inhalt der Spielregel im engeren Sinne justiziabel und vom staatlichen Gericht auf Richtigkeit und Zweckmäßigkeit abstrakt überprüfbar, sondern die verbandsgerichtliche Kompetenznorm und die auf ihr basierende verbandsgerichtliche Entscheidung.

Dies gilt nicht nur für eine abändernde, sondern auch für eine bestätigende verbandsgerichtliche Entscheidung in Bezug auf die Durchsetzung einer Spielregel. Auch hier ist zum Zeitpunkt der Entscheidung der Spielfluss beendet, so dass eine Nichtjustiziabilität nicht mehr gerechtfertigt ist. Zwar würde dann jede nicht justiziable Entscheidung zur Durchsetzung einer Spielregel im engeren Sinne durch einen sportgerichtlichen Protest des im Spiel bzw. Wettkampf Unterlege-

318 Vergleiche für den Fußball: Law 5 Paragraph 3 Sentence 1 FIFA-Laws of the Game 2004 bzw. Regel 5 Abschnitt 3 Satz 1 der DFB-Fußballregeln 2004/2005, zu finden unter http://www.fifa.com/de/regulations/regulation/0,1584,3,00.html bzw. http://www.dfb.de/dfb-info/regeln/index.html. Siehe zu dieser Thematik auch *Hilpert* in SpuRt 1999, S. 49 ff. und *Vieweg* in FS Röhricht, S. 1255 ff.

nen vor einem staatlichen Gericht justiziabel. Selbst wenn man aber die Justiziabilität bejaht, wird ein staatliches Gericht eine sportgerichtliche Entscheidung, die die Durchsetzung einer Spielregel im engeren Sinne bestätigt, kaum als unwirksam betrachten, falls sich das Sportgericht auf die Notwendigkeit der unüberprüfbaren Tatsachenentscheidung zum Zweck des Spielflusses berufen hat[319].

(e) Aufeinander aufbauende Spielsysteme oder Mehrstufenspiele

Die Problematik, dass bei aufeinander aufbauenden Spielsystemen oder Mehrstufenspielen[320] durch den zeitlichen Fortlauf des Systems eine Korrektur nach der viel später erfolgenden endgültigen staatsgerichtlichen Entscheidung nicht möglich ist, ist nicht für die Justiziabilität der sportgerichtlichen Entscheidung entscheidend, sondern lediglich für den Anspruchsinhalt, der dann gegebenenfalls „nur“ noch in einem Schadensersatzanspruch besteht[321]. Ob und in welchem Umfang dieser begründet ist, ist eine Frage des materiellen Rechts.

---

319 Etwas anderes kann man allenfalls in den oben unter (a) in Fußnote 310 genannten extremen Ausnahmesituationen erwägen, vergleiche: *Reichert*, Rn. 2892 ff. (9. Auflage: Rn. 1696 ff.); *Krieger*, S. 138. Insbesondere aufgrund der obigen Ausführungen zu (a) und (b) ist dieses allenfalls bei den sogenannten „Phantom-Toren“, die spielentscheidend sind und schwerwiegende wirtschaftliche Folgen mit sich bringen, erwägenswert. Verzichten die Parteien allerdings im Vorhinein bewusst auf technische Hilfsmittel wie einen Videobeweis, ist eine spätere staatsgerichtliche Kontrolle zwecks Korrektur des Spielergebnisses nicht gerechtfertigt.

320 Beispielsweise Pokalwettbewerbe, die in kurz aufeinander folgenden Runden ausgespielt werden, oder die Qualifikation für internationale Wettbewerbe wie Champions League oder UEFA-Pokal im Fußball bei Erreichen eines bestimmten Tabellenplatzes der nationalen Liga.

321 LG Frankfurt in ZIP 1989, 599, 601 und *Pfister* in SpuRt 1998, S. 221, 223 ff. zählen auch den Ablauf sogenannter Mehrstufenspiele beeinflussende Regeln zu Spielregeln im engeren Sinne und halten sie somit für nicht justiziabel, gehen aber nicht auf die Möglichkeit des Schadensersatzanspruches ein. In PHBSportR/*Pfister* Einleitung/22 erklärt *Pfister* Regelungen des Mehrstufenspieles, die er als Spielregeln im weiteren Sinne bezeichnet, hingegen für gerichtlich überprüfbar, soweit sie in die Rechtspositionen der Beteiligten eingreifen. Ähnlich wie für die hier vertretene Unterscheidung hinsichtlich der Rechtsfolge *Grunsky* in WFV 24, S. 63, 71. Ebenfalls ähnlich *Duve* in AnwBl 2005, S. 350, 351 für die Frage neuen Sachvortrages vor dem Sportgericht im Rahmen des Anfang 2005 aktuellen Wettskandals, bei dem es um durch den ehemaligen DFB-Schiedsrichter Robert Hoyzer manipulierte Fußballspiele zugunsten von Wettgewinnen Dritter ging: neuer Sachvortrag und Wiederaufnahme des Verfahrens vor DFB-Sportgericht zwecks Spielwiederholung nur bis zum Ende der Saison, danach zivilrechtliche Ausgleichsansprüche.

(f) Ergebnis zur Justiziabilität

In den angesprochenen Zweifelsfällen ist zugunsten des Sportlers davon auszugehen, dass keine Spielregel im engeren Sinne vorliegt, so dass eine Justiziabilität gegeben ist[322].

Während bei unmittelbaren Entscheidungen des Schiedsrichters im Spiel bzw. Wettkampf sich die fehlende Justiziabilität mit der Notwendigkeit der Aufrechterhaltung des Spielflusses ohne weiteres erklären lässt, fällt dies bei verbandsgerichtlichen Entscheidungen, wie dargelegt, wesentlich schwerer. Diese sind daher als justiziabel zu betrachten. Der Inhalt und die Richtigkeit der Spielregel im engeren Sinne sind nicht Gegenstand der Überprüfung, sondern lediglich die nachträgliche Anwendung und Umsetzung dieser Spielregel durch das Verbandsgericht.[323]

Die Differenzierung zwischen einer Spielregel im engeren Sinne und einer Rechtsregel ist demnach nur einträglich, wenn auf Entscheidungen des Schiedsrichters des Spiels bzw. Wettkampfes abgestellt wird. Nachträgliche Entscheidungen des Verbandsgerichtes, die sich auf solche Entscheidungen beziehen, sind schon nicht mehr mit einer hinreichenden Trennschärfe einzuordnen und demzufolge generell als justiziabel zu betrachten.

---

322 Handbuch des Sportrechts/*Haas*, Ordner 1, B 2. Kapitel Rn. 45, 120; *Haas/Prokop* in JR 1998, S. 45, 50; *Röhricht* in RuS 22, S. 19, 24. Zum Teil wird ein Abstellen auf die Frage, ob eine Spielregel im engeren Sinne vorliegt, aufgrund der fehlenden Praktikabilität vollständig abgelehnt: *Heß* in Aktuelle Rechtsfragen, S. 1, 23; *Steiner*, S. 15 f.; *Summerer*, S. 23 ff.; PHBSportR/*Summerer* 2/7. *Pfister* in SpuRt 1998, S. 221 ff. will auf die Sporttypizität der Regel abstellen, was allerdings die gleichen Abgrenzungsprobleme mit sich bringt.

323 Ähnlich wie hier vertreten: *Röhricht* in RuS 22, S. 19, 24.
Der BGH sagt im sogenannten Reiter-Urteil (BGHZ 128, 93, 110) bei der Darstellung der Überprüfbarkeit von privaten Verbandsgerichten lediglich beiläufig und ohne weitere Erläuterungen: „Entscheidungen sogenannter Sportgerichte können, soweit es sich nicht um die Einhaltung der Spielregeln im engeren Sinne handelt, insoweit keine Ausnahme für sich beanspruchen." Der BGH bietet dabei weder eine Definition für eine Spielregel im engeren Sinne noch geht er auf die Problematik ein, dass eine sportgerichtliche Entscheidung erst im Nachhinein und somit nach Abschluss des Spiels erfolgt und jedenfalls eine das Spiel- oder Wettkampfergebnis abändernde sportgerichtliche Entscheidung eine Auswirkung über das laufende Spiel hinaus hat (Aberkennung der errungenen Punkte, des Preisgeldes usw.), da dieses zum Zeitpunkt der Entscheidung längst abgeschlossen ist. Nach der vorliegend vertretenen Konzeption kann die Aussage des BGH so verstanden werden, dass es einem staatlichen Gericht verwehrt bleiben soll, Spielregeln im engeren Sinne auf ihre inhaltliche Richtigkeit hin zu überprüfen.

Die fehlende Justiziabilität ist in erster Linie dafür von Bedeutung, dass Anträge auf einstweilige Verfügungen vor dem staatlichen Gericht während oder im Anschluss an ein Spiel oder einen Wettkampf, die auf einer behaupteten fehlerhaften Durchsetzung einer Spielregel im engeren Sinne durch den Schiedsrichter auf dem Platz beruhen, nicht zum Erfolg führen.

Darüber hinaus erlangt die fehlende Justizibilität von Spielregeln im engeren Sinne dafür Bedeutung, dass das staatliche Gericht zwar eine auf ihnen beruhende verbandsgerichtliche Entscheidung überprüfen darf, dabei diese Spielregel im engeren Sinne aber nicht abstrakt auf ihre Richtigkeit und Zweckmäßigkeit überprüft. Unter welchen Voraussetzungen zum Beispiel ein Elfmeter oder eine Abseitsstellung im Fußball anzunehmen sind, ist demnach nicht justiziabel.

(2) Kontrolle der Entscheidung

Ist somit von einer Justiziabilität der verbandsgerichtlichen Entscheidung auszugehen, ist der Umfang der gerichtlichen Kontrolle nach deutschem Recht zu erörtern.

Hinsichtlich des gerichtlichen Kontrollmaßstabes für Maßnahmen und verbandsgerichtliche Entscheidungen von sozialmächtigen Verbänden oder Monopolverbänden, zu denen nationale und internationale Sportverbände aufgrund des Pyramidenaufbaus[324] und des Ein-Platz-Prinzips[325] in der Sportorganisation zu zählen sind[326], hat sich eine umfangreiche Rechtsprechung entwickelt.

---

324 Die Sportler sind in einzelnen Vereinen, diese in regionalen Fachsportverbänden, diese in nationalen Fachsportverbänden, diese wiederum in internationalen (kontinentalen und weltweiten) Fachsportverbänden, diese wiederum im IOC zusammengeschlossen. Vergleiche ausführlich: PHBSportR/*Summerer* 2/22 ff.; *Vieweg* in JuS 1983, S. 825, 826; Handbuch des Sportrechts/*Haas*, Ordner 1, B 1. Kapitel Rn. 49.

325 Im Rahmen des pyramidenförmigen Aufbaus ist jede Sportart stets nur durch einen Fachsportverband vertreten. Für jede Sportart gibt es grundsätzlich nur einen Weltfachverband, der nur je einen nationalen Fachsportverband als Mitglied aufnimmt. Vergleiche: PHBSportR/*Pfister* Einleitung/13 ff.; *Adolphsen*, S. 42 ff.; *Vieweg* in JuS 1983, S. 825, 826; Handbuch des Sportrechts/*Haas*, Ordner 1, B 1. Kapitel Rn. 52.

326 OLG Frankfurt/Main NJW-RR 2000, 1117, 1118 (Baumann); *Vieweg* in SpuRt 1995, S. 97, 98; *ders.* in JuS 1983, S. 825, 826; PHBSportR/*Summerer* 2/355; *Röhricht* in Akademieschrift 39, S. 12, 27; BGHZ 63, 282 ff. zur Aufnahme eines Vereines in den Deutschen Sportbund; BGHZ 87, 337, 344 f. (Ausschluss aus Gewerkschaft) spricht von „großer gesellschaftlicher Macht"; BGHZ 128, 93, 101 (Reiter) spricht von praktischem Ausschluss von der Teilnahme am organisierten Sport für den Fall der Nichtanerkennung der Regeln.

Deren Zweck ist es, einen angemessenen Ausgleich im Sinne einer praktischen Konkordanz zwischen den Freiheitsrechten des Einzelnen[327] sowie seinem Justizgewährungsanspruch und dem damit korrespondierenden, aus Art. 9 GG folgenden autonomen Selbstbestimmungsrecht der Verbände, das das Recht zur Durchsetzung des eigenen Regelwerkes in Form verbandsgerichtlicher Rechtsprechung umfasst[328], zu schaffen[329].

Einbruchstelle für diese mittelbare Drittwirkung der genannten Grundrechte und ihre Abwägung ist eine Betrachtung des Sportregelwerkes und seiner verbandsgerichtlichen Anwendung nach den Grundsätzen von Treu und Glauben gemäß § 242 BGB[330].

Für die Entwicklung der nachfolgend dargestellten Rechtsprechung standen zwar disziplinarrechtliche Entscheidungen im Vordergrund. Für nicht disziplinarrechtliche Entscheidungen gelten aber dieselben Maßstäbe, da eine Abgrenzung häufig nur schwer möglich ist und eine Differenzierung zudem nicht sachgerecht

---

327 Neben der Handlungsfreiheit kommen bei Profisportlern vor allem das Recht auf freie Berufswahl und -ausübung sowie gegebenenfalls das Recht am eingerichteten und ausgeübten Gewerbebetrieb dazu.

328 BGHZ 128, 93, 99 (Reiter); 29, 352, 355; *Röhricht* in RuS 22, S. 19, 21; *Kröll* in ZIP 2005, S. 13, 13; *Steiner*, S. 14, 29 ff.; *Fenn* in FS Henckel, S. 173, 173; *Haas* in ZEuP 1999, S. 355, 359; *Oschütz*, S. 10; *Grunsky* in FS Röhricht, S. 1137, 1137; *Sengle* in FS Röhricht, S. 1205, 1206 f.

329 BGHZ 128, 93, 101 und 110 (Reiter); 105, 306, 316 ff. (Inhaltskontrolle verbands- und vereinsinterner Normen in Bezug auf Spitzenverband der Kreditgenossenschaften); 102, 265, 276 f. (Ausschluss aus Gewerkschaft); 87, 337, 343 ff. (Tatsachenermittlung im vereinsrechtlichen Disziplinarverfahren); 63, 282 ff. (Aufnahme eines Fachsportverbandes in Deutschen Sportbund); 47, 381, 384 ff. (Ausschließung aus einem Verein); LG München I SpuRt 1995, 161, 166 (Krabbe); OLG München NJWE-VHR 1996, 96, 98 f. (Krabbe); OLG Frankfurt/Main NJW-RR 2000, 1117, 1119 (Baumann); *Röhricht* in RuS 22, S. 19, 24, 27 und 41; *Vieweg*, S. 235 ff., 257; *ders.* in FS Röhricht, S. 1255, 1271; *Sengle* in FS Röhricht, S. 1205, 1206 f.; *Haas/Holla* in RuS 31, S. 9, 10; *Nolte*, S. 434; *Oschütz*, S. 10; *Krieger*, S. 147 ff. Zur Kritik am Prüfungsmaßstab der Rechtsprechung vergleiche: *Grunsky* in WFV 38, S. 15 ff.; Soergel/*Hadding*, § 25 BGB Rn. 61 mwN.

330 BGHZ 128, 93, 101 und 110 (Reiter); 105, 306, 316 ff.; OLG München NJWE-VHR 1996, 96, 98 f. und 100 (Krabbe); OLG Frankfurt/Main NJW-RR 2000, 1117, 1118 (Baumann); Palandt/*Heinrichs*, § 25 BGB Rn. 9; *Reichert*, Rn. 398, 890 ff. (9. Auflage: Rn. 300, 608 ff.); *Adolphsen*, S. 348; *ders.* in SpuRt 2000, S. 97, 98; *Steiner*, S. 317; *Vieweg*, S. 235 ff.; *ders.* in FS Röhricht, S. 1255, 1271; *ders.* in SpuRt 1995, S. 97, 99 f.; *Reuter* in DZWir 1996, S. 1, 6; *Krieger*, S. 147 ff.; Handbuch des Sportrechts/*Haas*, Ordner 1, B 2. Kapitel Rn. 38 ff., ausdrücklich in Rn. 40, wonach in § 242 BGB der Grundsatz festgelegt sei, dass jedermann verpflichtet ist, bei der Ausübung seiner Rechte und Pflichten nach Treu und Glauben zu handeln.

wäre, da nicht disziplinarrechtliche Entscheidungen gleichermaßen erhebliche Auswirkungen haben können[331].

(a) Fehlerfreie Tatsachenermittlung

Zunächst überprüft das staatliche Gericht, ob die dem Spruch des Verbandsgerichtes zugrunde liegende Tatsachenermittlung fehlerfrei war[332]. Das Gericht hat somit die Tatsachenfeststellungen im Rahmen des Beweisantrages der Partei in vollem Umfang nachzuprüfen und nach allgemeinen zivilprozessualen Grundsätzen, eventuell nach einer Beweisaufnahme, den wahren Sachverhalt festzustellen und ist nicht an die Feststellungen des Verbandsgerichtes gebunden[333].

Zur Begründung für diese umfassende Tatsachenkontrolle wird angeführt, dass die Anerkennung der Verbandsgewalt auf einer freiwilligen Unterwerfung der Mitglieder durch den Eintritt in den Verband beruhe und diese nicht dahin ausgelegt werden könne, dass die Mitglieder bei ihrem Eintritt damit einverstanden seien, für Taten verantwortlich gemacht zu werden, die sie nicht begangen haben[334]. Zudem werde die Vereins- bzw. Verbandsautonomie durch die gericht-

---

331 *Röhricht* in RuS 22, S. 19, 25; Palandt/*Heinrichs*, § 25 BGB Rn. 28; PHBSportR/*Summerer* 2/353; *Buchberger*, S. 160; *Vieweg*, S. 258; *Sengle* in FS Röhricht, S. 1205, 1208; BGHZ 63, 282 ff. zu Aufnahme in Sportverband; LG Lübeck in NJW-RR 1988, 122 ff. zur Freigabeerteilung durch einen Verein.

332 BGHZ 87, 337, 343 ff. mit ausdrücklicher Nennung von Sportverbänden auf S. 345; BGHZ 93, 151, 154 zu Aufnahme in Gewerkschaften; BGHZ 128, 93, 110 (Reiter); LG München I SpuRt 1995, 161, 166 (Krabbe); OLG Frankfurt/Main NJW-RR 2000, 1117, 1118 und 1120 (Baumann); Palandt/*Heinrichs*, § 25 BGB Rn. 22; *Reichert*, Rn. 3095 (9. Auflage: Rn. 1812); *Stöber*, Rn. 714; *Haas/Prokop* in JR 1998, S. 45, 50; *Haas* in Akademieschrift 49, S. 57, 66; *Haas/Adolphsen* in NJW 1996, S. 2351, 2352; *Vieweg* in SpuRt 1995, S. 97, 100; *Röhricht* in RuS 22, S. 19, 29; *ders.* in Akademieschrift 39, S. 12, 24; MüKo/*Reuter*, § 25 BGB Rn. 54; andere Auffassung bei Vereinen mit Aufnahmefreiheit: MüKo/*Reuter*, § 25 BGB Rn. 49.

333 BGHZ 87, 337, 343 ff.; Palandt/*Heinrichs*, § 25 BGB Rn. 22; PHBSportR/*Summerer* 2/361; *Reichert*, Rn. 3095 (9. Auflage: Rn. 1812); Handbuch des Sportrechts/*Haas*, Ordner 1, B 2. Kapitel Rn. 144.

334 BGHZ 87, 337, 344; *Reichert*, Rn. 3094 (9. Auflage: Rn. 1812); *Röhricht* in RuS 22, S. 19, 29; Handbuch des Sportrechts/*Haas*, Ordner 1, B 2. Kapitel Rn. 144. Anders ist dies – wie oben unter II 2 a) aa) (1) dargestellt – bei einer dem Spielfluss dienenden Spielregel im engeren Sinne zu bewerten, die der spielleitende Schiedsrichter nach einer Tatsachenentscheidung anwendet.
Befindet ein Verbandsgericht über eine falsche Tatsachenentscheidung des spielleitenden Schiedsrichters und revidiert es diese wegen der zwecks Spielflusses bestehenden Notwendigkeit der Unüberprüfbarkeit der Tatsachenentscheidung nicht, ist es durchaus vom richtigen Sachverhalt ausgegangen, da es die falsche Tatsachenentscheidung erkannt hat.

liche Nachprüfung der Sachverhaltsermittlung nicht beeinträchtigt, da für diese Autonomie die Subsumtion des festgestellten Sachverhalts wesentlich sei und nicht die Feststellung des Sachverhalts[335].

Die Nachprüfbarkeit der Tatsachenfeststellungen bedeutet jedoch nicht, dass der Verband im gerichtlichen Verfahren neue Tatsachen, die er im verbandsinternen Verfahren nicht festgestellt hat und auf die sich die Verbandsentscheidung demnach nicht stützen konnte, im gerichtlichen Verfahren zur Rechtfertigung seiner Entscheidung nachschieben darf[336].

(b) Einhaltung eines der eigenen Verfahrensordnung und rechtsstaatlichen Normen entsprechenden Verfahrens

Weiterhin ist vom staatlichen Gericht überprüfbar, ob das Verbandsgericht ein der eigenen Verfahrensordnung und rechtsstaatlichen Normen entsprechendes Verfahren eingehalten hat[337]. Hält sich ein Verbandsgericht nicht einmal an die eigene Verfahrensordnung oder an grundlegende rechtsstaatliche Verfahrensgarantien, kann der Verband nicht darauf vertrauen, dass ein auf diese Weise zustande gekommener Verbandsschiedsspruch von einem staatlichen Gericht anerkannt wird.

Die eigene Verfahrensordnung ergibt sich aus der Verbandssatzung. Sie muss nicht zwingend in dieser enthalten sein, soweit sie dem Mitglied keine zusätzlichen Pflichten auferlegt und nicht zu den das Verbandsleben bestimmenden Grundentscheidungen zählt[338].

---

335 BGHZ 87, 337, 345.

336 BGH NJW 1990, 40, 41; BGHZ 102, 265, 273 f.; PHBSportR/*Summerer* 2/362; Handbuch des Sportrechts/*Haas*, Ordner 1, B 2. Kapitel Rn. 146; *Stöber*, Rn. 714. Neue Tatsachen können aber vorgebracht werden, wenn diese nicht zur Begründung der Entscheidung dienen und somit einen neuen Entscheidungsgrund darstellen, sondern zur Begründung der Angemessenheit der Entscheidung dienen: BGHZ 47, 381, 387; *Stöber*, Rn. 725. Ebenso können später erlangte Beweismittel nachgeschoben werden: OLG München SpuRt 2003, 199, 202 (Roberts).

337 BGHZ 128, 93, 110 (Reiter); 102, 265, 276; 87, 337, 343; 47, 172, 176 ff.; LG München I SpuRt 1995, 161, 166 (Krabbe); OLG München NJWE-VHR 1996, 96, 99 (Krabbe); OLG Frankfurt/Main NJW-RR 2000, 1117, 1120 (Baumann); Palandt/*Heinrichs*, § 25 BGB Rn. 21; MüKo/*Reuter*, § 25 BGB Rn. 54; *Haas/Prokop* in JR 1998, S. 45, 50; *Haas* in Akademieschrift 49, S. 57, 66; *Haas/Adolphsen* in NJW 1996, S. 2351, 2352; *Vieweg* in SpuRt 1995, S. 97, 100; *ders.* in FS Röhricht, S. 1255, 1271; *Röhricht* in RuS 22, S. 19, 26 f.; *ders.* in Akademieschrift 39, S. 12, 24; *Steiner* in Sport im Spiegel, S. 214, 218; *Nolte*, S. 430 ff.; *ders.* in Sport und Recht, S. 209 ff.

338 BGHZ 47, 172, 177; *Röhricht* in RuS 22, S. 19, 26; Soergel/*Hadding*, § 25 BGB Rn. 46.

Ein rechtsstaatliches Verfahren erfordert die Einhaltung der Grundsätze eines fairen Verfahrens mit konkreter Bezeichnung der Vorwürfe[339], des Grundsatzes des rechtlichen Gehörs[340], der prozessualen Waffengleichheit[341], eine Begründungspflicht hinsichtlich des Sachverhalts und der Festlegung des Strafmaßes[342], das Verbot einer Doppelbestrafung (ne bis in idem)[343] usw.[344]

Verfahrensfehler sind nur beachtlich, wenn sie für die Entscheidung ursächlich geworden sind, wovon in der Regel auszugehen ist[345].

(c) Gesetzmäßigkeit und Angemessenheit des der Entscheidung zugrunde liegenden Regelwerkes

Des Weiteren überprüft ein staatliches Gericht, ob die verbandsgerichtliche Entscheidung eine Grundlage im Regelwerk hat und dieses der Entscheidung zugrunde liegende Regelwerk einerseits nicht gesetz- oder sittenwidrig (dazu unter (aa)) und andererseits unter dem Gesichtspunkt von Treu und Glauben nach § 242 BGB angemessen ist, mithin durch sachliche Gründe gerechtfertigt und nicht unbillig oder willkürlich ist (dazu unter (bb))[346].

---

339 BGH NJW 1990, 40, 41; Palandt/*Heinrichs*, § 25 BGB Rn. 17; *Summerer* in 1. Internationaler Sportrechtskongress, S. 138, 150; *Nolte*, S. 431.

340 BGHZ 29, 352, 355; LG München I SpuRt 1995, 161, 167 (Krabbe); OLG Frankfurt/Main NJW-RR 2000, 1117, 1120 (Baumann); PHBSportR/*Summerer* 2/359; *Reichert*, Rn. 3090 (9. Auflage: Rn. 1808); Palandt/*Heinrichs*, § 25 BGB Rn. 17; *Röhricht* in RuS 22, S. 19, 26; *Nolte*, S. 430 f.; *ders.* in Sport und Recht, S. 209 f.

341 BGHZ 55, 381, 391; Soergel/*Hadding*, § 25 BGB Rn. 46; Handbuch des Sportrechts/*Haas*, Ordner 1, B 2. Kapitel Rn. 108; *Adolphsen* in SpuRt 2000, S. 97, 98; *Summerer* in 1. Internationaler Sportrechtskongress, S. 138, 151.

342 LG München I SpuRt 1995, 161, 167 (Krabbe); Palandt/*Heinrichs*, § 25 BGB Rn. 21; Handbuch des Sportrechts/*Haas*, Ordner 1, B 2. Kapitel Rn. 108; *Summerer* in 1. Internationaler Sportrechtskongress, S. 138, 151; *Nolte*, S. 432; *ders.* in Sport und Recht, S. 210 f.

343 RGZ 51, 89, 90 f.; LG München I SpuRt 1995, 161, 167 (Krabbe); Palandt/*Heinrichs*, § 25 BGB Rn. 17; Soergel/*Hadding*, § 25 BGB Rn. 46; *Nolte*, S. 431 f.; *ders.* in Sport und Recht, S. 210; *Schlosser* in Vereins- und Verbandsgerichtsbarkeit, S. 214 ff.

344 Vergleiche ausführlich zur Anwendbarkeit rechtsstaatlicher Verfahrensgrundsätze: *Buchberger* in SpuRt 1996, S. 122 ff. und S. 157 ff.

345 PHBSportR/*Summerer* 2/358; *Reichert*, Rn. 3089 (9. Auflage: Rn. 1807); OLG Frankfurt/Main NJW-RR 2000, 1117, 1120 (Baumann). Vergleiche auch die entsprechende Regelung des § 1059 Abs. 2 Nr. 1 d ZPO für echte Schiedsgerichte, siehe oben unter II 1 a) aa).

346 BGHZ 128, 93, 101 und 110 (Reiter); 105, 306, 317 ff. (Satzung des Spitzenverbandes der Kreditgenossenschaften); 63, 282 ff. (Aufnahme in Deutschen Sportbund); LG München I SpuRt 1995, 161, 166 (Krabbe); OLG München NJWE-VHR

(aa) Gesetzmäßigkeit des Regelwerkes

Das der Entscheidung zugrunde liegende Regelwerk muss demnach zunächst den zwingenden gesetzlichen Vorschriften (§ 134 BGB und insbesondere kartell- und wettbewerbsrechtlich zwingenden Vorschriften wie §§ 19, 20 GWB[347]) und den guten Sitten (§ 138 BGB) entsprechen. Zu den zwingenden gesetzlichen Vorschriften zählen ebenfalls europarechtliche Vorschriften[348].

(bb) Angemessenheit des Regelwerkes

Darüber hinaus muss das der Entscheidung zugrunde liegende Regelwerk unter dem Gesichtspunkt von Treu und Glauben nach § 242 BGB angemessen sein.

Aufgrund des gemäß Art. 9 GG gewährten Selbstbestimmungsrechts und der Autonomie der Verbände kommt diesen – wie sich auch an der Überprüfung lediglich auf Billigkeit bzw. Angemessenheit zeigt – bei der Ausgestaltung ihres Regelwerkes ein Beurteilungs- und Ermessensspielraum zu[349]. Das staatliche Gericht darf daher eine Norm des Sports nicht nur deshalb für unwirksam halten,

---

1996, 96, 99 (Krabbe); OLG Frankfurt/Main NJW-RR 2000, 1117, 1120 (Baumann); *Adolphsen*, S. 348; *Steiner*, S. 17; *Röhricht* in RuS 22, S. 19, 28; *Vieweg*, S. 235; *ders.* in SpuRt 1995, S. 97, 100; *Haas* in Akademieschrift 49, S. 57, 66; *Haas/Adolphsen* in NJW 1996, S. 2351, 2352; *Haas/Prokop* in SpuRt 1998, S. 15, 16; MüKo/*Reuter*, § 25 BGB Rn. 54; Soergel/*Hadding*, § 25 BGB Rn. 25; Handbuch des Sportrechts/*Haas*, Ordner 1, B 2. Kapitel Rn. 32 ff.; *Reichert*, Rn. 3083, 396 ff. (9. Auflage: Rn. 1802, 299 f.); *Stöber*, Rn. 676, 713; *Oschütz*, S. 13; *Buchberger*, S. 142 ff. Handelt es sich nicht um einen Monopol- oder sozialmächtigen Verband, ist die Prüfung auf grobe Unbilligkeit beschränkt: BGHZ 128, 93, 110 (Reiter); *Steiner*, S. 317. *Vieweg*, S. 234 ff. und S. 257 im Grundsatz ebenso, er stellt aber darüber hinaus auf eine gleitende Abstufung ab, indem er eine je nach Verbandstyp und Relevanz der Verbandsnorm im Einzelfall abgestufte Prüfung befürwortet.

347 Internationale sowie nationale Verbände, Vereine und Profisportler sind dabei als Unternehmer und/oder als Vereinigung von Unternehmen im Sinne des GWB zu betrachten, vergleiche: LG München I SpuRt 2000, 155, 157 (Roberts) und OLG München SpuRt 2003, 199, 200 (Roberts); OLG Dresden SpuRt 2004, 74, 75 (Balzer); BGHZ 137, 297, 303 ff. (Fernsehübertragung von Europapokalspielen); 101, 100, 102 ff. (Gekoppelter Kartenverkauf durch Fußballbundesligaverein); *Summerer* in 1. Internationaler Sportrechtskongress, S. 138, 147 f. Vergleiche auch allgemein zur Prüfung verbandsgerichtlicher Entscheidungen am Maßstab des GWB: *Menzel* in WRP 2002, S. 810 ff.

348 Vergleiche auch unten zu II 3 e) bb) (2).

349 Handbuch des Sportrechts/*Haas*, Ordner 1, B 2. Kapitel Rn. 41; *Röhricht* in RuS 22, S. 19, 28; *Vieweg* in SpuRt 1995, S. 97, 100; *Steiner* in FS Röhricht, S. 1225, 1236.

weil es eine andere Regelung getroffen hätte. Es muss die Wertentscheidung des Verbandes, eine solche Regel zu normieren, akzeptieren, sofern dafür ein sachlicher Grund besteht und ein angemessener Interessenausgleich vorliegt.

Das Gericht muss demnach abstrakt – ohne bereits auf den konkreten Einzelfall abzustellen – prüfen, welches Verbands- oder Gemeinschaftsinteresse der Sportregel zugrunde liegt und ob dieses berechtigt, mithin sachlich gerechtfertigt ist. Liegt ein sachlich gerechtfertigtes Interesse vor, prüft das Gericht, welches abstrakte grundgesetzlich geschützte Mitgliederinteresse dadurch beeinträchtigt ist und ob die Norm einem angemessenen Ausgleich dieser Interessen gerecht wird oder ob eine willkürliche oder unbillige, Treu und Glauben widerstreitende Norm vorliegt.[350]

Besondere Bedeutung kommt der im letzten Schritt durchzuführenden Verhältnismäßigkeitsprüfung und Interessenabwägung zu. Die Regelung ist nur dann nicht unbillig, wenn sie geeignet ist, den angestrebten Zweck zu erreichen, keine anderen weniger intensiv die Interessen der Mitglieder beeinträchtigenden Satzungsregelungen möglich sind und die Regel den Mitgliedern letztlich unter Berücksichtigung der Schwere des Eingriffs und der Bedeutung des damit verfolgten Zwecks zumutbar ist[351]. Im Rahmen der Zumutbarkeit bzw. Interessenabwä-

350 Vergleiche: BGHZ 105, 306, 317 ff. und 320; OLG Frankfurt/Main NJW-RR 2000, 1117, 1120 (Baumann); *Adolphsen*, S. 348 und 351; *Röhricht* in RuS 22, S. 19, 28; MüKo/*Reuter*, § 25 BGB Rn. 54; *Vieweg*, S. 235 ff., 257; *ders.* in SpuRt 1995, S. 97, 100; Handbuch des Sportrechts/*Haas*, Ordner 1, B 2. Kapitel Rn. 41 ff.; *Krieger*, S. 149 f.; *Buchberger*, S. 142 ff. Vergleiche als praktisches Beispiel zuletzt in Anschluss an BAG SpuRt 1997, 94 ff. (Kienass, Transferentschädigungen bei Vereinswechsel nach Vertragsablauf unvereinbar mit Art. 12 GG) und BGHZ 142, 304 ff. die Entscheidung des OLG Oldenburg SpuRt 2005, 164 ff. zum Verstoß der in § 23 a Spielordnung des DFB vorgesehenen pauschalisierten Ausbildungsentschädigung gegen das Grundrecht der Berufsfreiheit der Fußballspieler: Es liege ein Eingriff in die Berufswahlfreiheit der betroffenen Fußballer vor, der selbst bei Qualifizierung des Fußballs als vermeintlich wichtiges oder überragend wichtiges Gemeinschaftsgut durch den Zweck der Ausbildungsentschädigung – die Förderung der Jugendarbeit der abgebenden Vereine – nicht gerechtfertigt sei, da die Ausbildungsentschädigung kein angemessenes Instrument zur allgemeinen Förderung der Jugendarbeit sei. Denn das System belohne ausschließlich die Nachwuchsarbeit für den Profibereich, während die Jugendarbeit der Vereine im Übrigen unberücksichtigt bleibe. Die Ausbildungsentschädigung sei somit „ein Mittel zur gezielten Nachwuchsförderung im bezahlten Fußball“ und diene einem kommerziellen Interesse, das Eingriffe in die Berufsfreiheit der betroffenen Fußballer nicht rechtfertige. BAG, BGH und OLG Oldenburg jeweils aaO bejahen daher eine Nichtigkeit nach § 138 Abs. 1 BGB iVm Art. 12 Abs. 1 GG und nicht nur eine Unwirksamkeit nach § 242 BGB.

351 BGHZ 63, 282, Leitsatz a) und 285 f. und 293 f.; Handbuch des Sportrechts/*Haas*, Ordner 1, B 2. Kapitel Rn. 44; *Röhricht* in RuS 22, S. 19, 28; *Vieweg* in SpuRt

gung im engeren Sinne wird das Schutzbedürfnis der Mitglieder umso höher und der Beurteilungs- und Ermessensspielraum des Verbandes umso geringer sein, je stärker die Mitglieder durch die Maßnahme infolge der Bedeutung des Verbandes in ihren persönlichen und wirtschaftlichen Entfaltungsmöglichkeiten betroffen werden[352].

In Bezug auf internationale Regelwerke kann das Verbandsinteresse vor allem darin liegen, eine weltweite Gleichheit des Regelwerkes und damit eine weltweite Vergleichbarkeit sportlicher Leistungen und eine weltweite Chancengleichheit aller Sportler zu erreichen, so dass eine Beeinträchtigung der Interessen des einzelnen Sportlers gerechtfertigt ist. Auch das Interesse an dem Schutz der Gesundheit aller Sportler stellt insbesondere in Hinblick auf Dopingbestimmungen ein überwiegendes Verbandsinteresse dar.

Liegt bereits kein sachlicher Grund vor, ist dennoch zu prüfen, ob die Mitglieder ohne unverhältnismäßige Opfer in der Lage sind, die vom Monopolverband aufgestellten Verhaltensanforderungen zu erfüllen[353].

1995, S. 97, 100; *Buchberger*, S. 144 ff. Häufig tritt dabei die schwierige und von Fall zu Fall anders zu bewertende Frage auf, ob Satzungsnormen angemessen sind, die an ein Verhalten anknüpfen, ohne ein Verschulden des Betroffenen zu erfordern, vergleiche: BGHZ 29, 352, 359; BGH NJW 1972, 1892 f.; Palandt/*Heinrichs*, § 25 BGB Rn. 14; Soergel/*Hadding*, § 25 BGB Rn. 50; *Reichert*, Rn. 2714 ff., 2750 ff. (9. Auflage: Rn. 1606 ff., 1623); *Stöber*, Rn. 680; *Röhricht* in WFV 43, S. 15 ff.; *Adolphsen* in SpuRt 2000, S. 97 ff.; *Summerer* in 1. Internationaler Sportrechtskongress, S. 138, 149 f.: Grundsätzlich, insbesondere bei Sanktionen, ist ein Verschulden erforderlich, es sei denn, es geht um „kleinere Vereinsstrafen" oder einen Beitragsrückstand eines Mitglieds oder Sanktionen gegen einen Verein wegen Zuschauerausschreitungen. In *Reichert*, Rn. 2719 (9. Auflage: Rn. 1607 a); *Menzel* in WRP 2002, S. 810, 814 f.; *Adolphsen* in SpuRt 2000, S. 97 ff.; *Petri*, S. 208 ff., 271 ff.; OLG Frankfurt/Main NJW-RR 2000, 1117, 1120 f. (Baumann) und OLG Dresden SpuRt 2004, 74, 77 (Balzer) auch zur Zulässigkeit des Beweises des ersten Anscheins zum Verschuldensnachweis bei Doping an Stelle einer strict liability rule, nach der ein Sportler verschuldensunabhängig für alle bei einer Dopingprobe in seinem Körper gefundenen verbotenen Stoffe verantwortlich gemacht werden kann. Ebenfalls zum Verschulden bei Doping: *Summerer*, S. 147 f., der den Nachweis leichtester Fahrlässigkeit ausreichen lässt.

352 BGHZ 47, 381, 385; 75, 158, 159 f.; 93, 151, 158; 102, 265, 277; *Röhricht* in RuS 22, S. 19, 23; Soergel/*Hadding*, § 25 BGB Rn. 60; *Stöber*, Rn. 717.

353 BGHZ 63, 282, 285 und 291 zu Voraussetzungen für die Aufnahme in einen Monopolverband.

(cc) Generalklauselartige Umschreibungen

Für verbandsrechtliche Disziplinarmaßnahmen werden generalklauselartige Umschreibungen des Fehlverhaltens als ausreichende Grundlage anerkannt[354]. Dies bedeutet eine Lockerung des Bestimmtheitsgrundsatzes des Art. 103 Abs. 2 GG, der für staatliche strafrechtliche Sanktionsnormen gilt. Nur so ist die nötige Flexibilität zur Reaktion auf nicht vorhergesehene Verhaltensweisen und vor allem der erforderliche Raum zur Einbringung sportspezifischer Wertungen gesichert[355].

Das zu ergreifende Ordnungsmittel muss allerdings hinreichend bestimmt sein und darf im Gegensatz zum sanktionierten Fehlverhalten nicht nur generalklauselartig umschrieben sein[356].

Sanktionstatbestände müssen als Grundentscheidungen des Verbandslebens in der Satzung geregelt sein[357]. Im Rang unter der Satzung stehende Vereinsordnungen dürfen zwar Sanktionstatbestände konkretisieren, aber nicht erweitern[358]. Eine Ausnahme vom Erfordernis der Regelung des Sanktionstatbestandes und -mittels in der Satzung besteht allenfalls im Falle eines Vereinsausschlusses, und zwar dann, wenn die den Ausschluss begründende Verfehlung als außerordentlicher Kündigungsgrund anzusehen ist, was in vollem Umfang der gerichtlichen Nachprüfung unterliegt[359].

---

354 BGHZ 47, 381, 383 f.; LG München I SpuRt 1995, 161, 167 (Krabbe); OLG München NJWE-VHR 1996, 96, 99 (Krabbe); OLG München SpuRt 2001, 64, 67 (Roberts); *Haas/Adolphsen* in NJW 1996, S. 97, 100; Handbuch des Sportrechts/*Haas*, Ordner 1, B 2. Kapitel Rn. 100 b; *Reichert*, Rn. 2745 ff. (9. Auflage: Rn. 1622) für Vereinsausschlussgründe; *Nolte*, S. 433; *ders.* in Sport und Recht, S. 211.

355 *Röhricht* in RuS 22, S. 19, 28. Zur notwendigen Bestimmtheit von Dopingverboten vergleiche: Handbuch des Sportrechts/*Haas*, Ordner 1, B 2. Kapitel Rn. 76 ff.; *Summerer*, S. 144 f.

356 *Reichert*, Rn. 2709 (9. Auflage: Rn. 1603); *Stöber*, Rn. 683; *Röhricht* in RuS 22, S. 19, 27; Palandt/*Heinrichs*, § 25 BGB Rn. 13; OLG Dresden SpuRt 2005, 209, 210 (Balzer).

357 BGHZ 47, 172, 178; LG München I SpuRt 2000, 155, 158 (Roberts); PHBSportR/*Summerer* 2/357; *Reichert*, Rn. 2709, 3083 (9. Auflage: Rn. 1603, 1806); *Röhricht* in RuS 22, S. 19, 27; Palandt/*Heinrichs*, § 25 BGB Rn. 13; DLV Rechtsausschuss SpuRt 1996, 66, 67 (Krabbe).

358 BGHZ 47, 172, 177 f.; Palandt/*Heinrichs*, § 25 BGB Rn. 13.

359 BGH NJW 1971, 879, 880; 1990, 40, 42; Palandt/*Heinrichs*, § 25 BGB Rn. 27; *Reichert*, Rn. 2754, 3084 (9. Auflage: Rn. 1625, 1819).

(dd) Auslegung von Satzungen

Satzungen sind unter Beachtung des Beurteilungs- und Ermessensspielraums der Verbände[360] mit der herrschenden Meinung von der modifizierten Normentheorie[361] wie Gesetze auszulegen. Maßgebend sind grundsätzlich der Wortlaut sowie der Sinn und Zweck der Bestimmung unter besonderer Berücksichtigung des Verbandszwecks und der Interessen der Mitglieder[362].

Eine Satzung ist nur aus sich heraus ohne Berücksichtigung des Gründerwillens und der Gründerinteressen auszulegen[363]. Zwar ist sie zunächst ein von den Gründern geschlossener Vertrag, mit der Entstehung des Vereins bzw. Verbandes löst sie sich aber völlig von deren Person und erlangt ein unabhängiges rechtliches Eigenleben[364]. Unter Umständen ist die Satzung auch unter Berücksichtigung außerhalb der Satzung liegender Sachzusammenhänge auszulegen, sofern deren Kenntnis allgemein bei den Mitgliedern und Organen des Vereins vorausgesetzt werden kann[365].

Aufgrund der einer Gesetzesauslegung entsprechenden Auslegung ist eine geltungserhaltende Reduktion nicht zulässig und § 139 BGB findet genauso wenig Anwendung wie die §§ 133, 157 BGB[366].

---

360 Die Auslegung der Verbandssatzung durch das Verbandsgericht ist dementsprechend vom staatlichen Gericht zu akzeptieren, solange sie sich im Rahmen der Angemessenheit befindet. Insofern bestehen Parallelen zur Subsumtion, zu dieser vergleiche sogleich unter (d).

361 Zum Streit über die Rechtsnatur von Satzungen zwischen Vertrags-, Normen- und modifizierter Normentheorie vergleiche: MüKo/*Reuter*, § 25 BGB Rn. 16 ff.; Palandt/*Heinrichs*, § 25 BGB Rn. 3; Handbuch des Sportrechts/*Haas*, Ordner 1, B 2. Kapitel Rn. 30.

362 BGHZ 47, 172, 178 ff.; BGH NJW 1971, 879, 880; Palandt/*Heinrichs*, § 25 BGB Rn. 4; Handbuch des Sportrechts/*Haas*, Ordner 1, B 2. Kapitel Rn. 30; *Reichert*, Rn. 399 ff. (9. Auflage: Rn. 301); *Stöber*, Rn. 44.

363 BGHZ 47, 172, 179 f.; 63, 282, 290; 113, 237, 240; Palandt/*Heinrichs*, § 25 BGB Rn. 4; *Stöber*, Rn. 44.

364 BGHZ 47, 172, 179 f.

365 BGHZ 63, 282, 290; Palandt/*Heinrichs*, § 25 BGB Rn. 4; *Stöber*, Rn. 44.

366 BGHZ 47, 172, 178 ff.; Handbuch des Sportrechts/*Haas*, Ordner 1, B 2. Kapitel Rn. 30; *Stöber*, Rn. 44.

(ee) Gesetzmäßigkeit und Angemessenheit der satzungsmäßigen Anordnung eines Sportgerichtes

Die satzungsmäßige Anordnung eines Verbandsgerichtes oder echten Schiedsgerichtes unterliegt ebenfalls dieser Prüfung auf Gesetzmäßigkeit und Angemessenheit[367].

Wegen der aus Art. 9 GG folgenden Organisationsgewalt der Sportvereine und ihrer Verbände und dem Zweck einheitlicher und vergleichbarer Bedingungen für alle Sportler ist sie in der Regel angemessen und schränkt den Einzelnen nicht unangemessen in seinem persönlichen oder beruflichen Freiheitsraum ein[368], zumal durch die Anordnung eines Sportgerichtes eine staatsgerichtliche Überprüfung, wie dargelegt[369], nicht vollständig ausgeschlossen werden kann.

(d) Gesetzmäßigkeit und Angemessenheit der Entscheidung hinsichtlich Subsumtion und Auswahl der Maßnahme

Wie das Regelwerk muss auch die auf ihm basierende Entscheidung selbst einerseits nicht gesetz- oder sittenwidrig und andererseits unter dem Gesichtspunkt von Treu und Glauben nach § 242 BGB angemessen und nicht willkürlich oder unbillig sein[370].

---

367 BGHZ 128, 93, 97 ff. (Reiter); Handbuch des Sportrechts/*Haas*, Ordner 1, B 2. Kapitel Rn. 180; *Haas* in SpuRt 2000, S. 139, 141; *Oschütz*, S. 234; *ders.* in RuS 31, S. 43, 56.

368 BGHZ 128, 93, 97 ff. (Reiter); Handbuch des Sportrechts/*Haas*, Ordner 1, B 2. Kapitel Rn. 182. Zur Problematik der nachträglichen Ergänzung der Satzung um eine Schiedsklausel vergleiche: BGH SpuRt 2000, 153 f.; *Haas* in SpuRt 2000, S. 139 ff. Zur Frage der Zulässigkeit der Ausdehnung einer Schiedsvereinbarung oder -klausel auf zwar während der Mitgliedschaft entstandene, aber erst nach einem Austritt zu lösende Streitigkeiten: Handbuch des Sportrechts/*Haas*, Ordner 1, B 2. Kapitel Rn. 185 f.

369 Vergleiche die Ausführungen unter II 1 für echte Schiedsgerichte und unter II 2 für Verbandsgerichte.

370 BGHZ 128, 93, 110 (Reiter); 87, 337, 343 jeweils zu vereinsrechtlichen Disziplinarverfahren; 93, 151, 153 f. zu Aufnahme in Gewerkschaft; 36, 105, 114 zu kartellrechtswidriger Vereinsstrafe; LG München I SpuRt 1995, 161, 166 (Krabbe); OLG München NJWE-VHR 1996, 96, 99 (Krabbe); OLG Frankfurt/Main NJW-RR 2000, 1117, 1120 (Baumann); Palandt/*Heinrichs*, § 25 BGB Rn. 18 ff.; *Reichert*, Rn. 3091-3093 und 3098 ff. (9. Auflage: Rn. 1809-1811 und 1813 ff.); MüKo/*Reuter*, § 25 BGB Rn. 54 f.; Handbuch des Sportrechts/*Haas*, Ordner 1, B 2. Kapitel Rn. 109; *Vieweg*, S. 243, 257; *Adolphsen*, S. 348; *Haas/Prokop* in JR 1998, S. 45, 50; *Röhricht* in RuS 22, S. 19, 31 ff.; *Haas/Adolphsen* in NJW 1996, S. 2351, 2352; *Haas* in Akademieschrift 49, S. 57, 66; *Sengle* in FS Röhricht, S. 1205, 1208; *Buchberger*, S. 160 ff., 168 ff.; *Nolte*, S. 432 ff.; *ders.* in Sport und Recht, S. 212.

Den Verbänden kommt hier gleichermaßen aufgrund ihres grundgesetzlich gewährten Selbstbestimmungsrechts ein Beurteilungs- und Ermessensspielraum zu[371]. Dieser bezieht sich auf die Subsumtion, ob der festgestellte Sachverhalt den im Regelwerk vorgesehenen Tatbestand erfüllt, und die Auswahl der Maßnahme von mehreren möglichen[372]. Das Gericht darf daher nicht an der eigenen inneren Überzeugung oder den eigenen Wertvorstellungen messen, ob der Sachverhalt den Tatbestand einer Sportnorm erfüllt und welche Maßnahme es daraufhin gewählt hätte. Die gerichtliche Kontrolle beschränkt sich darauf, ob Subsumtion und Maßnahmeausspruch willkürlich oder unbillig, unter dem Gesichtspunkt von Treu und Glauben gemäß § 242 BGB unangemessen sind.

Wie beim zugrunde liegenden Regelwerk ist eine Verhältnismäßigkeitsprüfung und Interessenabwägung vorzunehmen, allerdings nun unter Berücksichtigung der Umstände im konkreten Einzelfall in Hinblick auf einen konkreten Sachverhalt und eine konkret betroffene Partei[373]. Darin ist zunächst zu überprüfen, ob die vorgenommene Subsumtion[374] und die ausgewählte Maßnahme hin-

---

Handelt es sich nicht um einen Monopol- oder sozialmächtigen Verband, ist die Prüfung auf grobe Unbilligkeit beschränkt: BGHZ 128, 93, 110 (Reiter); Palandt/*Heinrichs*, § 25 BGB Rn. 24; *Reichert*, Rn. 3099 (9. Auflage: Rn. 1813).

371 BGHZ 102, 265, 277; 93, 151, 158; 87, 337, 345; 75, 158, 159 f.; 47, 381, 384; OLG Frankfurt/Main NJW-RR 2000, 1117, 1121 (Baumann); OLG Dresden SpuRt 2004, 74, 75 (Balzer); OLG München NJWE-VHR 1996, 96, 99 f. (Krabbe) spricht zum Beispiel von „nachvollziehbar", „Argumente überzeugen" und „nicht zu beanstanden"; Handbuch des Sportrechts/*Haas*, Ordner 1, B 2. Kapitel Rn. 109; MüKo/*Reuter*, § 25 BGB Rn. 54; *Sengle* in FS Röhricht, S. 1205, 1209; *Röhricht* in WFV 24, S. 75, 88.

372 *Haas/Prokop* in JR 1998, S. 45, 50; *Haas* in Akademieschrift 49, S. 57, 66; Handbuch des Sportrechts/*Haas*, Ordner 1, B 2. Kapitel Rn. 145; *Röhricht* in RuS 22, S. 19, 32 f.; *Grunsky* in WFV 38, S. 15, 18 f.; *Beuthien* in BB 1968, Beilage 12, S. 1, 3 ff.; OLG München NJWE-VHR 1996, 96, 99 f. (Krabbe).

373 LG München I SpuRt 1995, 161, 166 (Krabbe); MüKo/*Reuter*, § 25 BGB Rn. 54 f.; Handbuch des Sportrechts/*Haas*, Ordner 1, B 2. Kapitel Rn. 109; *Summerer* in 1. Internationaler Sportrechtskongress, S. 138, 143 ff.; *Vieweg*, S. 243, 257; *ders.* in FS Röhricht, S. 1255, 1271; *Krieger*, S. 151 ff.; *Buchberger*, S. 169 ff.

374 Zum Beispiel, ob der fehlerfrei festgestellte Sachverhalt einen Verstoß gegen den in der Satzung normierten Gedanken des „fair play" oder ein normiertes „sportwidriges Verhalten" darstellt.
Im Einzelfall kann eine Trennung zwischen der unter (a) behandelten Tatsachenfeststellung und der Subsumtion schwierig sein: So bejaht das OLG Düsseldorf NJW-RR 1987, 697 ff. einen Beurteilungsspielraum bei tatsächlichen Feststellungen eines Vereinsgerichtes über das Verständnis eines Verkehrskreises, die nur aufgrund einer Wertung oder Würdigung erfolgen können, vergleiche auch: *Reichert*, Rn. 3097 (9. Auflage: Rn. 1812); Palandt/*Heinrichs*, § 25 BGB Rn. 22. *Röhricht* in RuS 22, S. 19, 31 bejaht auch für die Beweiswürdigung einen Beurteilungsspielraum der Sportgerichte und kommt somit lediglich zu einer Plausibilitäts- bzw.

sichtlich ihrer Art und Intensität[375] geeignet und erforderlich sind, um den angestrebten und dem Verbandsinteresse dienenden Zweck der Sportnorm zu erreichen. Darüber hinaus ist zu prüfen, ob dem Mitglied in Anbetracht eigener grundrechtlich geschützter Interessen und unter Berücksichtigung der Schwere des Eingriffs und der Bedeutung des verfolgten Zwecks einerseits zumutbar ist, dass der Sachverhalt als den Tatbestand der Sportnorm erfüllend gewertet wird, und andererseits die ausgewählte Maßnahme von ihrer Art und Intensität zumutbar ist. Der Schwerpunkt der Zumutbarkeitsprüfung wird regelmäßig in der Prüfung der Zumutbarkeit der ausgewählten Maßnahme liegen[376].

Wie bei der Überprüfung des Regelwerkes wird auch bei der konkreten Maßnahme im Rahmen der Interessenabwägung das Schutzbedürfnis des Mitglieds umso höher und der Beurteilungs- und Ermessensspielraum des Verbandes umso geringer sein, je stärker das Mitglied durch die Maßnahme infolge der Bedeutung des Verbandes in seinen persönlichen und wirtschaftlichen Entfaltungsmöglichkeiten betroffen wird[377]. Auf Seiten des Verbandes kann – wie schon bei der abstrakten Prüfung des zugrunde liegenden Regelwerkes – das Interesse an einer weltweiten Vergleichbarkeit sportlicher Leistungen und einer weltweiten Chancengleichheit besondere Bedeutung erlangen.

Willkürlich ist die verhängte Sanktion auch dann, wenn sie gegen den Gleichbehandlungsgrundsatz verstößt oder der Betroffene für die in Rede stehende Tat bereits bestraft wurde (Doppelbestrafungsverbot)[378].

Vertretbarkeitskontrolle. Dagegen spricht, dass jeder Tatsachenermittlung eine – mehr oder weniger umfangreiche – Beweiswürdigung innewohnt und daher auf diese Weise die volle Sachverhaltskontrolle umgangen würde.

375 Als verschiedene Arten einer Maßnahme kann das Regelwerk beispielsweise Rüge, Verweis, Geldstrafe, Sperre oder Ausschluss vorsehen. Die Intensität der gewählten Maßnahme kann sich in der Höhe der Geldstrafe oder in der Dauer der Sperre unterscheiden.

376 *Röhricht* in RuS 22, S. 19, 33 sieht bei generalklauselartigen Normen die Subsumtionskontrolle mit der Überprüfung des Strafmaßes in eins zusammenfließen. Mitunter wird sich auch die Überprüfung des Regelwerkes und der darauf basierenden Maßnahme nicht immer so scharf trennen lassen wie hier unter (c) und (d) dargestellt.

377 BGHZ 47, 381, 385; 75, 158, 158 f.; 93, 151, 158; 102, 265, 277; OLG Dresden SpuRt 2004, 74, 75 f. (Balzer); *Röhricht* in RuS 22, S. 19, 23; Soergel/*Hadding*, § 25 BGB Rn. 60; *Nolte*, S. 434; *ders.* in Sport und Recht, S. 212.

378 Handbuch des Sportrechts/*Haas*, Ordner 1, B 2. Kapitel Rn. 109; *Summerer* in 1. Internationaler Sportrechtskongress, S. 138, 147; MüKo/*Reuter*, § 25 BGB Rn. 48. Das Verbot der Doppelbestrafung wird zum Teil auch aufgrund seiner Eigenschaft eines Verfahrenshindernisses als Verfahrensvoraussetzung angesehen, siehe dazu die Nachweise oben zu (b).

Eine Reduktion der verbandsgerichtlichen Entscheidung durch das Gericht auf ein zulässiges Maß ist nicht möglich, es darf die Entscheidung nur als rechtswidrig oder rechtmäßig einstufen. Bei einer Einstufung als rechtswidrig legt aufgrund der Verbandsautonomie allenfalls das Verbandsgericht ein neues Maß fest.[379]

(e) Ergebnis zur Kontrolle der Entscheidung

Zusammenfassend sind Verbandsschiedssprüche nach deutscher Rechtsordnung daraufhin zu kontrollieren, ob eine fehlerfreie Tatsachenermittlung sowie die Einhaltung eines der eigenen Verfahrensordnung und rechtsstaatlichen Normen entsprechenden Verfahrens vorliegt und ob das der Entscheidung zugrunde liegende Sportregelwerk als auch die Entscheidung selbst nicht gesetzwidrig oder unangemessen sind.

(3) Sportler als Nichtmitglieder des Verbandes

Die dargestellten Grundsätze sind anhand des Verhältnisses eines Verbandes zu seinen Mitgliedern entwickelt worden. Die Mitglieder sind aufgrund der Satzung des Verbandes an das Regelwerk und die Verbandsrechtsprechungsgewalt gebunden.

Aufgrund des bereits genannten pyramidenförmigen Aufbaus und des Ein-Platz-Prinzips in der Sportorganisation[380] ist der einzelne Sportler allerdings in der Regel nicht unmittelbares Mitglied des Verbandes. Er ist unmittelbar nur Mitglied seines Vereins, der wiederum Mitglied des Landesverbandes, der wiederum Mitglied des nationalen Verbandes, der wiederum Mitglied des internationalen Verbandes ist. Danach sind Mitglieder der einzelnen Fachsportverbände nur die Landesverbände oder Vereine, nicht aber unmittelbar die Sportler. Diese sind in der Regel lediglich Vereinsmitglieder und lassen sich damit allenfalls als mittelbare Mitglieder des Verbandes qualifizieren[381]. Profisportler sind häufig nicht einmal Vereinsmitglieder, um den Vereinen das Privileg der Gemeinnützigkeit zu erhalten[382].

---

379 BGHZ 21, 370, 373; OLG München SpuRt 1996, 133, 138 (Krabbe); *Reichert*, Rn. 3113 (9. Auflage: Rn. 1825); Palandt/*Heinrichs*, § 25 BGB Rn. 25; PHBSportR/*Summerer* 2/370; andere Auffassung: Soergel/*Hadding*, § 25 BGB Rn. 62; *van Look*, S. 194; *Petri*, S. 153: Es liege kein Eingriff in die Vereinsautonomie, sondern nur eine Rückführung auf ihre rechtmäßigen Grenzen vor.

380 Vergleiche oben unter II 2 a) aa) (2).

381 *Vieweg* in SpuRt 1995, S. 97, 98.

382 MüKo/*Reuter*, § 25 BGB Rn. 30 mwN.

Daher ist einerseits zu diskutieren, wie diese Sportler an das Regelwerk der Sportverbände und ihre Verbandsrechtsprechungsgewalt gebunden werden (dazu unter (a)), und andererseits, ob darauf beruhende Entscheidungen mit demselben Kontrollmaßstab von staatlichen Gerichten zu prüfen sind wie Entscheidungen gegenüber Mitgliedern (dazu unter (b)).

(a) Geltung des Regelwerkes und der Verbandsrechtsprechungsgewalt für Nichtmitglieder

Bezüglich der Geltung des Regelwerkes und der Verbandsrechtsprechungsgewalt für Nichtverbandsmitglieder ließe sich für Sportler, die zumindest Mitglieder eines Vereins sind, erwägen, eine Geltung der Verbandsregeln und der Verbandsrechtsprechungsgewalt durch eine Verweisung der Vereinssatzung auf die Verbandssatzung bzw. ein System korrespondierender Satzungsbestimmungen vom Spitzenverband über alle Verbandsebenen bis hin zum Sportverein, dessen Mitglied der Sportler ist, herbeizuführen.

Aufgrund der berechtigten Zweifel an der Zulässigkeit dynamischer Verweisungen in Satzungen[383] sowie der praktischen Undurchführbarkeit der jederzeitigen Anpassung der Vereinssatzung durch entsprechende Beschlüsse der Mitgliederversammlung im Falle der Änderung des Verbandsregelwerkes[384] und aufgrund des Umstandes, dass es vereinsfreie Sportler gibt[385], ist allerdings die Konzeption einer vertraglichen Unterwerfung vorzuziehen[386].

---

383 Dynamische Verweisungen liegen vor, wenn der nachgeordnete Verband oder Verein Satzungen und Ordnungen des übergeordneten Verbandes in ihrer jeweiligen Fassung für unmittelbar verbindlich erklärt. Gegenüber statischen Verweisungen sollen dabei auch sämtliche Änderungen automatisch übernommen werden. Dynamische Verweisungen in Satzungen sind allerdings unzulässig, da sie die zwingende Registereintragung nach § 71 BGB und die eigene Mitgliederversammlung als entscheidendes Vereinsorgan für den wesentlichen Inhalt der Satzung umgehen: BGHZ 128, 93, 100 (Reiter); BGH NJW-RR 1989, 376, 378; OLG Dresden SpuRt 2005, 209, 210 f. (Balzer); PHBSportR/*Summerer* 2/153; *Reichert*, Rn. 426 ff., 447, 6369 (9. Auflage: Rn. 348, 411, 3164); *Haas/Prokop* in SpuRt 1998, S. 15, 16; *Röhricht* in Akademieschrift 39, S. 12, 17.

384 BGHZ 128, 93, 100 (Reiter); *Fenn* in SpuRt 1997, S. 77, 78; *Vieweg* in SpuRt 1995, S. 97, 99.

385 BGHZ 128, 93, 101 (Reiter); *Fenn* in SpuRt 1997, S. 77, 78; *Röhricht* in RuS 22, S. 19, 34 ff.; *ders.* in Akademieschrift 39, S. 12, 17.

386 BGHZ 128, 93, 99 ff. (Reiter); LG München I SpuRt 1995, 161, 166 (Krabbe); OLG München NJWE-VHR 1996, 96, 97 f. (Krabbe) gegenüber nationalem Verband und 103 gegenüber internationalem Verband; OLG Frankfurt/Main NJW-RR 2000, 1117, 1119 (Baumann); *Fenn* in SpuRt 1997, S. 77, 78; *Reuter* in DZWir 1996, S. 1, 5; *Vieweg* in SpuRt 1995, S. 97, 98 f.; *Röhricht* in Akademieschrift 39,

Diese vertragliche Unterwerfung unter das Verbandsregelwerk und die Verbandsrechtsprechungsgewalt ist in drei unterschiedlichen Varianten möglich.

(aa) Individuelle Vertragsabschlüsse

Zunächst sind individuell ausgehandelte Vertragsabschlüsse zwischen dem nationalen oder internationalen Verband und dem einzelnen Sportler denkbar, die aber aufgrund der Vielzahl der Sportler nur in besonderen Fällen, wie zum Beispiel bei Spitzensportlern oder Trainern, in Betracht kommen[387].

Praxisnäher sind zwei andere Varianten: die Meldung zu einem bzw. die Teilnahme an einem konkreten Wettkampf oder der Erwerb einer generellen Start- oder Spielerlaubnis in Form eines Spielerausweises oder einer Spielerlizenz.

(bb) Meldung zu bzw. Teilnahme an einem Wettkampf

Meldet sich der Sportler zu einem Wettkampf, der ausdrücklich nach der Wettkampf- und Disziplinarordnung des nationalen oder internationalen Spitzenverbandes ausgeschrieben ist, erklärt er durch seine Meldung ausdrücklich oder zumindest konkludent, dass er die für die Durchführung des Wettbewerbes geltenden Regeln und die für den Fall ihrer Verletzung angedrohten Sanktionen des zuständigen Verbandes als für sich verbindlich anerkennt. Fehlt es an einer solchen Meldung, nimmt der Sportler aber am Wettbewerb teil, erklärt er diese Anerkennung konkludent durch seine Teilnahme.[388]

Selbst wenn diese Erklärung nur gegenüber dem jeweiligen Veranstalter und nicht dem Spitzenverband erfolgt, hat der Veranstalter das Recht, in der Ausschreibung zu bestimmen, nach welchen Regeln der Wettbewerb ausgetragen wird und wer für die Ahndung von Regelverstößen zuständig ist[389].

S. 12, 17 ff.; PHBSportR/*Summerer* 2/156; *Haas/Adolphsen* in NJW 1996, S. 2351, 2351; *Haas/Prokop* in JR 1998, S. 45, 46. Die Konzeption der vertraglichen Bindung an das Regelwerk und das Sportgericht gilt gleichermaßen bei der Vereinbarung echter Schiedsgerichte, siehe oben unter II 1 a) aa).

387 BGHZ 128, 93, 103 (Reiter); *Reichert*, Rn. 714, 2725 (9. Auflage: Rn. 510, 1608); *Stöber*, Rn. 732; PHBSportR/*Summerer* 2/156; *Vieweg* in SpuRt 1995, S. 97, 99; *Fenn* in SpuRt 1997, S. 77, 78.

388 BGHZ 128, 93, 104 (Reiter); LG München I SpuRt 1995, 161, 166 (Krabbe); OLG München NJWE-VHR 1996, 96, 97 f. und 103 (Krabbe); *Röhricht* in RuS 22, S. 19, 36; *Vieweg* in SpuRt 1995, S. 97, 99; *Reuter* in DZWir 1996, S. 1, 5; *Fenn* in SpuRt 1997, S. 77, 79; *Haas* in Akademieschrift 49, S. 57, 63; PHBSportR/*Summerer* 2/156; *Reichert*, Rn. 716, 2725 (9. Auflage: Rn. 512, 1608); *Stöber*, Rn. 732.

389 BGHZ 128, 93, 108 (Reiter); LG München I SpuRt 1995, 161, 166 (Krabbe); *Haas/Prokop* in JR 1998, S. 45, 51; *Fenn* in SpuRt 1997, S. 77, 80. Dies betrifft

(cc) Spielerausweis oder -lizenz

Die zweite mögliche Variante ist der Erwerb einer generellen Start- oder Spielerlaubnis in Form eines Spielerausweises oder einer Spielerlizenz vom nationalen bzw. internationalen Verband für alle nationalen und internationalen Wettkämpfe[390]. In dieser Lizenz erklärt der Sportler, das Verbandsregelwerk zu beachten und sich im Falle von Regelverstößen der Rechtsprechungsgewalt des nationalen bzw. internationalen Verbandes zu unterstellen. Diese Lizenz ist in bestimmten Abständen zu erneuern, um eine Bindung an Regeländerungen zu gewährleisten. Die Regeländerungen sollten demzufolge mit dem Zeitpunkt der Lizenzerteilung einhergehen, zum Beispiel saisonweise oder zum 01.01. eines Jahres[391].

Bei beiden Varianten, Meldung zu bzw. Teilnahme an einem konkreten Wettkampf und generelle Spielerlizenz, muss der Sportler eine zumutbare Möglichkeit haben, vom Inhalt des Regelwerkes Kenntnis zu nehmen[392].

(dd) Ergebnis zur Geltung des Regelwerkes und der Verbandsrechtsprechungsgewalt für Nichtmitglieder

Vorzugswürdig ist das System der generellen Lizenzerteilung durch den nationalen sowie internationalen Verband. Denn damit wird ein direktes Vertragsverhältnis zwischen Sportler und nationalem wie auch internationalem Spitzenverband ohne Zwischenschaltung des Veranstalters begründet. Darüber hinaus wird

---

insbesondere das Verhältnis zwischen einem ausrichtenden nationalen Verband und dem Regelwerk und der Rechtsprechungsgewalt des internationalen Spitzenverbandes.

390 BGHZ 128, 93, 104 (Reiter); OLG München NJWE-VHR 1996, 96, 98 (Krabbe); *Röhricht* in RuS 22, S. 19, 36; *Fenn* in SpuRt 1997, S. 77, 78; *Vieweg* in SpuRt 1995, S. 97, 99; *Haas* in Akademieschrift 49, S. 57, 63; PHBSportR/*Summerer* 2/156; *Summerer* in 1. Internationaler Sportrechtskongress, S. 138, 145; *Reichert*, Rn. 716, 2725 (9. Auflage: Rn. 512, 1608); *Stöber*, Rn. 732; *Sengle* in FS Röhricht, S. 1205, 1219. Ausführlich zu Lizenz- und Athletenvereinbarungen zwischen Sportverband und Sportler: *Reimann*, S. 1 ff.

391 Mitunter wird in der Literatur im Gegensatz zur Satzung bei einer vertraglichen Unterwerfung eine dynamische Verweisung auf die aktuelle Version des Verbandsregelwerkes mit Blick auf die §§ 315 ff. BGB für zulässig gehalten: PHBSportR/*Summerer* 2/156; *Reichert*, Rn. 447 (9. Auflage: Rn. 349); *Haas/Prokop* in SpuRt 1998, S. 15, 18.

392 BGHZ 128, 93, Leitsatz b) am Ende und 105 (Reiter); OLG München NJWE-VHR 1996, 96, 98 (Krabbe); *Reichert*, Rn. 2725 (9. Auflage: Rn. 1608); *Stöber*, Rn. 732; *Fenn* in SpuRt 1997, S. 77, 79; *Röhricht* in RuS 22, S. 19, 36; *Vieweg* in SpuRt 1995, S. 97, 99; *Haas/Adolphsen* in NJW 1996, S. 2351, 2351; *Haas/Prokop* in SpuRt 1998, S. 15, 17.

eine Geltung der Regeln und der Verbandsrechtsprechungsgewalt nicht nur für Wettkämpfe, sondern gleichermaßen für Trainingsphasen erreicht[393]. Die Lizenzerteilung durch den internationalen Verband neben der durch den nationalen Verband hat den Vorteil, dass die nationale Lizenz nicht zur Begründung eines unmittelbaren Vertragsverhältnisses zum internationalen Verband herangezogen werden muss[394].

Fehlt es an einer wirksamen Bindung des Sportlers an das Regelwerk und die Verbandsrechtsprechungsgewalt, entfaltet eine verbandsgerichtliche Entscheidung ihm gegenüber keine Wirkung.

(b) Derselbe Kontrollmaßstab für Nichtmitglieder

Die Begründung der Geltung des Verbandsregelwerkes und der Verbandsrechtsprechungsgewalt durch vertragliche Unterwerfung mit Bezugnahme auf das vorformulierte Regelwerk, lässt die Vermutung zu, dass das Regelwerk und die Schiedsvereinbarung als Allgemeine Geschäftsbedingungen und auf ihnen basierende Disziplinarmaßnahmen als Vertragsstrafen im Sinne der §§ 339 ff. BGB zu qualifizieren sind[395].

Den Regeln über Allgemeine Geschäftsbedingungen und Vertragsstrafen ist gemeinsam, dass sie Leistungsaustauschbeziehungen mit von vornherein konträren Interessen regeln. Bei Sportregelwerken und darauf basierenden Entschei-

---

393 Insbesondere das Vorgehen gegen Doping erfordert die Geltung der Dopingbestimmungen und der Verbandsstrafgewalt auch während der Trainingsphasen: *Fenn* in SpuRt 1997, S. 77, 79 f.; PHBSportR/*Summerer* 2/158; *Vieweg* in SpuRt 1995, S. 97, 99.

394 Neben der oben hinsichtlich eines konkreten Wettkampfes ebenso angesprochenen Möglichkeit des nationalen Verbandes, die internationalen Regeln und die Zuständigkeit des internationalen Verbandes für die Ahndung von Regelverstößen in der nationalen Lizenz zu bestimmen, müsste der nationale Verband zur Begründung eines Vertragsverhältnisses zum internationalen Verband die Erklärung des Sportlers darüber hinaus als Empfangsvertreter oder Bote für den internationalen Verband entgegennehmen: *Haas/Prokop* in JR 1998, S. 45, 51; *Adolphsen* in IPRax 2000, S. 81, 87.

395 *Petri*, S. 135 ff. bezüglich der §§ 305 bis 310 BGB; *ders.* in SpuRt 2003, S. 230 ff. explizit für die Anwendung der §§ 305 bis 310 BGB auf die Sanktionsregeln des World Anti-Doping Codes; *Schwab/Walter*, Kapitel 32 Rn. 22; Soergel/*Hadding*, § 25 BGB Rn. 43; PHBSportR/*Summerer* 2/159 und 345 ff.; *Röhricht* in Akademieschrift 39, S. 12, 18. Dies andenkend, aber im Ergebnis ablehnend: *Reuter* in DZWir 1996, S. 1, 7. BGH WM 1972, 1249, 1249 spricht nur von Ähnlichkeiten mit Allgemeinen Geschäftsbedingungen.

dungen fehlt diese vertragstypische Austauschbeziehung[396]. Sportler und Verband verfolgen trotz gelegentlicher Auseinandersetzungen einen gemeinsamen Zweck, und zwar die geordnete und geregelte Ausübung einer Sportart unter gleichen Bedingungen für alle Teilnehmer[397]. Der Vertrag zwischen internationalem Verband und Sportler führt nicht zu einer Leistung oder einem Leistungsaustausch, sondern zu einer Eingliederung des Sportlers in die von dem internationalen Verband bestimmte Organisation. Die vertragliche Unterwerfung liegt somit den mitgliedschaftsrechtlichen Beziehungen in einem Verein, die durch die Aufstellung von Normwerken sozial-organisatorischer Natur geregelt werden, näher als den vertraglichen Leistungsaustauschbeziehungen[398].

Aufgrund dieses mitgliedschaftsähnlichen Charakters der Unterwerfungsvereinbarung und aufgrund des Fehlens einer vertragstypischen Austauschbeziehung sind die Verbandsbestimmungen, die die Sportausübung regeln und Zuwiderhandlungen sanktionieren, keine Allgemeinen Geschäftsbedingungen[399] und die auf ihrer Anwendung basierenden Entscheidungen keine Vertragsstrafen[400], auch wenn die Verbandsbestimmungen vertraglich vereinbart werden.

Aufgrund des mitgliedschaftsähnlichen Charakters gelten für das Regelwerk und die darauf basierenden Entscheidungen dieselben vereins- bzw. verbands-

---

396 BGHZ 128, 93, 101 f. (Reiter); *Haas* in Akademieschrift 49, S. 57, 63; *Röhricht* in RuS 22, S. 19, 35 unter Aufgabe der in Akademieschrift 39, S. 12, 18 noch vertretenen gegenteiligen Auffassung.

397 BGHZ 128, 93, 102 (Reiter); *Adolphsen* in IPRax 2000, S. 81, 82; *Röhricht* in RuS 22, S. 19, 35; *Haas* in Akademieschrift 49, S. 57, 63.

398 BGHZ 128, 93, 102 (Reiter); *Röhricht* in RuS 22, S. 19, 35; *Haas* in Akademieschrift 49, S. 57, 63; *Haas/Adolphsen* in NJW 1996, S. 2351, 2351; MüKo/*Reuter*, Vor § 21 BGB Rn. 124 f. und § 25 BGB Rn. 29; *Reuter* in DZWir 1996, S. 1, 7.

399 Mit dieser Argumentation ist ebenso die Bereichsausnahme des § 310 Abs. 4 S. 1 BGB begründbar.

400 BGHZ 128, 93, 101 ff. und 110 f. (Reiter); OLG München NJWE-VHR 1996, 96, 99 (Krabbe); OLG Frankfurt/Main NJW-RR 2000, 1117, 1119 (Baumann); Palandt/*Heinrichs*, § 25 BGB Rn. 9 und 12; *Haas* in Akademieschrift 49, S. 57, 63; *Haas/Adolphsen* in NJW 1996, S. 2351, 2352; *Vieweg* in SpuRt 1995, S. 97, 99 f.; *Stöber*, Rn. 733; *Krieger*, S. 156 f.; *Röhricht* in RuS 22, S. 19, 34 unter Aufgabe der in Akademieschrift 39, S. 12, 18 noch vertretenen gegenteiligen Auffassung. Zur Begründung der Vereinsstrafe als eigenständiges verbandsrechtliches Institut im Verhältnis zu Mitgliedern aufgrund des korporationsrechtlich begründeten Gefüges von Rechten und Pflichten durch Unterwerfung unter die Satzung: BGHZ 21, 370, 373; BGH ZIP 2003, 343, 344 für Genossenschaften; *Reichert*, Rn. 2705 (9. Auflage: Rn. 1601). Andere Auffassung: Soergel/*Hadding*, § 25 BGB Rn. 38 und *van Look*, S. 177 ff., die Vertragsstrafe annehmen.

rechtlichen Kontrollmaßstäbe nach § 242 BGB wie bei Mitgliedern[401]. Die Notwendigkeit eines weitgehend gleichen Prüfungsmaßstabes folgt bereits aus der Teilnahme beider Gruppen – satzungsrechtlich gebundene Vereinsmitglieder und vertraglich gebundene Nichtvereinsmitglieder – an denselben Wettbewerben unter Geltung desselben Regelwerkes[402].

Auch die Schiedsvereinbarung als solche – unabhängig davon, ob hinsichtlich eines Verbandsgerichtes oder eines echten Schiedsgerichtes – unterliegt wie das sonstige Regelwerk einer Prüfung auf Gesetzmäßigkeit und Angemessenheit, wie oben dargestellt, wobei ebenso von einer grundsätzlichen Angemessenheit auszugehen ist[403].

---

401 BGHZ 128, 93, 101 ff. und 110 f. (Reiter); OLG Frankfurt/Main NJW-RR 2000, 1117, 1118 (Baumann); *Haas* in Akademieschrift 49, S. 57, 63; *Haas/Adolphsen* in NJW 1996, S. 2351, 2351 f.; *Haas/Prokop* in SpuRt 1998, S. 15, 16; *Röhricht* in RuS 22, S. 19, 34; *Vieweg* in SpuRt 1995, S. 97, 99 f.; *Stöber*, Rn. 733; *Oschütz*, S. 13 und 236; *Krieger*, S. 156 f. *Reuter* in DZWir 1996, S. 1, 7 und *ders.* in RuS 7, S. 53, 65 ff. fordert wegen des organisationsrechtlichen Charakters des Unterwerfungsvertrages und der sich darauf begründenden Notwendigkeit der Satzungsförmigkeit, dass die Satzung die wesentlichen Elemente des Regelwerkes vorgibt, so dass sich der Unterwerfungsvertrag lediglich als Umsetzung und Konkretisierung darstellt. Dies gelte insbesondere auch dann, wenn der nationale Spitzenverband mit den Sportlern Unterwerfungsverträge abschließe, die eine Unterwerfung unter das Regelwerk und die Rechtsprechungsgewalt des internationalen Spitzenverbandes begründen. Ebenso fordert LG München I SpuRt 2000, 155, 158 (Roberts) auch bei Nichtmitgliedern die Regelung von Sanktionstatbeständen in der Satzung. Dagegen: *Haas/Prokop* in SpuRt 1998, S. 15, 16 f.; *Adolphsen* in SpuRt 2000, S. 159, 160; *Reichert*, Rn. 717 (9. Auflage: keine Ausführungen dazu) und OLG München SpuRt 2001, 64, 67 (Roberts) sowie OLG München SpuRt 2003, 199, 201 (Roberts), da ausreichender Schutz des Nichtmitglieds durch das Gebot der zumutbaren Möglichkeit der Kenntnisnahme des Regelwerkes und durch die Prüfung der inhaltlichen Angemessenheit nach § 242 BGB gewährleistet sei.
Kritisch zur Bejahung gleicher Kontrollmaßstäbe: Soergel/*Hadding*, § 25 BGB Rn. 43. Hinsichtlich des Regelwerkes ergeben sich kaum Unterscheidungen, ob § 242 BGB oder § 307 Abs. 1 BGB anzuwenden ist, da der Kontrollmaßstab jeweils ähnlich ist, vergleiche: *Vieweg* in SpuRt 1995, S. 97, 100. Auch die Prüfung der Verbandsentscheidung am Maßstab des § 242 BGB oder des § 343 BGB weist zu großen Teilen Überschneidungen im Ergebnis auf, wenn man jede verbandsgerichtliche Entscheidung als Strafe qualifizieren würde; ein Unterschied besteht allerdings in Bezug auf die nach § 343 BGB mögliche gerichtliche Herabsetzung der Strafe.

402 OLG Frankfurt/Main NJW-RR 2000, 1117, 1119 (Baumann); *Röhricht* in RuS 22, S. 19, 34; *Krieger*, S. 156.

403 Vergleiche oben II 2 a) aa) (2) (c) (ee).

(4) Ergebnis zur Anwendung der deutschen Rechtsordnung

Ist der Kontrollmaßstab für den Verbandsschiedsspruch der deutschen Rechtsordnung zu entnehmen, ergibt sich nach den dargelegten Prüfungspunkten, die in mitgliedschaftlichen und lediglich mitgliedschaftsähnlichen Beziehungen gleichermaßen gelten, eine zwar umfangreichere gerichtliche Kontrolle als nach § 1059 ZPO, aber auch keine uneingeschränkte.

bb) Anwendung einer ausländischen Rechtsordnung

Ist eine ausländische Rechtsordnung anzuwenden, richtet sich der Kontrollmaßstab nach den Vorgaben dieses Rechts[404]. Je nach dem Umfang der gewährten Verbandsautonomie richtet sich der Umfang der gerichtlichen Kontrolle. Je nach anzuwendender Rechtsordnung ist daher ein anderer Kontrollmaßstab anzulegen[405]. Verstößt der Verbandsschiedsspruch gegen den Kontrollmaßstab der ausländischen Rechtsordnung, hat der Verbandsschiedsspruch auch vor dem deutschen Gericht keinen Bestand.

Nach der anzuwendenden ausländischen Rechtsordnung richtet sich nicht nur der Kontrollmaßstab, sondern auch die Frage der wirksamen Vereinbarung des Regelwerkes und der Verbandsrechtsprechungsgewalt zwischen dem internationalen Verband und den Mitgliedern sowie den Nichtmitgliedern[406].

b) Deutscher ordre public nach Art. 6 EGBGB

Ist eine ausländische Rechtsordnung anzuwenden und ist der Verbandsschiedsspruch nach dieser wirksam, ist in einem zweiten Schritt gemäß Art. 6 EGBGB zu prüfen, ob die Anwendung der ausländischen Rechtsordnung zu einem Ergeb-

404 *Adolphsen*, S. 358; *ders.* in IPRax 2000, S. 81, 83; PHBSportR/*Pfister* 6/17; *Pfister* in SpuRt 1995, S. 250, 250; *Haas/Prokop* in JR 1998, S. 45, 52 und 53; *Reichert*, Rn. 6372 (9. Auflage: Rn. 3166); *Reuter* in DZWir 1996, S. 1, 6; *Vieweg*, S. 311, 317, 352 ff.; *Petri*, S. 320 ff.; *Nolte* in Sport und Recht, S. 28.

405 Zu den Kontrollmaßstäben in den Rechtsordnungen Österreichs, der Schweiz, Großbritanniens, der USA, Frankreichs, Monacos und Griechenlands vergleiche die rechtsvergleichenden Übersichten bei: *Adolphsen*, S. 347 ff.; *Summerer*, S. 161 ff.; *Petri*, S. 329 ff.; *Krieger*, S. 85 ff.

406 Genauso wie nach deutscher Rechtsordnung (siehe oben II 2 a) aa) (3)) liegt auch nach den ausländischen Rechtsordnungen bei Nichtmitgliedern eine vertragliche Lösung nahe: *Adolphsen*, S. 91; *Reuter* in RuS 7, S. 53, 70; *ders.* in DZWir 1996, S. 1, 7; *Menzel* in WRP 2002, S. 810, 815.

nis führt, das mit wesentlichen Grundsätzen des deutschen Rechts, dem deutschen ordre public, offensichtlich unvereinbar ist[407].

Im Rahmen dieser Prüfung werden vom deutschen Gericht nicht das internationale Sportverbandsrecht und die darauf basierende Entscheidung unmittelbar als eigenständiges Recht an Art. 6 EGBGB direkt oder analog gemessen, ob es mit dem deutschen ordre public vereinbar ist[408]. Vielmehr unterliegt die Anwendung des ausländischen Rechts, dem der internationale Sportverband unterstellt ist und aus dem dieser seine Autonomie zur Regelsetzung, -anwendung und -durchsetzung ableitet und das den Kontrollmaßstab vorgibt, der Prüfung nach Art. 6 EGBGB. Da somit anerkanntes staatliches Recht nach Art. 6 EGBGB geprüft wird, ist diese Vorschrift direkt und nicht nur analog anzuwenden.[409]

Die Anwendung des internationalen Sportverbandsrechts wird demnach nicht eigenständig ohne Bezugnahme auf eine nationale Rechtsordnung an den Maßstäben des Art. 6 EGBGB gemessen, sondern stets in Verbindung mit dem vom deutschen Gericht im Rahmen der Kontrolle des Schiedsspruches nach dem Internationalen Privatrecht anzuwendenden nationalen Recht, das das autonome Sportverbandsrecht und die Verbandsgerichtsbarkeit zulässt[410].

---

407 PHBSportR/*Pfister* 6/17; *Pfister* in SpuRt 1995, S. 250, 250; *Haas/Prokop* in JR 1998, S. 45, 52; *Adolphsen* in IPRax 2000, S. 81, 83 f.; *Haas/Adolphsen* in NJW 1996, S. 2351, 2353; OLG Frankfurt/Main SpuRt 2001, 159, 161 (Baumann); *Vieweg*, S. 311 und 317; *Reichert*, Rn. 6373 (9. Auflage: Rn. 3166); *Heß* in WFV 43, S. 69, 81; *Reuter* in DZWir 1996, S. 1, 6; *ders.* in RuS 7, S. 53, 60 ff.; *Nolte* in Sport und Recht, S. 28; *Petri*, S. 321 ff.; *Summerer*, S. 127.

408 So aber OLG Frankfurt/Main SpuRt 2001, 159, 161 (Baumann), wobei keine ausdrückliche Aussage darüber getroffen wird, ob eine direkte oder analoge Anwendung vorliegt. Für eine analoge Anwendung: *Summerer*, S. 127.

409 *Vieweg*, S. 311 und 317; *Reichert*, Rn. 6373 (9. Auflage: Rn. 3166); PHBSportR/*Pfister* 6/17; *Heß* in WFV 43, S. 69, 81; *Nolte* in Sport und Recht, S. 28; *Reuter* in DZWir 1996, S. 1, 6; *Petri*, S. 321 ff. Dieser Prüfungsaufbau entspricht der unter I zum Verhältnis des internationalen Sportverbandsrechts zu nationalem Recht vertretenen Ansicht von der aus staatlichem Recht abgeleiteten Normsetzungs- und Normanwendungsbefugnis internationaler Sportverbände.

410 OLG Frankfurt/Main SpuRt 2001, 159, 161 (Baumann) sieht das Problem, dass es hinsichtlich der Überprüfung des internationalen Sportverbandsrechts „vordergründig nicht um die Anwendung einer ausländischen Rechtsnorm geht" und begründet daher die Anwendung des Art. 6 EGBGB neben der oben (vergleiche Fußnote 408) dargestellten Begründung der direkten oder analogen Anwendung hilfsweise auch damit, dass die Verbandsregelung nur im Zusammenhang mit der nationalen Rechtsordnung des Sitzstaates Geltung erlangen könne. Das entspricht der hier vertretenen Auffassung. Im Ergebnis ergeben sich zwischen den beiden Begründungsansätzen keine Unterschiede: Der verbandsgerichtlichen Entscheidung wird im Endeffekt auf beiden Wegen aufgrund des Verstoßes gegen den nationalen deutschen ordre public die Anerkennung versagt.

Es ist dabei zu prüfen, ob die sportverbandsgerichtliche Entscheidung als Ergebnis der Anwendung des ausländischen Rechts offensichtlich gegen den deutschen ordre public verstößt[411]. Trifft dies zu, verstößt die Anwendung des ausländischen Rechts offensichtlich gegen den deutschen ordre public, wenn es eine solche Entscheidung zulässt. Mit anderen Worten verstößt in einem solchen Fall die Anwendung des ausländischen Kontrollmaßstabes gegen den deutschen ordre public, so dass das deutsche Gericht diese die verbandsgerichtliche Entscheidung zulassenden ausländischen Normen gemäß Art. 6 EGBGB nicht anzuwenden hat. Damit findet die verbandsgerichtliche Entscheidung keine wirksame Grundlage in der ausländischen Rechtsordnung und hat dementsprechend vor deutschen Gerichten keinen Bestand.

Liegt ein ordre public-Verstoß vor, kann das deutsche Gericht die im ersten Schritt durchzuführende Kontrolle des Verbandsschiedsspruches am Kontrollmaßstab des ausländischen Rechts offenlassen bzw. unterstellen, dass der ausländische Kontrollmaßstab die verbandsgerichtliche Entscheidung zulässt[412]. Denn bei Vorliegen eines ordre public-Verstoßes ist die sportverbandsgerichtliche Entscheidung unabhängig von dem Ergebnis des ausländischen Kontrollmaßstabes von deutschen Gerichten auf jeden Fall nicht anzuerkennen. Auf diese Weise vermeidet ein deutsches Gericht die Auseinandersetzung mit der ausländischen Rechtsordnung. Kann ein ordre public-Verstoß aber nicht festgestellt werden, muss das deutsche Gericht den ausländischen Kontrollmaßstab anwenden und die verbandsgerichtliche Entscheidung an diesem überprüfen.

Ist aufgrund der Regeln des Internationalen Privatrechts die deutsche Rechtsordnung bereits unmittelbar anzuwenden, ist eine weitere Überprüfung anhand des Art. 6 EGBGB nicht mehr erforderlich. Ist die deutsche Rechtsordnung unmittelbar anzuwenden, führen Verstöße gegen den deutschen ordre public erst recht bei direkter Anwendung der deutschen Rechtsordnung zur Unwirksamkeit des Verbandsschiedsspruches.

c) Ergebnis zum Kontrollmaßstab deutscher Gerichte bei internationalen Sportschiedssprüchen von Verbandsgerichten

Nach der dargelegten Systematik hat ein deutsches Gericht bei einem internationalen Verbandsschiedsspruch in einem ersten Schritt eine Prüfung am Kontrollmaßstab des die Verbandsautonomie verleihenden staatlichen Rechts und in ei-

411 *Vieweg*, S. 311 und 317; *Reichert*, Rn. 6373 (9. Auflage: Rn. 3166); PHBSportR/*Pfister* 6/17. Allgemein zur Prüfung des ordre public vergleiche sogleich unter II 3.

412 *Pfister* in SpuRt 1995, S. 250, 250; *Reuter* in DZWir 1996, S. 1, 6. Vergleiche auch die abschließende Zusammenfassung unter II 6.

nem zweiten Schritt eine Prüfung am deutschen ordre public nach der Generalklausel des Art. 6 EGBGB durchzuführen.

3. Der deutsche ordre public

Aus den Ausführungen zum Kontrollmaßstab deutscher Gerichte ergibt sich, dass der deutsche ordre public eine bedeutende Rolle bei der Überprüfung von Sportschiedssprüchen spielt. Er ist sowohl bei inländischen echten Schiedsgerichten nach § 1059 Abs. 2 Nr. 2 b) ZPO als auch bei ausländischen echten Schiedsgerichten nach § 1061 Abs. 1 S. 1 ZPO in Verbindung mit Art. V Abs. 2 b) UNÜ sowie bei ausländischen Verbandsgerichten nach Art. 6 EGBGB zu prüfen. Im Folgenden wird untersucht, wie der ordre public und ob er je nach den genannten Vorschriften unterschiedlich zu definieren ist (dazu sogleich und unter a) bis d)) und was der Inhalt des ordre public ist (dazu unter e)).

Während § 1059 Abs. 2 Nr. 2 b) ZPO und Art. V Abs. 2 b) UNÜ fast wortgleich lediglich davon sprechen, dass „die Anerkennung oder Vollstreckung des Schiedsspruches zu einem Ergebnis führt, das der öffentlichen Ordnung (ordre public) widerspricht", liefert Art. 6 EGBGB eine Legaldefinition in Form einer Generalklausel, was unter dem ordre public zu verstehen ist. Die amtliche Überschrift dieses Artikels lautet „Öffentliche Ordnung (ordre public)". Nach Satz 1 ist eine Rechtsnorm eines anderen Staates nicht anzuwenden, wenn ihre Anwendung zu einem Ergebnis führt, das mit wesentlichen Grundsätzen des deutschen Rechts offensichtlich unvereinbar ist. Nach Satz 2 ist sie insbesondere nicht anzuwenden, wenn die Anwendung mit den Grundrechten unvereinbar ist.

Demnach wird der deutsche ordre public durch die wesentlichen Grundsätze des deutschen Rechts, vor allem die Grundrechte, definiert. Dabei ist Art. 6 EGBGB aufgrund seines Charakters als Ausnahmevorschrift eng auszulegen.[413] Offensichtlich ist ein Verstoß, sofern er für jeden Sachkundigen bei voller Kenntnis der Umstände klar auf der Hand liegt und mithin eklatant ist[414].

Die vor dem Schiedsverfahrens-Neuregelungsgesetz von 1998 für in- und ausländische Schiedssprüche geltenden §§ 1041 Abs. 1 Nr. 2, 1044 Abs. 2 Nr. 2 ZPO a. F. enthielten eine der heutigen Formulierung des Art. 6 EGBGB wortgleiche Umschreibung. Mit der Neuregelung wurde diese in § 1059 Abs. 2 Nr. 2 b) ZPO – wie erwähnt – durch die Formulierung „der öffentlichen Ordnung (ordre public) widerspricht" ersetzt. Sachlich war allerdings keine Änderung, sondern

---

413 OLG Frankfurt SpuRt 2001, 159, 161 (Baumann); Palandt/*Heldrich*, Art. 6 EGBGB Rn. 4; Staudinger/*Blumenwitz*, Art. 6 EGBGB Rn. 19; MüKo/*Sonnenberger*, Art. 6 EGBGB Rn. 14 mwN.

414 BGH IPRspr. 1990, Nr. 236, 508, 509; Palandt/*Heldrich*, Art. 6 EGBGB Rn. 4; Baumbach/*Hartmann*, § 328 ZPO Rn. 34.

lediglich eine Angleichung an den Wortlaut des UNCITRAL-Modellgesetzes über die internationale Handelsschiedsgerichtsbarkeit[415] und an den weltweit vertrauten Begriff des ordre public gewollt[416]. Es ist auch weiterhin bei § 1059 Abs. 2 Nr. 2 b) ZPO und Art. V Abs. 2 b) UNÜ darauf abzustellen, ob die Anerkennung zu einem Ergebnis führen würde, das mit den wesentlichen Grundsätzen des deutschen Rechts offensichtlich unvereinbar wäre[417].

Nachfolgend wird untersucht, inwieweit die Feststellung dieses grundsätzlich gleich zu verstehenden ordre public vom Inlandsbezug abhängig ist (dazu unter a)), inwieweit zwischen den unterschiedlichen Normen Differenzierungen im Prüfungsmaßstab geboten sind (dazu unter b)) und wie sich diese Differenzierungen praktisch auswirken (dazu unter c) und d)). Abschließend werden wesentliche Grundsätze des deutschen Rechts dargestellt, die unter Berücksichtigung des jeweiligen Prüfungsmaßstabes grundsätzlich einen Verstoß gegen den deutschen ordre public begründen können (dazu unter e)).

a) Inlandsbezug

Zunächst ist die Prüfung des deutschen ordre public vom Inlandsbezug des betroffenen Sachverhalts abhängig.

aa) Ob des Inlandsbezuges

Die Anwendung des deutschen ordre public erfordert, dass ein hinreichend starker Inlandsbezug der sportgerichtlichen Entscheidung zu Deutschland im Zeitpunkt der staatsgerichtlichen Entscheidung vorliegt[418]. Denn der deutsche ordre public soll die öffentliche Ordnung und die Einhaltung der wesentlichen deut-

---

415 UNCITRAL ist die Abkürzung für United Nations Commission on International Trade Law. Das Modellgesetz ist abgedruckt bei *Schwab/Walter*, Anhang A III, S. 516 ff.

416 Begründung des Entwurfes eines Gesetzes zur Neuregelung des Schiedsverfahrensrechts, BT-Drucksache 13/5274, Bd. 561, S. 24 und 59; MüKo/*Gottwald*, Art. V UNÜ Rn. 51; MüKo/*Münch*, Vor § 1025 ZPO Rn. 56; Stein/Jonas/*Schlosser*, Anhang § 1061 ZPO Rn. 134.

417 MüKo/*Gottwald*, Art. V UNÜ Rn. 51; MüKo/*Münch*, § 1059 ZPO Rn. 20; *Heß* in ZZPInt 1998, S. 457, 474.

418 Vergleiche: Begründung des Gesetzentwurfes der Bundesregierung zur Neuregelung des Internationalen Privatrechts, BT-Drucksache 10/504, Bd. 296, S. 43; BGHZ 120, 29, 34; 118, 312, 348; BVerfGE 31, 58, 77; PHBSportR/*Pfister* 6/48; *Schlosser* in FS Zeuner, S. 467, 481; *Heß* in ZZPInt 1998, S. 457, 473; Palandt/*Heldrich*, Art. 6 EGBGB Rn. 6; Staudinger/*Blumenwitz*, Art. 6 EGBGB Rn. 153 ff.; MüKo/*Sonnenberger*, Art. 6 EGBGB Rn. 81 und 85 jeweils mwN.

schen Rechtsgrundsätze in Deutschland schützen. Einem Schutz der deutschen Rechtsgrundsätze im Ausland bedarf es bei einem Fehlen jeglichen Inlandsbezuges zu Deutschland nicht[419].

Dementsprechend betreffen die Grundrechte, die, wie dargelegt, Bestandteil des deutschen ordre public sind, von ihrer Konzeption her die Grundrechtswahrnehmung in Deutschland und bezwecken Grundrechtsschutz in Deutschland und nicht im Ausland[420]. Das deutsche Grundgesetz kann nicht regeln, ob ein Sportler im Ausland seine deutschen Grundrechte ausüben darf[421]. Bei reinen Auslandssachverhalten ist daher kein Schutz wie in Deutschland möglich.

Gelangt ein Schiedsspruch eines internationalen Sportgerichtes vor ein deutsches Gericht, ergibt sich der hinreichende Inlandsbezug in der Regel daraus, dass der Sportler Deutscher ist oder seinen Wohnsitz in Deutschland hat, Sportveranstaltungen in Deutschland betroffen sind oder ein beteiligter Verband seinen Sitz in Deutschland hat[422].

bb) Wie des Inlandsbezuges: Je-desto-Formel

Für die Prüfung des ordre public ist nicht nur das Ob der Inlandsbeziehung von Bedeutung, sondern auch das Wie der Inlandsbeziehung. Je größer die Inlandsbeziehung ist, desto eher sind die wesentlichen Grundsätze in Deutschland zu schützen. Die für die Annahme einer Verletzung des ordre public notwendige Intensität der Beeinträchtigung der wesentlichen Grundsätze des deutschen Rechts richtet sich somit nach dem Umfang des Inlandsbezuges im konkreten Einzelfall und lässt sich damit nicht allgemein festlegen: Je größer der Inlandsbezug ist, desto eher kann eine Verletzung des ordre public bejaht werden. Je geringer der Inlandsbezug ist, desto intensiver muss die Beeinträchtigung des ordre public sein, um eine Verletzung annehmen zu können.[423]

---

419 PHBSportR/*Pfister* 6/48; MüKo/*Sonnenberger*, Art. 6 EGBGB Rn. 81; Staudinger/*Blumenwitz*, Art. 6 EGBGB Rn. 155. Das Fehlen jeglichen Inlandsbezuges wird selten sein, da dann auch kaum eine Zuständigkeit deutscher Gerichte begründbar ist; möglich aber bei Prorogation, vergleiche: MüKo/*Sonnenberger*, Art. 6 EGBGB Rn. 84 und PHBSportR/*Pfister* 6/48.

420 BVerfGE 31, 58, 77; *Haas/Adolphsen* in NJW 1996, S. 2351, 2353; *Schlosser* in FS Zeuner, S. 467, 481.

421 *Schlosser* in FS Zeuner, S. 467, 481; *Haas/Adolphsen* in NJW 1996, S. 2351, 2353.

422 *Schlosser* in FS Zeuner, S. 467, 482; PHBSportR/*Pfister* 6/48. Allgemein zum Inlandsbezug aufgrund der Staatsangehörigkeit, des Wohnsitzes oder des gewöhnlichen Aufenthalts: Palandt/*Heldrich*, Art. 6 EGBGB Rn. 6; Staudinger/*Blumenwitz*, Art. 6 EGBGB Rn. 155; MüKo/*Sonnenberger*, Art. 6 EGBGB Rn. 83 mwN.

423 BGHZ 118, 312, 348 ff. für Art. 6 EGBGB und § 328 Abs. 1 Nr. 4 ZPO, wobei nach BGHZ 98, 70, 74 für die Anerkennung ausländischer Urteile und Schiedssprü-

Ein besonders großer Inlandsbezug liegt zum Beispiel vor, wenn der zu überprüfende Schiedsspruch einen Sachverhalt betrifft, in dem es um eine Streitigkeit zwischen einem deutschen Sportler mit ständigem Wohnsitz in Deutschland und einem internationalen Verband hinsichtlich eines Wettkampfes in Deutschland oder hinsichtlich einer Spielerlaubnis für eine deutsche Liga geht.

Ein besonders geringer Inlandsbezug liegt vor, wenn ein ausländischer Sportler gegen einen in Deutschland sitzenden internationalen Verband wegen einer Sperre oder wegen der Verweigerung der Spielberechtigung für eine ausländische Mannschaft in einer ausländischen Liga vorgeht. Beispielsweise gehören die wesentlichen Grundzüge des deutschen Kartellrechts nicht zum ordre public, sofern eine Auswirkung auf den deutschen Markt im Sinne des § 130 Abs. 2 GWB in keiner Weise erkennbar ist[424].

b) Ordre public national bei Art. 6 EGBGB sowie § 1059 Abs. 2 Nr. 2 b) ZPO gegenüber ordre public international bei § 1061 Abs. 1 S. 1 ZPO i. V. m. Art. V Abs. 2 b) UNÜ

Liegt ein Inlandsbezug vor, wird der deutsche ordre public allerdings nicht ohne weiteres auf einen internationalen Schiedsspruch angewendet. Es ist zwischen dem deutschen ordre public national bzw. interne bei Art. 6 EGBGB sowie § 1059 Abs. 2 Nr. 2 b) ZPO und dem deutschen ordre public international bei § 1061 Abs. 1 S. 1 ZPO in Verbindung mit Art. V Abs. 2 b) UNÜ zu trennen[425].

---

che das Gleiche gelten muss; BGHZ 120, 29, 34; 28, 375, 385; Begründung des Gesetzentwurfes der Bundesregierung zur Neuregelung des Internationalen Privatrechts, BT-Drucksache 10/504, Bd. 296, S. 43 f.; Palandt/*Heldrich*, Art. 6 EGBGB Rn. 6; MüKo/*Sonnenberger*, Art. 6 EGBGB Rn. 82; MüKo/*Gottwald*, § 328 ZPO Rn. 93; Staudinger/*Blumenwitz*, Art. 6 EGBGB Rn. 136, 158; *von Bar/Mankowski*, Bd. I, § 7 Rn. 264, S. 717; *Kropholler*, § 36 II 2, S. 244; *Krieger*, S. 200; für die Auslegung von Grundrechten auch: BVerfGE 31, 58, 77; BGHZ 120, 29, 34; 63, 219, 226; *Schlosser* in FS Zeuner, S. 467, 481 f.

424 Vergleiche *Adolphsen*, S. 671 hinsichtlich des Falles des amerikanischen Profibasketballers Stanley Roberts gegen den Internationalen Basketballverband FIBA. Das OLG München SpuRt 2003, 199, 201 (Roberts) bejahte den Anwendungsbereich des § 130 Abs. 2 GWB, da sich die im Streit befindliche Sperre gegen den Spieler Roberts, der für einen türkischen Verein spielen wollte, auch auf das Gebiet der Bundesrepublik Deutschland bezog und der Spieler auch bei Europa-Cup-Spielen eingesetzt werden sollte. Vergleiche zu § 130 Abs. 2 GWB auch die Ausführungen unter II 3 e) bb) (3).

425 Das Begriffspaar ordre public national bzw. interne und international verwendet vor allem die Rechtsprechung: BGH NJW-RR 2001, 1059, 1060; BGHZ 98, 70, 73; 48, 327, 331; OLG Schleswig RIW 2000, 706, 709. Ebenso in der Literatur: MüKo/*Gottwald*, Art. V UNÜ Rn. 50; *Haas*, S. 220 ff. Die Literatur bedient sich zur

Bei ausländischen echten Schiedssprüchen (§ 1061 Abs. 1 S. 1 ZPO in Verbindung mit Art. V Abs. 2 b) UNÜ) erfolgt wie bei ausländischen Urteilen (§ 328 Abs. 1 Nr. 4 ZPO, Art. 34 EuGVO[426]) die Kontrolle nach Maßstab des ordre public international, der im Vergleich zur Kontrolle inländischer echter Schiedssprüche (§ 1059 Abs. 2 Nr. 2 b) ZPO) und im Vergleich zum ordre public bei der eigenständigen Anwendung ausländischen Rechts durch ein deutsches Gericht (Art. 6 EGBGB) nochmals zurückgenommen und somit weniger streng bzw. großzügiger ist[427].

aa) Gründe für die Unterscheidung

Der Grund für die Annahme eines toleranteren ordre public international liegt vor allem in der grundsätzlichen Anerkennung ausländischer staatsgerichtlicher Ur-

---

Unterscheidung ebenso folgender Begrifflichkeit: kollisionsrechtlicher ordre public nach Art. 6 EGBGB und anerkennungsrechtlicher ordre public nach Art. V UNÜ oder internationalprivatrechtlicher ordre public nach Art. 6 EGBGB und internationalzivilverfahrensrechtlicher ordre public nach Art. V UNÜ, vergleiche: Staudinger/*Blumenwitz*, Art. 6 EGBGB Rn. 94 ff.; *Geimer*, Rn. 23 ff. Zum Teil wird letzterer auch als ordre public atténué bezeichnet: Zöller/*Geimer*, § 328 ZPO Rn. 152a; *Geimer*, Rn. 27 mwN. MüKo/*Sonnenberger*, Art. 6 EGBGB Rn. 22 bevorzugt das Begriffspaar voller ordre public für die direkte Anwendung ausländischen Rechts bei Art. 6 EGBGB und abgeschwächter ordre public im Anerkennungs- und Vollstreckungsverfahren wie bei Art. V UNÜ. Nachfolgend wird mit dem BGH das Begriffspaar ordre public national und international verwendet.

426 EuGVO ist die Abkürzung für EG-Verordnung Nr. 44/2001 des Rates über die gerichtliche Zuständigkeit und die Anerkennung und Vollstreckung von Entscheidungen in Zivil- und Handelssachen, abgedruckt in der Textsammlung von Jayme/Hausmann (Hrsg.), Internationales Privat- und Verfahrensrecht, 12. Auflage, München 2004, Ordnungsziffer 160. Die EuGVO, teilweise in der Literatur auch als EuGVVO abgekürzt, ersetzt die frühere EuGVÜ, vergleiche zu letzterer MüKo/*Gottwald*, IZPR: EuGVÜ, S. 1978 ff.

427 BGHZ 138, 331, 334 für ordre public international bei ausländischem Urteil gegenüber ordre public national bei Anwendung ausländischen Rechts durch das deutsche Gericht, ebenso BGHZ 118, 312, 329 ff. und KG Berlin FamRZ 2004, 276, 277; BGHZ 98, 70, 73 f. für den ordre public international bei ausländischen Schiedssprüchen gegenüber dem ordre public national bei inländischen Schiedssprüchen, ebenso explizit BGHZ 110, 104, 107; BGH NJW-RR 2001, 1059, 1061 und OLG Schleswig RIW 2000, 706, 709; *Schlosser* in FS Zeuner, S. 467, 477 und 481 f.; *Haas* in ZEuP 1999, S. 355, 367; *Haas/Adolphsen* in NJW 1996, S. 2351, 2353; *Heß* in ZZPInt 1998, S. 457, 472; MüKo/*Gottwald*, Art. V UNÜ Rn. 50 und § 328 ZPO Rn. 93; Stein/Jonas/*Schlosser*, Anhang § 1061 ZPO Rn. 135; MüKo/*Sonnenberger*, Art. 6 EGBGB Rn. 22; Musielak/*Voit*, § 1061 ZPO Rn. 23; Zöller/*Geimer*, § 328 ZPO Rn. 152a f.; *Geimer*, Rn. 27 spricht von „geringerer Intensität“; *Haas*, S. 222.

teile und ausländischer echter Schiedssprüche aufgrund des Prinzips der Achtung der Staaten untereinander, das die Anerkennung der jeweiligen Rechtsprechungsinstitutionen und ihrer Entscheidungen umfasst[428]. Ist bereits im Ausland ein staatsgerichtliches Urteil oder ein echter Schiedsspruch erlassen, dann sind schon – jedenfalls im Ausland – Rechtswirkungen für die Betroffenen ausgelöst worden und die Betroffenen haben entsprechende Rechtspositionen erlangt[429].

Das öffentliche Interesse an der Korrektur ausländischer echter Schiedssprüche ist gegenüber inländischen Schiedssprüchen zudem von vornherein geringer, da die Parteien Rechtsschutz vor den Gerichten des Schiedsverfahrensstaates erlangen können[430].

Dazu kommt, dass die Bedeutung des Inlandsbezuges bei fehlender Wesentlichkeit hinter den internationalen Gesamtkontext zurücktritt[431]. Der internationale Verkehr erstrebt eine internationale Rechtsvereinheitlichung und einen internationalen Entscheidungseinklang beruhend auf dem Interesse an gleichen oder zumindest vergleichbaren Voraussetzungen für jedermann im internationalen Verkehr[432]. Im Sport handelt es sich insofern um das Interesse der weltweiten Vergleichbarkeit sportlicher Leistungen und der weltweiten Chancengleichheit aller Sportler[433].

---

428 *Haas*, S. 220; Zöller/*Geimer*, § 328 ZPO Rn. 151 und § 1061 ZPO Rn. 40; *Geimer*, Rn. 2910; MüKo/*Gottwald*, § 328 ZPO Rn. 92; Musielak/*Voit*, § 1061 ZPO Rn. 23 iVm § 1059 ZPO Rn. 25 iVm § 328 ZPO Rn. 23.

429 MüKo/*Sonnenberger*, Art. 6 EGBGB Rn. 22; Staudinger/*Blumenwitz*, Art. 6 EGBGB Rn. 100.

430 BGH NJW-RR 2001, 1059, 1061; *Heß* in ZZPInt 1998, S. 457, 472.

431 BGHZ 98, 70, 74; 118, 312, 332; *Schlosser* in FS Zeuner, S. 467, 482; Staudinger/*Blumenwitz*, Art. 6 EGBGB Rn. 154.

432 BGHZ 98, 70, 74 für den internationalen Handelsverkehr; Staudinger/*Blumenwitz*, Art. 6 EGBGB Rn. 154; *Vieweg*, S. 310.

433 *Heß* in ZZPInt 1998, S. 457, 472 wirft die Frage auf, ob diese Rechtsprechung zum ordre public international auf die Sportgerichtsbarkeit übertragen werden könne, da sie für die internationale Handelsschiedsgerichtsbarkeit entwickelt worden sei und mit dem geringen Schutzbedürfnis international agierender Kaufleute begründet worden sei. Gegen diese Zweifel ist allerdings einzuwenden, dass die Rechtsprechung auch in Hinblick auf ausländische Urteile und nicht nur ausländische Schiedssprüche entwickelt worden ist (vergleiche nur: BGHZ 138, 331 ff.; 118, 312 ff.), die hier genannten Gründe gleichermaßen für Schiedsgerichte in Handels- als auch Sportsachen gelten, sich die Begründung mit der geringen Schutzbedürftigkeit international agierender Kaufleute in der Rechtsprechung nicht findet und der ordre public international ohne weiteres von der Rechtsprechung auch auf andere Sachverhalte als solche des internationalen Handels angewendet wird, zum Beispiel in BGHZ 48, 327, 331 zu einer Unterhaltsstreitigkeit zwischen Eheleuten oder auch in BGHZ 118, 312 ff. hinsichtlich der Frage, ob ein amerikanisches Urteil auf Schadensersatz wegen sexuellen Missbrauchs eines Minderjährigen in Deutschland voll-

Aus diesen Gründen bedarf es für die Annahme eines Verstoßes gegen den ordre public international einer intensiveren Beeinträchtigung der öffentlichen Ordnung als bei einem Verstoß gegen den ordre public national.

bb) Begriffliche Umschreibung

Diese für die Annahme eines Verstoßes gegen den ordre public international erforderliche intensivere Beeinträchtigung wird von Rechtsprechung und Literatur mit verschiedenen Begrifflichkeiten umschrieben.

Nach der Rechtsprechung ist maßgeblich, ob die Anerkennung des Schiedsspruches im konkreten Fall zu den Grundgedanken der deutschen Regelungen und den in ihnen enthaltenen Gerechtigkeitsvorstellungen in so starkem Widerspruch steht, dass sie nach deutscher Vorstellung untragbar erscheint[434]. In anderen Entscheidungen spricht der BGH von der Notwendigkeit eines schwerwiegenden oder gravierenden Mangels, der die Grundlage staatlichen und wirtschaftlichen Lebens berührt[435].

Die Literatur spricht zur Abgrenzung von krassen Verstößen gegen den ordre public[436] oder einer geringeren Prüfungsintensität bei ausländischen Entscheidungen[437].

Im Folgenden wird die erforderliche unterschiedliche Beeinträchtigungsintensität für den nationalen und internationalen ordre public mit dem Begriffspaar

---

streckbar ist. BGHZ 118, 312, 330 verweist zur Entwicklung des ordre public international auch auf die Urteile BGHZ 50, 370, 375 f. und 75, 32, 43, die die Legitimation eines im Ehebruch erzeugten Kindes bzw. die Anfechtung der Ehelichkeit eines Kindes betreffen.

434 BGHZ 138, 331, 334 f.; 123, 268, 270; 118, 312, 330. Zwar bediente sich der BGH und in Bezug auf den BGH auch der Gesetzgeber (BT-Drucksache 10/504, Bd. 296, S. 43) dieser Definition ebenfalls zur Umschreibung einer offensichtlichen Unvereinbarkeit nach Art. 6 EGBGB bzw. nach der Vorgängernorm Art. 30 EGBGB a. F., vergleiche: BGHZ 50, 370, 376; 54, 123, 130; 54, 132, 140. Durch die eindeutige Gegenüberstellung von der eigenen Anwendung ausländischen Rechts durch das deutsche Gericht (nach Art. 6 EGBGB) und der Anerkennung eines ausländischen Urteils oder echten Schiedsspruches (nach Art. V UNÜ) in BGHZ 138, 331, 334 und 118, 312, 329 f. wird aber deutlich, dass der BGH von unterschiedlichen Kontrollmaßstäben ausgeht.

435 BGHZ 110, 104, 107 f.; 104, 178, 184; 98, 70, 74; OLG Schleswig RIW 2000, 706, 709.

436 *Schlosser* in FS Zeuner, S. 467, 482; *Geimer*, Rn. 2912; Zöller/*Geimer*, § 328 ZPO Rn. 152a, der in Rn. 152b seine Terminologie ausdrücklich an die Rechtsprechung des BGH in BGHZ 138, 331, 334 anlehnt.

437 *Geimer*, Rn. 27, der in Rn. 28 seine Terminologie ausdrücklich an die Rechtsprechung des BGH in BGHZ 138, 331, 334 anlehnt.

einfacher und schwerwiegender Verstoß beschrieben. Dabei darf allerdings nicht übersehen werden, dass gemäß der Definition des Art. 6 EGBGB auch ein für den nationalen ordre public erforderlicher einfacher Verstoß bereits eine offensichtliche Unvereinbarkeit voraussetzt.

Im Rahmen der bei der Erörterung des Inlandsbezuges dargelegten Je-desto-Formel[438] muss nach alledem als Mindestvoraussetzung für die Annahme eines Verstoßes gegen den ordre public international jedenfalls ein schwerwiegender Verstoß vorliegen. Entsprechend der Je-desto-Formel muss dieser schwerwiegende Verstoß bei großem Inlandsbezug weniger schwerwiegend sein als bei geringem Inlandsbezug. Dass die Differenzierung zwischen weniger schwerwiegendem und intensiver schwerwiegendem Verstoß keine trennscharfe Unterteilung zulässt und zur Unvorhersehbarkeit der gerichtlichen Entscheidung führt, liegt auf der Hand. Diese Unvorhersehbarkeit der Entscheidung ist es allerdings auch, die eine umfassende Würdigung aller Umstände des Einzelfalls erlaubt, die wegen der vielfältigen und wechselnden Konstellationen des internationalen Rechtsverkehrs notwendig ist[439].

c) Praktische Auswirkung des unterschiedlichen Prüfungsmaßstabes für den ordre public nach Art. 6 EGBGB gegenüber dem nach § 1061 Abs. 1 S. 1 ZPO i. V. m. Art. V Abs. 2 b) UNÜ

Wie dargelegt, ist bei Art. 6 EGBGB der ordre public national, bei Art. V UNÜ hingegen der ordre public international entscheidend. Die beiden Prüfungsmaßstäbe sind sich allerdings von ihrer grundlegenden Definition her sehr ähnlich: Eine offensichtliche Unvereinbarkeit mit wesentlichen Grundzügen des deutschen Rechts nach Art. 6 EGBGB und ein schwerwiegender Verstoß gegen die wesentlichen Grundzüge des deutschen Rechts lassen sich bereits begrifflich nur schwer voneinander trennen[440]. Vielmehr ist davon auszugehen, dass die jeweiligen Anwendungsbereiche dieser Begriffe kein reines Stufenverhältnis mit klar voneinander abgrenzbaren Bereichen verkörpern, sondern eine erhebliche Schnittmenge aufweisen, nach der im konkreten Einzelfall sowohl eine offensichtliche Unvereinbarkeit als auch bereits ein schwerer Verstoß vorliegt, zumal das internationale Interesse an weltweiter Vergleichbarkeit sportlicher Leistungen

---

438 Siehe oben unter II 3 a) bb).

439 Staudinger/*Blumenwitz*, Art. 6 EGBGB Rn. 18; MüKo/*Sonnenberger*, Art. 6 EGBGB Rn. 16.

440 Staudinger/*Blumenwitz*, Art. 6 EGBGB Rn. 101, der daher die Notwendigkeit der Differenzierung in Frage stellt; *von Bar/Mankowski*, Bd. I, § 5 Rn. 120, S. 436; MüKo/*Gottwald*, Art.V UNÜ Rn. 50.

und an der Chancengleichheit aller Sportler in beiden Prüfungsmaßstäben zu berücksichtigen ist[441].

Diese Annahme findet Bestätigung in der konsequenten Anwendung der Jedesto-Formel im Rahmen des Inlandsbezuges: Je größer der Inlandsbezug bei einem echten Schiedsspruch im Sinne des UNÜ ist und je mehr Bedeutung die wesentlichen Rechtsgrundsätze Deutschlands damit erlangen, desto näher sind sich die Prüfungsmaßstäbe[442]. In der Praxis wird es fließende Übergänge hinsichtlich der Weite des Inlandsbezuges geben, dessen Feststellung im Ermessen des Gerichtes liegt, so dass eine allgemeine typisierende Trennung der Prüfungsmaßstäbe kaum möglich ist und sich diese annähern und ähnlich, wenn nicht sogar im Einzelfall vollständig kongruent sind. Der Unterschied zwischen einer offensichtlichen Unvereinbarkeit mit den wesentlichen Grundsätzen des deutschen Rechts und einem schwerwiegenden Verstoß gegen die wesentlichen Grundsätze des deutschen Rechts werden jeweils von den Umständen des Einzelfalls abhängig und mitunter nur marginal oder gar nicht vorhanden sein.

d) Praktische Auswirkung des unterschiedlichen Prüfungsmaßstabes für den ordre public nach § 1059 Abs. 2 Nr. 2 b) ZPO gegenüber dem nach § 1061 Abs. 1 S. 1 ZPO i. V. m. Art. V Abs. 2 b) UNÜ

Wie dargelegt, ist bei § 1059 ZPO der ordre public national, bei Art. V UNÜ hingegen der ordre public international entscheidend. Auch hier fragt sich, inwieweit damit praktische Unterschiede im Ergebnis der Prüfung verbunden sind. Denn bei inländischen Schiedsverfahren im Sport sind die internationalen Aspekte und Interessen gleichermaßen zu berücksichtigen.

Bei inländischen Schiedssprüchen wird der Inlandsbezug zwar auf der Hand liegen. Dies schließt aber eine Anwendung der dargestellten Je-desto-Formel nicht aus, insbesondere wenn das echte Schiedsgericht eine fremde Rechtsordnung anwendet[443]. Die beiden Prüfungsmaßstäbe können sich somit ebenfalls an-

---

441 So auch für die Berücksichtigung der weltweiten Vergleichbarkeit und Chancengleichheit im Rahmen des Art. 6 EGBGB: PHBSportR/*Pfister* 6/48.

442 Vergleiche insofern auch MüKo/*Sonnenberger*, Art. 6 EGBGB Rn. 22, nach dem entsprechende Ergebnisse wie bei Anwendung des ordre public international mit Hilfe des Merkmals des Inlandsbezuges zu erreichen sind. Auch PHBSportR/*Pfister* 6/48 begründet mit Hilfe des Merkmals der Intensität des Inlandsbezuges und der dabei zu berücksichtigenden weltweiten Chancengleichheit der Sportler, dass es einer schweren Verletzung elementarer Grundsätze des deutschen Rechts bedürfe, um einen Verstoß gegen den ordre public annehmen zu können.

443 Musielak/*Voit*, § 1059 ZPO Rn. 25 iVm § 328 ZPO Rn. 23 ff., 28; Stein/Jonas/*Schlosser*, § 1059 ZPO Rn. 24 iVm Anhang § 1061 ZPO Rn. 133 ff.

nähern und eine erhebliche Schnittmenge aufweisen[444]. Dementsprechend wird vertreten, dass der ordre public international auch dann anwendbar ist, sofern es um ein deutsches Schiedsverfahren in internationalen Angelegenheiten geht, vor allem um ein Verfahren mit deutschem neutralen Schiedsort[445].

Ebenso spricht der Gesetzgeber des Schiedsverfahrens-Neuregelungsgesetzes davon, dass die deutsche öffentliche Ordnung den ordre public international umfasse, wobei allerdings unklar bleibt, ob dieser von vornherein anzuwenden sein soll oder der ordre public national bei entsprechendem Auslandsbezug dem ordre public international gleichgesetzt werden kann und es infolgedessen zu gleichen Ergebnissen kommt[446].

Im Ergebnis hat eine terminologische Trennung in nationalen ordre public bei § 1059 ZPO und internationalen ordre public bei Art. V UNÜ aufgrund der bereits aufgeführten Gründe[447] auch hier ihren Sinn, solange man sich bewusst ist, dass die praktischen Unterschiede jeweils von den Umständen des Einzelfalls abhängig und mitunter nur marginal oder gar nicht vorhanden sein werden.

e) Inhalt des deutschen ordre public

Die unterschiedliche Intensität, die für die Annahme eines Verstoßes gegen den ordre public unter Berücksichtigung der Internationalität und der Je-desto-Formel notwendig ist, erfordert grundsätzlich eine konkrete Einzelfallbetrachtung. Aufgrund der soeben dargelegten möglichen Schnittmenge der verschiedenen Prüfungsmaßstäbe lässt sich aber durchaus typisieren, welche Fallgruppen als ordre public-Verstöße in Betracht kommen.

Es ist zwischen verfahrens- und materiellrechtlichem ordre public-Verstoß zu unterscheiden[448]. Der Verstoß kann sich gemäß dieser Differenzierung sowohl

---

444 *Haas*, S. 222; MüKo/*Gottwald*, Art. V UNÜ Rn. 50; MüKo/*Münch*, § 1059 ZPO Rn. 22; *Oschütz*, S. 339. Stein/Jonas/*Schlosser*, Anhang § 1061 ZPO Rn. 134 spricht von fast gleichen Maßstäben gegenüber inländischen und ausländischen Schiedssprüchen. Wegen der Ähnlichkeit die Differenzierung zwischen nationalem und internationalem ordre public und damit eine unterschiedliche Kontrollintensität ablehnend: *Schwab/Walter*, Kapitel 30 Rn. 21 und Kapitel 57 Rn. 36.

445 Stein/Jonas/*Schlosser*, Anhang § 1061 ZPO Rn. 135.

446 BT-Drucksache 13/5274, Bd. 561, S. 59; ebenso Thomas/Putzo/*Reichold*, § 1059 ZPO Rn. 16.

447 Vergleiche oben unter II 3 b) aa).

448 PHBSportR/*Pfister* 6/130; *Heß* in ZZPInt 1998, S. 457, 469 ff.; Stein/Jonas/*Schlosser*, Anhang § 1061 ZPO Rn. 137; MüKo/*Münch*, § 1059 ZPO Rn. 22-24; Musielak/*Voit*, § 1061 ZPO Rn. 23 und § 1059 ZPO Rn. 25 iVm Musielak/*Musielak*, § 328 ZPO Rn. 25; *Schwab/Walter*, Kapitel 24 Rn. 35; Staudinger/*Blumenwitz*, Art. 6 EGBGB Rn. 95 f.; Thomas/Putzo/*Reichold*, § 1061 ZPO Rn. 6 iVm § 1059 ZPO

daraus ergeben, dass der Schiedsspruch in einem Verfahren erlassen wurde, das mit den wesentlichen Grundsätzen des deutschen Rechts offensichtlich unvereinbar ist, als auch daraus, dass die Anerkennung des Ergebnisses des Schiedsspruches mit den wesentlichen Grundsätzen des deutschen Rechts offensichtlich unvereinbar ist[449].

aa) Verfahrensrechtlicher ordre public

Ein Verstoß gegen den verfahrensrechtlichen ordre public liegt vor, wenn der Schiedsspruch in einem Verfahren erlassen wurde, das mit den wesentlichen Grundsätzen des deutschen Verfahrensrechts in einem solch hohen Maße unvereinbar ist, dass der Schiedsspruch nicht als in einem geordneten rechtsstaatlichen Verfahren ergangen angesehen werden kann[450]. Allein die Abweichung von

---

Rn. 16 iVm Thomas/Putzo/*Hüßtege*, § 328 ZPO Rn. 15 f.; Handbuch des Sportrechts/*Haas*, Ordner 1, B 2. Kapitel Rn. 217. Gängig ist auch die Bezeichnung prozessualer und materieller ordre public. Grundsätzlich wird die Unterscheidung zwischen verfahrens- und materiellrechtlichem ordre public in der Literatur nur für den anerkennungsrechtlichen ordre public der §§ 328, 1059, 1061 ZPO iVm Art. V UNÜ und nicht auch für den kollisionsrechtlichen/internationalprivatrechtlichen ordre public des Art. 6 EGBGB vorgenommen, vergleiche: Staudinger/*Spellenberg*, § 328 ZPO Rn. 445 und 487; Zöller/*Geimer*, § 1059 ZPO Rn. 72. Die Unterteilung bietet sich aber hier bei Art. 6 EGBGB im Falle von Verbandsgerichten genauso an, da sich die Anwendung des ausländischen Rechts bei diesen im Gegensatz zum Normalfall bei Art. 6 EGBGB auch auf das Verfahren des Verbandsgerichtes bezieht. Vergleiche in diesem Sinne auch: Staudinger/*Blumenwitz*, Art. 6 EGBGB Rn. 94 und BayObLG IPRax 1982, 104, 105.

Eine genaue Grenzziehung zwischen verfahrens- und materiellrechtlichem ordre public kann mitunter schwierig sein, vergleiche: Staudinger/*Spellenberg*, § 328 ZPO Rn. 487.

449 *Schwab/Walter*, Kapitel 24 Rn. 35; Staudinger/*Blumenwitz*, Art. 6 EGBGB Rn. 95; Musielak/*Voit*, § 1061 ZPO Rn. 23 und § 1059 ZPO Rn. 25 iVm Musielak/*Musielak*, § 328 ZPO Rn. 25.

450 BGHZ 48, 327, 331; 98, 70, 73; 110, 104, 106 f.; BGH NJW-RR 2001, 1059, 1060; Musielak/*Voit*, § 1061 ZPO Rn. 23 und § 1059 ZPO Rn. 25 iVm Musielak/*Musielak*, § 328 ZPO Rn. 25; *Schwab/Walter*, Kapitel 30 Rn. 23; Thomas/Putzo/*Reichold*, § 1061 ZPO Rn. 6 iVm § 1059 ZPO Rn. 16 iVm Thomas/Putzo/*Hüßtege*, § 328 ZPO Rn. 16; Staudinger/*Blumenwitz*, Art. 6 EGBGB Rn. 95; *Geimer*, Rn. 2946; Zöller/*Geimer*, § 1059 ZPO Rn. 47 iVm § 328 ZPO Rn. 155 f. Vergleiche auch Art. 6 EMRK. Eine tabellarische Übersicht zu den in internationalen Verbandsregelungen vorgesehenen prozessualen Garantien bietet *Siekmann* in RuS Doping-Forum, S. 31, 33 f., einen Überblick nimmt auch *Soek* in RuS Doping-Forum, S. 35 ff. vor.

zwingenden Vorschriften des deutschen Prozessrechts ist noch nicht ausreichend[451].

Liegt ein wesentlicher Verfahrensfehler vor, muss sich dieser auf den Schiedsspruch ausgewirkt haben können, um einen ordre public-Verstoß zu begründen[452]. Die betroffene Partei muss darlegen, dass eine solche Auswirkung möglich ist, wobei jedoch geringe Anforderungen zu stellen sind[453]. Fehlt es an einer möglichen Auswirkung, ist die Aufhebung bzw. Nichtanerkennung sinnlos, da ein Schiedsspruch mit gleichem Inhalt ergehen könnte. Wie die Wertung des § 561 ZPO für die Revision gegen Urteile zeigt, ist eine Aufhebung zur Beseitigung eines folgenlos gebliebenen Fehlers nicht geboten, soweit es sich nicht um absolute Aufhebungsgründe im Sinne des § 547 ZPO handelt.[454]

Darüber hinaus führt ein Verfahrensfehler nur dann zu einem ordre public-Verstoß, wenn die betroffene Partei alle zur Verfügung stehenden Rechtsschutzmöglichkeiten im Schiedsverfahren selbst bzw. vor den Gerichten des Schiedsverfahrensstaates zur Korrektur des Verfahrensfehlers genutzt hat[455]. Wer die

---

451 BGHZ 48, 327, 331; 110, 104, 106 f.; Musielak/*Voit*, § 1061 ZPO Rn. 23 iVm § 1059 ZPO Rn. 25 iVm Musielak/*Musielak*, § 328 ZPO Rn. 25; Zöller/*Geimer*, § 1059 ZPO Rn. 47 iVm § 328 ZPO Rn. 155a; *ders.* spricht in § 1061 ZPO Rn. 31 auch von „Mindeststandards an Verfahrensgerechtigkeit".

452 BGHZ 3, 215, 218 f.; 31, 43, 46 f.; BGH NJW 1992, 2199, 2199 zu § 1041 Abs. 1 Nr. 4 ZPO a. F. bzw. § 1044 Abs. 2 Nr. 4 ZPO a. F. vor dem Schiedsverfahrens-Neuregelungsgesetz; BGHZ 98, 70, 75; BGH NJW-RR 2001, 1059, 1060; *Schwab/Walter*, Kapitel 24 Rn. 35; Thomas/Putzo/*Reichold*, § 1061 ZPO Rn. 6; MüKo/*Gottwald*, Art. V UNÜ Rn. 55; Musielak/*Voit*, § 1059 ZPO Rn. 27; *Schlosser*, Rn. 866; *Haas*, S. 218. Dies gilt hier genauso wie bereits oben dargestellt für § 1059 Abs. 2 Nr. 1 a) bis d) ZPO und Art. V Abs. 1 a) bis d) UNÜ, siehe II 1 a) aa) und II 1 b) aa).

453 BGHZ 3, 215, 218 f.; 31, 43, 46 f. mwN; Stein/Jonas/*Schlosser*, Anhang § 1061 ZPO Rn. 82; Musielak/*Voit*, § 1059 ZPO Rn. 27; *Schwab/Walter*, Kapitel 24 Rn. 35; *Schlosser*, Rn. 866; *Haas*, S. 218. Zu je nach vorliegendem Verfahrensfehler höheren Anforderungen vergleiche jeweils bei den nachstehend angeführten Beispielsfällen. Staudinger/*Spellenberg*, § 328 ZPO Rn. 519 lehnt auch das Erfordernis einer möglichen Kausalität ab, da der Beklagte nicht bloßes Objekt des staatlichen Verfahrens gewesen sein dürfe.

454 BGHZ 31, 43, 46 f.; Musielak/*Voit*, § 1059 ZPO Rn. 27. Daher kann auch der Auffassung *Spellenbergs* aaO, dass selbst eine mögliche Kausalität nicht erforderlich ist, nicht gefolgt werden.

455 BGH NJW-RR 2001, 1059, 1060; OLG Stuttgart NJW-RR 2003, 495, 496 (Lizenzierung für 2. Fußballbundesliga); KG Berlin FamRZ 2004, 276, 277; MüKo/*Gottwald*, § 328 ZPO Rn. 102 mwN; Thomas/Putzo/*Reichold*, § 1061 ZPO Rn. 6; Zöller/*Geimer*, § 1061 ZPO Rn. 37; *Geimer*, Rn. 3918 und 2955; Musielak/*Voit*, § 1061 ZPO Rn. 24. Musielak/*Musielak*, § 328 ZPO Rn. 29 macht die Einschränkung, dass es aber auch trotz Untätigbleiben der Betroffenen nach deutscher Rechtsordnung schlichtweg nicht hinnehmbare Fälle gebe. Dies bezieht sich offen-

Möglichkeiten zum Rechtsschutz in Kenntnis des Verfahrensmangels bewusst oder in fahrlässiger Weise nicht wahrnimmt, kann sich nicht später auf den ordre public berufen. Der ordre public hat nicht den Sinn, eine nachlässige Prozessführung im Ausland zu korrigieren[456].

Nachfolgend sind Beispiele aufgelistet, die typischerweise einen Verstoß gegen den verfahrensrechtlichen ordre public begründen.

(1) Rechtliches Gehör

Das Gebot des rechtlichen Gehörs gehört als tragender Rechtsgrundsatz des deutschen Verfahrensrechts (Art. 103 Abs. 1 GG, § 1042 Abs. 1 S. 2 ZPO) zum deutschen ordre public[457].

Danach ist es grundsätzlich ordre public-widrig, eine Entscheidung zu erlassen, bevor der Betroffene Gelegenheit zur Äußerung hatte. Zudem ist es geboten, dass ein Beteiligter in der Lage sein muss, auf den Verfahrensablauf aktiv Ein-

---

sichtlich auf extreme und keinesfalls hinnehmbare Unvereinbarkeiten mit der deutschen Rechtsordnung.

Beim verfahrensrechtlichen ordre public bedarf es nicht nur einer Geltendmachung im Schiedsverfahren, sondern gegebenenfalls auch vor den staatlichen Gerichten des Schiedsverfahrensstaates, womit – gemäß den angegebenen Nachweisen und den Ausführungen oben unter II 1 b) aa) und entgegen Zöller/*Geimer*, § 1069 ZPO Rn. 39 und *Geimer*, Rn. 3915 – nicht die Aufhebungsklage im Heimatstaat, sondern zum Beispiel die Klage auf Ersetzung eines befangenen Schiedsrichters gemeint ist, um eine Behebung des Verfahrensfehlers bis zum Abschluss des Schiedsverfahrens zu erreichen. Diese Verpflichtung zur Anrufung staatlicher Gerichte liegt insbesondere bei den strengeren Anforderungen des ordre public international bzw. bei einem entsprechend hohen Auslandsbezug nahe. In diesem Sinne offensichtlich auch BGH NJW-RR 2001, 1059, 1061 und KG Berlin FamRZ 2004, 275, 278. Zudem betrifft diese Verpflichtung zur Anrufung staatlicher Gerichte vor allem echte Schiedsverfahren, da in der Regel nur bei diesen und nicht auch bei Verbandsschiedsverfahren entsprechende Rechtsschutzmöglichkeiten bestehen, vergleiche für die deutsche Rechtsordnung zum Beispiel § 1036 ZPO.

456 Vergleiche: *Geimer*, Rn. 2991a.

457 BGHZ 141, 286, 297; 48, 327, 330; OLG Frankfurt/Main SpuRt 2001, 159, 162 f. (Baumann); KG Berlin FamRZ 2004, 275, 277; *Heß* in ZZPInt 1998, S. 457, 471; Musielak/*Voit*, § 1061 ZPO Rn. 26 iVm § 1059 ZPO Rn. 27; *Schwab/Walter*, Kapitel 57 Rn. 36 iVm Kapitel 30 Rn. 23 und 25, Kapitel 24 Rn. 50 und Kapitel 15 Rn. 1; MüKo/*Gottwald*, Art. V UNÜ Rn. 54; Zöller/*Geimer*, § 328 ZPO Rn. 155c; *Geimer*, Rn. 2947; *Reichert*, Rn. 5175 (9. Auflage: Rn. 2740); *Summerer*, S. 149. LG München I SpuRt 1995, 161, 167 (Krabbe) wendet diesen Grundsatz zwar an, geht aber auf die Herleitung über Art. 6 EGBGB nicht ein, vergleiche: *Pfister* in SpuRt 1995, S. 250, 250.

fluss zu nehmen.[458] Die Parteien müssen von den Erklärungen der jeweils anderen Partei in Kenntnis gesetzt werden und Gelegenheit zur Stellungnahme erhalten[459]. Zudem müssen die Parteien Beweise anbieten können und Gelegenheit zur Stellungnahme zu Beweisaufnahmen erhalten[460].

Bei Rüge der Verletzung rechtlichen Gehörs muss die beschwerte Partei schlüssig darlegen, was sie bei ordnungsgemäßer Gewährung rechtlichen Gehörs behauptet und vorgetragen hätte und was dementsprechend das ausländische Gericht bei seiner Entscheidung in Betracht hätte ziehen müssen[461].

(2) Faires Verfahren

Verstöße gegen die Mindestvoraussetzungen eines fairen Verfahrens stellen ebenso typischerweise einen Verstoß gegen den verfahrensrechtlichen ordre public dar[462].

Der Grundsatz des fairen Verfahrens ist eng mit dem Anspruch auf rechtliches Gehör verbunden[463]. Inhalt des fairen Verfahrens ist beispielsweise, dass der Spruchkörper nicht widersprüchlich, irreführend, schikanierend oder entgegen den eigenen Verfahrensregeln handeln darf. Hinsichtlich des rechtlichen Gehörs ist den Parteien ausreichend Zeit zur Stellungnahme zu gewähren.[464] Auch die

---

458 BGHZ 141, 286, 297; *Schwab/Walter*, Kapitel 15 Rn. 1 f.; Zöller/*Geimer*, § 328 ZPO Rn. 155c; *Geimer*, Rn. 2948. Nach OLG Frankfurt/Main SpuRt 2001, 159, 162 f. (Baumann) und LG Stuttgart SpuRt 2002, 245, 247 f. (Baumann) ist dafür nicht erforderlich, dass der Betroffene förmlicher Beteiligter ist: Ausreichend ist, dass er tatsächlich am Verfahren beteiligt ist und ihm Parteirechte eingeräumt werden.

459 *Schwab/Walter*, Kapitel 15 Rn. 2; Musielak/*Voit*, § 1042 ZPO Rn. 3; OLG Frankfurt/Main SpuRt 2001, 159, 162 f. (Baumann).

460 OLG Frankfurt/Main SpuRt 2001, 159, 162 f. (Baumann); *Schwab/Walter*, Kapitel 15 Rn. 2; Musielak/*Voit*, § 1042 ZPO Rn. 3; *Soek* in RuS Doping-Forum, S. 35, 41 und 43.

461 Zöller/*Geimer*, § 328 ZPO Rn. 159b; Musielak/*Voit*, § 1061 ZPO Rn. 26 iVm § 1059 ZPO Rn. 27.

462 MüKo/*Gottwald*, Art. V UNÜ Rn. 59; *Geimer*, Rn. 2948; *Schwab/Walter*, Kapitel 30 Rn. 23; *Krähe* in 2. Internationaler Sportrechtskongress, S. 152, 161.

463 Musielak/*Musielak*, Einleitung ZPO Rn. 29; *Krähe* in 2. Internationaler Sportrechtskongress, S. 152, 161.

464 Jeweils zu diesen und mit weiteren Beispielen und Nachweisen: Zöller/*Vollkommer*, Einleitung ZPO Rn. 101; Musielak/*Musielak*, Einleitung ZPO Rn. 30; *Summerer*, S. 149 ff.; *Krähe* in 2. Internationaler Sportrechtskongress, S. 152, 161.

Gleichbehandlung der Parteien im Verfahren gehört als Bestandteil eines fairen Verfahrens zum deutschen ordre public, vergleiche § 1042 Abs. 1 S. 1 ZPO[465].

(3) Unabhängigkeit und Unparteilichkeit des Schiedsgerichtes

Ist ein Schiedsrichter befangen und nicht unabhängig und unparteilich, kann dies zu einem Verstoß gegen den verfahrensrechtlichen ordre public führen[466]. Dies gilt vor allem, wenn gegen das Gebot, dass niemand Richter in eigener Sache sein darf, verstoßen wird[467].

Zum Nachweis der konkreten Auswirkung der Befangenheit auf die Entscheidung reicht nicht die Darlegung der Möglichkeit der Befangenheit. Es ist nachzuweisen, dass der betroffene Schiedsrichter gegenüber einer Partei voreingenommen war und sich bei seiner Entscheidung hiervon hat leiten lassen.[468] Ohne diesen Nachweis stellt eine Verfahrensregelung, nach der bei Säumnis einer Partei bezüglich der Benennung ihres Schiedsrichters der von der anderen Partei benannte Schiedsrichter zum Zweck der Beschleunigung des Verfahrens allein entscheidet, keinen ordre public-Verstoß dar[469].

Besondere Bedeutung erlangt an diesem Punkt die bereits generell bei Verstößen gegen den verfahrensrechtlichen ordre public dargelegte Notwendigkeit der Wahrnehmung von Rechtsschutzmöglichkeiten im Schiedsverfahren und vor den staatlichen Gerichten des Schiedsverfahrensstaates[470]. Die Geltendmachung der Befangenheit muss zunächst im Schiedsverfahren und vor den staatlichen Gerichten des Heimatstaates des Schiedsspruches ohne Erfolg versucht worden sein[471].

---

465 *Schwab/Walter*, Kapitel 15 Rn. 1; Zöller/*Vollkommer*, Einleitung ZPO Rn. 102; Musielak/*Voit*, § 1042 ZPO Rn. 2; Musielak/*Musielak*, Einleitung ZPO Rn. 33 f.; MüKo/*Münch*, § 1042 ZPO Rn. 12.

466 BGHZ 98, 70, 72 und 74; BGH NJW-RR 2001, 1059, 1060; Zöller/*Geimer*, § 328 ZPO Rn. 155c; *Geimer*, Rn. 2947; MüKo/*Gottwald*, Art. V UNÜ Rn. 55; *Schwab/Walter*, Kapitel 30 Rn. 23 und Kapitel 57 Rn. 37; *Haas*, S. 227 ff.; PHBSportR/*Pfister* 6/131.

467 MüKo/*Münch*, § 1059 ZPO Rn. 23 und § 1066 ZPO Rn. 7; Thomas/Putzo/*Reichold*, § 1059 ZPO Rn. 17.

468 BGHZ 98, 70, 75; BGH NJW-RR 2001, 1059, 1061; MüKo/*Gottwald*, Art. V UNÜ Rn. 55.

469 BGH NJW-RR 2001, 1059, 1060; BGHZ 98, 70, 75 f.; *Haas*, S. 228; MüKo/*Gottwald*, Art. V UNÜ Rn. 55.

470 Siehe oben unter II 3 e) aa).

471 BGH NJW-RR 2001, 1059, 1060; KG Berlin FamRZ 2004, 276, 277; Stein/Jonas/*Schlosser*, Anhang § 1061 ZPO Rn. 151; Musielak/*Voit*, § 1061 ZPO Rn. 24; Thomas/Putzo/*Reichold*, § 1061 ZPO Rn. 6.

Wie oben bereits ausgeführt[472], ist nach deutscher Rechtsordnung ein Übergewicht bei der Zusammenstellung des Schiedsgerichtes nicht mehr ohne weiteres – auch nicht bei Ausnutzen einer wirtschaftlichen oder sozialen Überlegenheit – ein Grund, von der Unwirksamkeit der Schiedsvereinbarung im Sinne des § 1025 Abs. 2 ZPO a. F. auszugehen. Vielmehr steht der Partei die Möglichkeit eines Ersetzungsantrages nach § 1034 Abs. 2 ZPO offen. Eine Verletzung des deutschen ordre public kommt demnach nur in Betracht, sofern ein solcher Ersetzungsantrag nach dem auf die Schiedsvereinbarung anzuwendenden Recht nicht vorgesehen ist und eine Partei somit ihre wirtschaftliche oder soziale Überlegenheit ausnutzen kann, um das Schiedsgericht zusammenzustellen[473].

(4) Ausreichende Begründung des Schiedsspruches

Das Fehlen einer Begründung des Schiedsspruches kann ebenfalls einen Verstoß gegen den ordre public darstellen. Die deutsche Rechtsordnung geht gemäß § 1054 Abs. 2 ZPO vorbehaltlich einer anderweitigen Vereinbarung der Parteien von einer Begründungspflicht aus. Aufgrund des Vorbehaltes der anderweitigen Parteivereinbarung wird deutlich, dass der deutsche ordre public bei fehlender oder nicht ausreichender Begründung nicht zwingend verletzt sein muss. Ein Verstoß gegen den ordre public liegt nur nahe, falls die Parteien weder ausdrücklich auf die Begründung verzichtet haben noch konkludent dadurch, dass sie ein Verfahrensrecht gewählt haben, das eine Begründung für entbehrlich hält[474].

Die für Verfahrensverstöße erforderliche Auswirkung auf den Schiedsspruch ist beim Fehlen einer Begründung unwiderleglich zu vermuten. Denn ohne eine Begründung ist nicht nachweisbar, ob sich ihr Fehlen ausgewirkt hat. Es ist davon auszugehen, dass sich ein Fehlen der Begründung immer auf das Ergebnis auswirkt. Dies entspricht der Einordnung als absoluter Revisionsgrund gemäß § 547 Nr. 6 ZPO.

---

472 Vergleiche unter II 1 c) (3) (c).

473 Stein/Jonas/*Schlosser*, Anhang § 1061 ZPO Rn. 151; Musielak/*Voit*, § 1061 ZPO Rn. 24.

474 MüKo/*Gottwald*, Art. V UNÜ Rn. 56; Musielak/*Voit*, § 1061 ZPO Rn. 24; *Schwab/Walter*, Kapitel 57 Rn. 37; Stein/Jonas/*Schlosser*, Anhang § 1061 ZPO Rn. 155; *Haas*, S. 223 ff.; OLG München NJWE-VHR 1996, 96, 102 (Krabbe) in Bezug auf Art. V UNÜ. Unter dem Einfluss von Art. 31 Abs. 2 UNCITRAL-ModellG hat sich die Begründungspflicht international überwiegend in den einzelnen staatlichen Verfahrensrechten durchgesetzt, vergleiche: Stein/Jonas/*Schlosser*, Anhang § 1061 ZPO Rn. 155; *Haas*, S. 223 ff.

(5) Vorliegen eines Restitutionsgrundes

Das Vorliegen eines Restitutionsgrundes im Sinne des § 580 ZPO kann ebenso einen Verstoß gegen den verfahrensrechtlichen ordre public darstellen[475]. Der Rechtsgedanke des § 582 ZPO macht deutlich, dass die Partei den Restitutionsgrund bereits im Schiedsverfahren geltend gemacht haben muss, es sei denn, sie war dazu ohne ihr Verschulden außerstande.

(6) Tatsachenermittlung und Beweiswürdigung

Die Tatsachenermittlung und die Beweiswürdigung müssen den Mindeststandards eines rechtsstaatlichen Verfahrens entsprechen[476]. So liegt ein ordre public-Verstoß bei einer groben Fehldeutung von Schriftstücken nahe[477]. Gleiches muss gelten, wenn die Tatsachenermittlung unter Auslassung von angebotenem und erheblichem Beweismaterial[478] oder entgegen eindeutig anders lautender übereinstimmender und glaubhafter Zeugenaussagen offensichtlich willkürlich ist.

Abgesehen davon ist ein deutsches Gericht für die Feststellung eines Verstoßes gegen den deutschen ordre public nicht an die Tatsachenfeststellung eines in- oder ausländischen echten Schiedsgerichtes gebunden[479]. Um festzustellen, ob

---

475 BGH NJW 1990, 2199, 2200; Begründung des Entwurfes eines Gesetzes zur Neuregelung des Schiedsverfahrensrechts, BT-Drucksache 13/5274, Bd. 561, S. 59; OLG Stuttgart vom 16.07.2002 (Lizenzierung für die 2. Fußballbundesliga), insoweit in NJW-RR 2003, 495, 498 nicht abgedruckt, aber in juris dokumentiert unter III 3; Zöller/*Geimer*, § 1061 ZPO Rn. 32, 45; *Geimer*, Rn. 3912, 3925; MüKo/*Gottwald*, Art. V UNÜ Rn. 58; *Schwab/Walter*, Kapitel 24 Rn. 51 f.; Musielak/*Voit*, § 1061 ZPO Rn. 24 iVm § 1059 ZPO Rn. 28; Thomas/Putzo/*Reichold*, § 1059 ZPO Rn. 17.

476 BGH NJW 1980, 529, 531; Musielak/*Musielak*, § 328 ZPO Rn. 24; MüKo/*Gottwald*, § 328 ZPO Rn. 92; Zöller/*Geimer*, § 1059 ZPO Rn. 53.

477 Musielak/*Voit*, § 1061 ZPO Rn. 24; Stein/Jonas/*Schlosser*, Anhang § 1061 ZPO Rn. 143.

478 In solchen Fällen wird zugleich eine Verletzung des rechtlichen Gehörs vorliegen.

479 BGHZ 30, 89, 94 f.; 46, 365, 369 f.; BGH WM 1983, 1207, 1208; Musielak/*Voit*, § 1059 ZPO Rn. 30 iVm § 1061 ZPO Rn. 27; *Schwab/Walter*, Kapitel 24 Rn. 46; Stein/Jonas/*Schlosser*, § 1059 ZPO Rn. 10 iVm § 1063 ZPO Rn. 8a; MüKo/*Gottwald*, Art. V UNÜ Rn. 49; *Adolphsen*, S. 662 f.
Dies steht im Gegensatz zur Bindung eines deutschen Gerichtes an die Tatsachenfeststellungen eines ausländischen staatlichen Gerichtes (Musielak/*Musielak*, § 328 ZPO Rn. 24; MüKo/*Gottwald*, § 328 ZPO Rn. 94; *Geimer*, Rn. 2990). Dieser Unterschied ist darin begründet, dass die Überwachungsaufgabe des staatlichen deutschen Gerichtes gegenüber in- und ausländischen echten Schiedsgerichten andernfalls wirkungslos wäre, BGHZ 30, 89, 95; 46, 365, 370; *Schwab/ Walter*, Kapitel 24 Rn. 46. Andere Auffassung Zöller/*Geimer*, § 1059 ZPO Rn. 53, der entgegen der

ein Verstoß gegen die nachfolgend unter bb) dargelegten Inhalte des materiellen ordre public vorliegt, prüft das deutsche Gericht den Sachverhalt mithin in vollem Umfang nach.

Nach Abschluss des Schiedsverfahrens neu entstandene Tatsachen sind nicht zu berücksichtigen, da aufgrund der Schiedsvereinbarung zunächst das Schiedsgericht darüber zu befinden hat[480].

Auch bei der rechtlichen Einschätzung, ob ein Verstoß gegen die öffentliche Ordnung vorliegt, ist das staatliche Gericht nicht an die Rechtsauffassung des Schiedsgerichtes gebunden. Dem Schiedsgericht steht kein Auslegungsspielraum hinsichtlich der wesentlichen Grundsätze des deutschen Rechts zu, den das staatliche Gericht lediglich auf Vertretbarkeit zu überprüfen hätte. Selbst wenn die Auslegung einer staatlichen Norm durch das Schiedsgericht von anderen geteilt und daher zumindest vertretbar erscheint, entscheidet allein die Auffassung des staatlichen Gerichtes darüber, ob im konkreten Ergebnis ein ordre public-Verstoß vorliegt. Eine weitere Einschränkung der Prüfung ist wegen der bereits auf offensichtliche Unvereinbarkeit mit wesentlichen Grundsätzen des deutschen Rechts beschränkten Überprüfung nicht geboten.[481]

---

herrschenden Meinung von einer Bindung des staatlichen Gerichtes an die Tatsachenfeststellung des Schiedsgerichtes ausgeht, es sei denn, das Verfahren, auf dem die Tatsachenermittlung beruht, ist mit Mängeln behaftet, oder es geht um die Durchsetzung unmittelbarer staatlicher Interessen. Zu Recht gegen diese Auffassung: Musielak/*Voit*, § 1059 ZPO Rn. 30: Seitens des Staates besteht immer ein Aufhebungsinteresse und somit ein staatliches Interesse, wenn rechtsstaatliche Mindestanforderungen im Sinne des ordre public nicht erfüllt sind. Zudem ist die Befürchtung, dass auf diesem Wege das staatliche Gericht den gesamten Streitstoff neu aufrollt und so zu einer Nachprüfung in der Sache unter dem Deckmantel des ordre public-Verstoßes kommt, nicht berechtigt, da die bloße Feststellung eines anderen als des entschiedenen Sachverhalts keine Aufhebung rechtfertigt, und in den Fällen, in denen ein Verstoß gegen den ordre public festgestellt wird, es auch sachgerecht ist, den Sachverhalt aufzuklären.
Hat ein Verbandsgericht entschieden, ist das deutsche Gericht erst recht nicht an dessen Tatsachenfeststellung gebunden.

480 OLG Frankfurt/Main SpuRt 2003, 79, 83 (Lizenzierung für 2. Fußballbundesliga). Vergleiche auch II 2 a) aa) (2) (a).

481 BGHZ 27, 249, 254; 46, 365, 370; Musielak/*Voit*, § 1059 ZPO Rn. 30 iVm § 1061 ZPO Rn. 27; *Schwab/Walter*, Kapitel 24 Rn. 44; MüKo/*Gottwald*, Art. V UNÜ Rn. 49; *Adolphsen*, S. 663.
Beachte zum Verständnis: Im Vergleich zur Kontrolle von Verbandsschiedssprüchen nach deutschem Recht, die eine Vertretbarkeits- bzw. Angemessenheitskontrolle des staatlichen Gerichtes vorsieht (siehe oben II 2 a) aa) (2) (c) und (d)), ist klarzustellen, dass die dortige Angemessenheitskontrolle sich auf das Sportverbandsregelwerk und die Subsumtion unter dieses und nicht auf die Subsumtion unter staatliche Normen und Rechtsgrundsätze bezieht.

Andererseits ist eine von der Auffassung des staatlichen Gerichtes abweichende Auslegung einer staatlichen oder gemeinschaftsrechtlichen Rechtsnorm durch das Schiedsgericht nicht gezwungenermaßen gleichbedeutend mit einem ordre public-Verstoß, sofern die wesentlichen Grundsätze des deutschen Rechts nicht offensichtlich beeinträchtigt sind[482].

bb) Materiellrechtlicher ordre public

Ein Verstoß gegen den materiellrechtlichen ordre public liegt vor, wenn die Anerkennung des Ergebnisses bzw. der angeordneten Rechtsfolge des echten Schiedsspruches oder im Rahmen des Art. 6 EGBGB der Verbandsschiedsspruch als Ergebnis der Anwendung einer ausländischen Rechtsnorm mit den wesentlichen Rechtsgrundsätzen des deutschen materiellen Rechts offensichtlich unvereinbar ist[483].

Allerdings ist nicht jeder Verstoß gegen ein deutsches Gesetz, selbst wenn es sich um zwingendes Recht handelt, gleichbedeutend mit einem Verstoß gegen den materiellen ordre public[484]. Entsprechend der Definition des ordre public als offensichtliche Unvereinbarkeit mit den wesentlichen Grundsätzen des deutschen Rechts ist jeweils auf den Inhalt und die Bedeutung des Gesetzes im konkreten

---

482 Stein/Jonas/*Schlosser*, Anhang § 1061 ZPO Rn. 148. Vergleiche dazu auch die folgenden Ausführungen zum materiellrechtlichen ordre public und zwingenden deutschen Gesetzen.

483 BGHZ 118, 312, 330 zu § 328 Abs. 1 Nr. 4 ZPO; BGHZ 138, 331, 334 f. zu staatsvertraglichem ordre public; BGHZ 123, 268, 270 zu Art. 27 Nr. 1 EuGVÜ; Musielak/*Voit*, § 1061 ZPO Rn. 23, 27 und § 1059 ZPO Rn. 25 iVm Musielak/*Musielak*, § 328 ZPO Rn. 25; *Haas*, S. 241; Handbuch des Sportrechts/*Haas*, Ordner 1, B 2. Kapitel Rn. 217; *Heß* in ZZPInt 1998, S. 457, 472; Thomas/Putzo/*Reichold*, § 1061 ZPO Rn. 6 iVm § 1059 ZPO Rn. 16 iVm Thomas/Putzo/*Hüßtege*, § 328 ZPO Rn. 16; MüKo/*Münch*, § 1059 ZPO Rn. 20, 22, 24; Baumbach/*Hartmann*, § 328 ZPO Rn. 31; Palandt/*Heldrich*, Art. 6 EGBGB Rn. 4; MüKo/*Sonnenberger*, Art. 6 EGBGB Rn. 49; Staudinger/*Blumenwitz*, Art. 6 EGBGB Rn. 108 ff.; *Schwab/Walter*, Kapitel 30 Rn. 20 ff. und Kapitel 24 Rn. 35 ff.

484 BGHZ 22, 24, 28 f. und 118, 312, 330 zu § 328 Abs. 1 Nr. 4 ZPO; BGHZ 22, 162, 167 und 54, 123, 129 zu Art. 30 EGBGB a. F.; BGHZ 27, 249, 254 f. und BGH NJW 1990, 3210, 3211 zu § 1041 Abs. 1 Nr. 2 ZPO a. F.; BGHZ 138, 331, 334 f. zu staatsvertraglichem ordre public; BGHZ 123, 268, 270 zu Art. 27 Nr. 1 EuGVÜ a. F.; etwas unklar in der Formulierung BGHZ 48, 327, 331; *Schwab/Walter*, Kapitel 24 Rn. 33, 38; MüKo/*Sonnenberger*, Art. 6 EGBGB Rn. 57; Staudinger/*Blumenwitz*, Art. 6 EGBGB Rn. 14 und 150; Palandt/*Heldrich*, Art. 6 EGBGB Rn. 3; Musielak/*Voit*, § 1061 ZPO Rn. 27 iVm § 1059 ZPO Rn. 29; MüKo/*Münch*, § 1059 ZPO Rn. 20; Stein/Jonas/*Schlosser*, Anhang § 1061 ZPO Rn. 141; *Haas*, S. 241; Zöller/*Geimer*, § 1061 ZPO Rn. 40 iVm § 1059 ZPO Rn. 74; Baumbach/*Hartmann*, § 328 ZPO Rn. 31.

Einzelfall unter Berücksichtigung des Inlandsbezuges abzustellen[485]. Die elementaren Grundlagen und Mindeststandards des gesellschaftlichen, staatlichen oder wirtschaftlichen Lebens sind entscheidend[486]. Allein die Abweichung von deutschen Normen rechtfertigt nicht die Annahme eines Verstoßes gegen den ordre public[487]. Ein ausländischer echter Schiedsspruch ist nicht schon dann mit dem ordre public unvereinbar, wenn der deutsche Richter – hätte er den Prozess entschieden – aufgrund zwingenden deutschen Rechts zu einem anderen Ergebnis gekommen wäre.

Selbst bei echten Schiedssprüchen bedarf es aufgrund der Prüfung von Amts wegen keiner vorherigen Geltendmachung des materiellen ordre public-Verstoßes im Schiedsverfahren, um eine Präklusion im späteren Verfahren vor einem staatlichen deutschen Gericht zu verhindern[488]. Ebenso wenig bedarf es einer Geltendmachung des materiellen ordre public-Verstoßes durch eine nachträgliche Aufhebungsklage gegen den ergangenen Schiedsspruch im Heimatstaat

---

485 BGHZ 27, 249, 254 f.; *Schwab/Walter*, Kapitel 24 Rn. 38.

486 RGZ 114, 171, 172; 119, 259, 263; BGHZ 22, 24, 28 ff.; 22, 162, 167; 118, 312, 330; 123, 268, 270; 138, 331, 334 f.; BGH NJW 1990, 3210, 3211; *Schwab/Walter*, Kapitel 24 Rn. 37, 38; Musielak/*Voit*, § 1061 ZPO Rn. 23 und § 1059 ZPO Rn. 29; MüKo/*Münch*, § 1059 ZPO Rn. 20; Baumbach/*Hartmann*, § 328 ZPO Rn. 31. *Von Bar/Mankowski*, Bd. I, § 7 Rn. 259, S. 715, sprechen vom „Kernbestand der inländischen Rechtsordnung".

487 BGHZ 54, 123, 129 f.; 118, 312, 330; 123, 268, 270; 138, 331, 334; BGH NJW 1990, 3210, 3211; *Schwab/Walter*, Kapitel 24 Rn. 33, 38; Baumbach/*Hartmann*, § 328 ZPO Rn. 31; Musielak/*Voit*, § 1061 ZPO Rn. 27 iVm § 1059 ZPO Rn. 29 sowie Zöller/*Geimer*, § 1061 ZPO Rn. 40 iVm § 1059 ZPO Rn. 74: Anderenfalls hätte der Gesetzgeber es ausdrücklich geregelt, wie er dies in § 110 Abs. 1 Nr. 2 ArbGG getan hat. Zu den Sonderregelungen der Art. 30, 34 EGBGB hinsichtlich zwingender deutscher Gesetze vergleiche unten bei dd).

488 MüKo/*Münch*, § 1059 ZPO Rn. 21; Baumbach/*Albers*, § 1059 ZPO Rn. 10; BGH MDR 1972, 1018, 1018 („Es kommt nicht darauf an, ob die zur öffentlichen Ordnung gehörenden Normen Gegenstand des Schiedsverfahrens waren oder nicht."). Dies gilt erst recht bei Verbandsschiedssprüchen, wenn das staatliche Gericht gemäß Art. 6 EGBGB prüft, ob seine vorgenommene Anwendung ausländischen Rechts zu einem ordre public-Verstoß führt. Beim verfahrensrechtlichen ordre public hingegen bedarf es der Geltendmachung des Verfahrensfehlers im Schiedsverfahren bzw. durch Rechtsbehelfe und -mittel vor staatlichen Gerichten des Schiedsverfahrensstaates, um den Verfahrensfehler zu beheben, siehe oben II 3 e) aa). Diese Unterscheidung ist darin begründet, dass den Parteien eine Einwirkung auf das Verfahren bis zum Abschluss des Schiedsverfahrens in ihrem eigenen Interesse zugemutet werden kann und muss. Materielle ordre public-Verstöße werden dagegen erst mit Ergehen des Schiedsspruches und nach Abschluss des Verfahrens erkennbar.

des Schiedsspruches, da Art. V UNÜ keinen Anknüpfungspunkt für einen solchen Rügeverlust enthält[489].

Nachfolgend sind Beispiele aufgelistet, die typischerweise einen Verstoß gegen den materiellrechtlichen ordre public begründen.

(1) Grundrechte

Vor allem die deutschen Grundrechte gehören zum Kern des deutschen ordre public[490]. Das macht insbesondere die ausdrückliche Formulierung des Art. 6 S. 2 EGBGB deutlich, die im Gegensatz zu S. 1 keine offensichtliche Unvereinbarkeit fordert.

(a) Mögliche Grundrechte

Im Bereich des Sports kommen hauptsächlich die allgemeine Handlungsfreiheit gemäß Art. 2 Abs. 1 GG und bei Profisportlern das Recht auf freie Berufswahl und -ausübung nach Art. 12 GG in Betracht. Dazu kann das Recht am eingerichteten und ausgeübten Gewerbebetrieb im Sinne des Art. 14 GG gegebenenfalls bei Profisportlern und jedenfalls bei Sportveranstaltern eine Rolle spielen.

Zudem können die in Art. 1 Abs. 1 GG garantierte Menschenwürde sowie das allgemeine Persönlichkeitsrecht gemäß Art. 2 Abs. 1 GG in Verbindung mit Art. 1 Abs. 1 GG und das Recht auf freie Meinungsäußerung nach Art. 5 GG Geltung erlangen. Ebenso kann das in Art. 3 GG enthaltene Recht auf Gleichbehandlung von besonderer Bedeutung sein, falls ein Sportgericht gleichgelagerte Fälle ohne sachlich gerechtfertigten Grund unterschiedlich behandelt.

---

489 OLG Schleswig RIW 2000, 706, 708; Thomas/Putzo/*Reichold*, § 1061 ZPO Rn. 2; *Geimer*, Rn. 3907 f.; Zöller/*Geimer*, § 1061 ZPO Rn. 29; Stein/Jonas/*Schlosser*, Anhang § 1061 ZPO Rn. 75. Insoweit besteht kein Unterschied zum verfahrensrechtlichen ordre public, siehe oben unter II 3 e) aa).
Die Ausführungen betreffen nur ein echtes Schiedsverfahren: Bei einem Verbandsschiedsverfahren und einer Prüfung des ordre public nach Art. 6 EGBGB kommt eine Aufhebungsklage im Schiedsverfahrensstaat mangels eines echten Schiedsspruches von vornherein nicht in Betracht.

490 So auch die Formulierung der Begründung des Entwurfes eines Gesetzes zur Neuregelung des Schiedsverfahrensrechts, BT-Drucksache 13/5274, Bd. 561, S. 59; Palandt/*Heldrich*, Art. 6 EGBGB Rn. 7; Staudinger/*Blumenwitz*, Art. 6 EGBGB Rn. 133; Thomas/Putzo/*Reichold*, § 1061 ZPO Rn. 6 iVm § 1059 ZPO Rn. 16 iVm Thomas/Putzo/*Hüßtege*, § 328 ZPO Rn. 17; Baumbach/*Albers*, § 1059 ZPO Rn. 10; MüKo/*Münch*, § 1059 ZPO Rn. 20; *Heß* in ZZPInt 1998, S. 457, 474; *ders.* in Aktuelle Rechtsfragen, S. 1, 44; *Prokop* in 2. Internationaler Sportrechtskongress, S. 140, 149; Handbuch des Sportrechts/*Haas*, Ordner 1, B 2. Kapitel Rn. 217.

Grundrechte oder vergleichbare Menschenrechte ergeben sich nicht nur aus dem Grundgesetz und den Verfassungen der Länder, sondern auch aus den menschenrechtlichen Übereinkommen wie vor allem der EMRK[491].

(b) Abwägung

Um einen ordre public-Verstoß aufgrund einer Grundrechtsbeeinträchtigung zu bejahen, ist in der Regel eine Abwägung mit den Grundrechten anderer zum Zweck der praktischen Konkordanz erforderlich[492]. Grundrechte anderer sind zum Beispiel die der anderen Sportler oder die Vereinigungsfreiheit der internationalen Sportverbände, die in Art. 11 EMRK, Art. 12 der EU-Grundrechtscharta bzw. Art. II-72 des Entwurfes einer EU-Verfassung und in Art. 20 der Allgemeinen Erklärung der Menschenrechte durch die Generalversammlung der Vereinten Nationen garantiert ist[493]. Rechtfertigen Grundrechte anderer den vorliegenden Grundrechtseingriff, liegt keine Grundrechtsverletzung und damit kein Verstoß gegen den ordre public vor.

Im Rahmen der Abwägung zwischen grundgesetzlichen und menschenrechtlichen Grundfreiheiten bzw. der Frage, ob ein unverhältnismäßiger Eingriff in ein Grundrecht oder Menschenrecht vorliegt, ist insbesondere das internationale Interesse an der weltweiten Vergleichbarkeit sportlicher Leistungen und an der Chancengleichheit aller Sportler zu berücksichtigen, und zwar sowohl beim ordre public national als auch international. Dieses die Attraktivität des Sports begründende Interesse haben letztlich alle am Sport unmittelbar und mittelbar Beteiligten: Verbände, Vereine, Sportler, Veranstalter, Zuschauer, Sponsoren usw.

(c) Maßstab für eine Grundrechtsverletzung

Je weniger streng die Kontrollintensität für den ordre public-Verstoß ist, sei es wegen der Je-desto-Formel hinsichtlich eines geringen Inlandsbezuges oder bzw. und wegen des Maßstabes des ordre public international, desto höhere Anforde-

---

491 Begründung des Gesetzentwurfes der Bundesregierung zur Neuregelung des Internationalen Privatrechts, BT-Drucksache 10/504, Bd. 296, S. 44; Palandt/*Heldrich*, Art. 6 EGBGB Rn. 7; Staudinger/*Blumenwitz*, Art. 6 EGBGB Rn. 139; Thomas/Putzo/*Reichold*, § 1061 ZPO Rn. 6 iVm § 1059 ZPO Rn. 16 iVm Thomas/Putzo/*Hüßtege*, § 328 ZPO Rn. 17 mwN; Stein/Jonas/*Schlosser*, Anhang § 1061 ZPO Rn. 144.

492 *Von Bar/Mankowski*, Bd. I, § 7 Rn. 262, S. 716 f.

493 *Vieweg*, S. 282 und S. 308 f., lässt die internationalen Verbände am Grundrechtsschutz der deutschen Mitgliedsverbände nach Art. 9 Abs. 1 GG teilhaben, da sonst die internationale Komponente der Verbandsautonomie der deutschen Sportverbände ausgehöhlt werde.

rungen sind an die Annahme einer Grundrechtsverletzung und somit einen ordre public-Verstoß zu stellen[494]. Auch wenn Art. 6 S. 2 EGBGB nicht eine offensichtliche Unvereinbarkeit wie nach S. 1 verlangt, widerspricht dennoch nicht jede Rechtsanwendung, die bei einem Inlandsfall grundrechtswidrig wäre, der deutschen öffentlichen Ordnung[495]. Vor allem beim ordre public international bedarf es gegebenenfalls einer Verletzung elementarer Bestandteile oder Garantien eines Grundrechts bzw. allgemein anerkannter Menschenrechte, um eine Grundrechtsverletzung zu bejahen[496].

Entsprechend dem sogenannten Spanierbeschluss des BVerfG ist dabei im Rahmen des ordre public nicht zwischen tragbaren und untragbaren Grundrechtsverletzungen zu unterscheiden[497]. Jede Grundrechtsverletzung löst das Eingreifen des deutschen ordre public aus. Das rechte Maß für eine Grundrechtsverletzung im konkreten Fall ergibt sich aber wiederum aus der Prüfung, ob und wieweit das betroffene Grundrecht nach Wortlaut, Inhalt und Funktion unter Berücksichtigung der Gleichstellung anderer Staaten und der Eigenständigkeit ihrer Rechtsordnungen für auslandsbezogene Sachverhalte überhaupt Geltung erlangt und ob es bei Sachverhalten mit mehr oder weniger intensiver Auslandsbeziehung eine Differenzierung zulässt oder verlangt[498]. Der Prüfungsmaßstab für einen ordre public-Verstoß wird folglich auf die Prüfung, ob eine Grundrechtsverletzung vorliegt, übertragen[499].

---

494 BVerfGE 31, 58, 77 und 86 f.; BGHZ 60, 68, 78 f.; Staudinger/*Blumenwitz*, Art. 6 EGBGB Rn. 134, besonders deutlich in Rn. 138; MüKo/*Sonnenberger*, Art. 6 EGBGB Rn. 53; *von Bar/Mankowski*, Bd. I, § 7 Rn. 264, S. 717; Begründung des Gesetzentwurfes der Bundesregierung zur Neuregelung des Internationalen Privatrechts, BT-Drucksache 10/504, Bd. 296, S. 44.

495 BVerfGE 31, 58, 77; Begründung des Gesetzentwurfes der Bundesregierung zur Neuregelung des Internationalen Privatrechts, BT-Drucksache 10/504, Bd. 296, S. 44; Palandt/*Heldrich*, Art. 6 EGBGB Rn. 7; Staudinger/*Blumenwitz*, Art. 6 EGBGB Rn. 137.

496 MüKo/*Gottwald*, § 328 ZPO Rn. 93; Staudinger/*Blumenwitz*, Art. 6 EGBGB Rn. 139.

497 BVerfGE 31, 58, 86 f.; Begründung des Gesetzentwurfes der Bundesregierung zur Neuregelung des Internationalen Privatrechts, BT-Drucksache 10/504, Bd. 296, S. 44; Staudinger/*Blumenwitz*, Art. 6 EGBGB Rn. 134; MüKo/*Sonnenberger*, Art. 6 EGBGB Rn. 53.

498 BVerfGE 31, 58, 77 und 86 f.; BGHZ 60, 68, 78 f.; ebenso: Staudinger/*Blumenwitz*, Art. 6 EGBGB Rn. 134, besonders deutlich in Rn. 138; MüKo/*Sonnenberger*, Art. 6 EGBGB Rn. 53; *von Bar/Mankowski*, Bd. I, § 7 Rn. 264, S. 717; Begründung des Gesetzentwurfes der Bundesregierung zur Neuregelung des Internationalen Privatrechts, BT-Drucksache 10/504, Bd. 296, S. 44.

499 Staudinger/*Blumenwitz*, Art. 6 EGBGB Rn. 138 a. E.

Ob ein Eingriff in den Schutzbereich eines Grundrechts vorliegt, hängt somit vom jeweiligen Einzelfall ab: Je mehr Geltung das Grundrecht trotz der Auslandsberührung verlangt und je größer damit die Kontrollintensität ist, desto eher ist der Schutzbereich eröffnet. Gleiches gilt für die Anforderungen an die Rechtfertigungsgründe für den Eingriff: Je mehr Geltung das Grundrecht trotz der Auslandsberührung verlangt und je größer damit die Kontrollintensität ist, desto höher sind die Anforderungen an die rechtfertigenden Gründe.

(2) Europarechtliche Grundfreiheiten und Partnerschaftsabkommen

Zu den wesentlichen Grundzügen des deutschen Rechts gehören die europarechtlichen Grundfreiheiten (Freizügigkeit der Arbeitnehmer, freier Waren-, Dienstleistungs- und Kapitalverkehr)[500]. Vor allem die Freizügigkeit der Arbeitnehmer und die Niederlassungs- und Dienstleistungsfreiheit sind zu beachten, Art. 39, 43, 49 ff. EGV, Art. 15 EU-Grundrechtscharta bzw. Art. II-75 und II-105 des Entwurfes einer EU-Verfassung[501].

---

500 *Prokop* in 2. Internationaler Sportrechtskongress, S. 140, 149; *Heß* in ZZPInt 1998, S. 457, 474; PHBSportR/*Pfister* 6/130; MüKo/*Sonnenberger*, Art. 6 EGBGB Rn. 67; *von Bar/Mankowski*, Bd. I, § 7 Rn. 271, S. 722; Musielak/*Voit*, § 1061 ZPO Rn. 27 iVm § 1059 ZPO Rn. 29.
Vergleiche auch die allgemeinen Überblicke zum Verhältnis von Sport und Europarecht in: PHBSportR/*Summerer* 7/1 ff., insbesondere 7/85 ff.; Handbuch des Sportrechts/*Haas*, Ordner 1, B 2. Kapitel Rn. 46 ff., 217; *Streinz* in SpuRt 1998, S. 1 ff., S. 45 ff. und S. 89 ff.

501 Zur Freizügigkeit von Berufssportlern vergleiche vor allem die Bosman-Entscheidung des EuGH in NJW 1996, 505 ff. Allgemein und ausführlich zum Schutz der Sporttreibenden durch die Grundfreiheiten des EGV: PHBSportR/*Summerer* 7/85 ff.; Handbuch des Sportrechts/*Haas*, Ordner 1, B 2. Kapitel Rn. 46 ff.; *Nolte*, S. 289 ff., S. 296 ff. und S. 314 ff.; *ders.* in Sport und Recht, S. 33 ff. Der Entwurf der EU-Verfassung nennt den Sport in Art. I-17 und Art. III-282. Art. I-17 begründet die Zuständigkeit der EU für die Durchführung von Unterstützungs-, Koordinierungs- oder Ergänzungsmaßnahmen im Bereich des Sports. Art. III-282 führt dazu inhaltlich u. a. aus: „Die Union trägt unter Berücksichtigung der besonderen Merkmale des Sports, seiner auf freiwilligem Engagement basierenden Strukturen und seiner sozialen und pädagogischen Funktion zur Förderung der europäischen Aspekte des Sports bei. Die Tätigkeit der Union hat folgende Ziele: […] g) Entwicklung der europäischen Dimension des Sports durch Förderung der Fairness und der Offenheit von Sportwettkämpfen und der Zusammenarbeit zwischen den für den Sport verantwortlichen Organisationen sowie durch den Schutz der körperlichen und seelischen Unversehrtheit der Sportler, insbesondere der jungen Sportler." Der Text des Entwurfes einer EU-Verfassung ist zu finden unter: http://europa.eu.int/constitution/print_de.htm.

Im Verhältnis zu Nicht-EU-Ausländern erlangen die europarechtlichen Grundfreiheiten aufgrund von Assoziierungs- und Partnerschaftsabkommen der EU mit Nicht-EU-Staaten Bedeutung[502].

Voraussetzung für eine Anwendbarkeit der Grundfreiheiten ist, dass sich der zugrunde liegende sportliche Sachverhalt als Teil des Wirtschaftslebens im Sinne des Art. 2 EGV darstellt[503]. Rein sportliche Regeln wie die Spielregeln im engeren Sinne[504], die allein der Wahrung des Sportgeistes dienen und somit keinen wirtschaftlichen Zweck verfolgen, unterfallen nicht den Bestimmungen des EGV, soweit ihr Zweck dies erfordert[505].

Eine Beeinträchtigung der europarechtlichen Grundfreiheiten kann aus zwingenden Gründen des Allgemeininteresses unter Beachtung des Verhältnismäßigkeitsgrundsatzes und des Diskriminierungsverbotes als Schranken-Schranken gerechtfertigt sein[506]. Diese Rechtfertigungsgründe, die die Schranken im Rahmen

---

502 Vergleiche zuletzt EuGH vom 12.04.2005, SpuRt 2005, 155 ff., im Fall des russischen Fußballprofis Simutenkow gegen den spanischen Fußballverband RFEF hinsichtlich Erteilung einer Spielgenehmigung ohne Beschränkung wegen Nicht-EU-Staatsangehörigkeit: Eine Regelung, die die Erteilung der Spielgenehmigung von der Nicht-EU-Staatsangehörigkeit abhängig macht, beeinträchtige das durch das Partnerschaftsabkommen zwischen den Europäischen Gemeinschaften und Russland verbriefte Recht auf Gleichbehandlung hinsichtlich der Arbeitsbedingungen und betreffe den Kern der von Profisportlern ausgeübten Tätigkeit, ohne durch sportliche Erwägungen gerechtfertigt zu sein (EuGH aaO Rn. 36, 38). Ebenso EuGH vom 08.05.2003, SpuRt 2003, 153 ff. (Deutscher Handballbund gegen den Slowaken Kolpak) zum Assoziierungsabkommen der Europäischen Gemeinschaften mit der Slowakischen Republik. *Engelbrecht* in SpuRt 2005, S. 192 ff., kommt für das sogenannte Cotonou- oder auch AKP-Abkommen zwischen den Europäischen Gemeinschaften und einer Gruppe von Staaten in Afrika, im Karibischen Raum und im Pazifischen Ozean zu einer anderen Bewertung.

503 EuGH, Slg. 1974, 1405 ff., Rn. 4/10 (Walrave und Koch); EuGH NJW 1996, 505, 508 (Rn. 73) (Bosman); EuGH SpuRt 2005, 20, 20 f. mwN; *Schroeder* in SpuRt 2005, S. 23, 23; PHBSportR/*Summerer* 7/46 ff.; Handbuch des Sportrechts/*Haas*, Ordner 1, B 2. Kapitel Rn. 47; *Streinz*, Rn. 790. Allgemein zu den Bereichsausnahmen in Abgrenzung von den Schranken der Grundfreiheiten: *Streinz*, Rn. 824 ff.

504 Vergleiche zum Begriff oben II 2 a) aa) (1).

505 EuGH SpuRt 2005, 20 ff.; NJW 1996, 505, 509 (Rn. 76) (Bosman); *Schroeder* in SpuRt 2005, S. 23, 23; Handbuch des Sportrechts/*Haas*, Ordner 1, B 2. Kapitel Rn. 53; *Adolphsen* in IPRax 2000, S. 81, 84; PHBSportR/*Summerer* 7/52. Beispielsweise unterliegen danach Regeln zur Aufstellung von Nationalmannschaften nicht dem Wirtschaftsleben.

506 EuGH NJW 1996, 505, 510 f. (Bosman); PHBSportR/*Summerer* 7/104; Handbuch des Sportrechts/*Haas*, Ordner 1, B 2. Kapitel Rn. 61; *Steiner*, S. 36 ff.; *Schroeder* in SpuRt 2005, S. 23, 24 spricht von „sachlich begründeten Maßnahmen der Sportverbände“. Allgemein zu den von der Rechtsprechung des EuGH entwickelten Schran-

des grundsätzlich zu verwirklichenden Schutzes der Grundfreiheiten bilden, sind die Rechte anderer, u. a. die ebenfalls europarechtlich garantierte Selbstbestimmung der Vereine und Verbände, und insbesondere das Interesse aller am Sport Beteiligten an der weltweiten Vergleichbarkeit und Chancengleichheit[507].

Auch in diesen Fällen ist ein Inlandsbezug zu Deutschland erforderlich.

(3) Kartell- und wettbewerbsrechtliche Mindeststandards

Zum deutschen ordre public gehören die kartell- und wettbewerbsrechtlichen Mindeststandards. Dazu zählen sowohl die deutschen kartell- und wettbewerbsrechtlichen Standards des GWB und UWG, vor allem §§ 1, 19 und 20 GWB[508], als auch diejenigen des EGV, vor allem Art. 81 und 82 EGV[509].

Aufgrund der Monopolstellung der Verbände liegen kartell- und wettbewerbsrechtliche Probleme nahe. Ein Kartell- bzw. Wettbewerbsverstoß kann allerdings durch das Interesse des internationalen Sports an weltweiter Vergleich-

---

ken und zu etwaigen Differenzierungen bei den einzelnen Grundfreiheiten: *Streinz*, Rn. 827 ff.

507 Handbuch des Sportrechts/*Haas*, Ordner 1, B 2. Kapitel Rn. 52, 61; *Schroeder* in SpuRt 2005, S. 23, 24; EuGH NJW 1996, 505, 510 f. (Bosman); *Steiner*, S. 36 ff.; *Streinz* in SpuRt 2000, S. 221, 225 ff.

508 Abgesehen vom notwendigen Inlandsbezug stellt § 130 Abs. 2 GWB den Anwendungsbereich auf alle Wettbewerbsbeschränkungen, die sich im Geltungsbereich des GWB auswirken, klar. Sobald eine Auswirkung im Geltungsbereich des GWB vorliegt, ist dann auch der Anwendungsbereich des ordre public eröffnet. Internationale sowie nationale Verbände, Vereine und Profisportler sind dabei als Unternehmer und/oder als Vereinigung von Unternehmen im Sinne des GWB zu betrachten, vergleiche: LG München I SpuRt 2000, 155, 157 (Roberts) und OLG München SpuRt 2003, 199, 200 (Roberts); OLG Dresden SpuRt 2004, 74, 75 (Balzer); BGHZ 137, 297, 303 ff. (Fernsehübertragung von Europapokalspielen); 101, 100, 102 ff. (Gekoppelter Kartenverkauf durch Fußballbundesligaverein); *Menzel* in WRP 2002, S. 810, 811.

509 BGH GRUR 1969, 501, 503; *Heß* in ZZPInt 1998, S. 457, 473 f.; MüKo/*Gottwald*, Art. V UNÜ Rn. 60; MüKo/*Münch*, § 1059 ZPO Rn. 24; Stein/Jonas/*Schlosser*, Anhang § 1061 ZPO Rn. 148; *Schwab/Walter*, Kapitel 24 Rn. 44 und 45 sowie Kapitel 30 Rn. 22; Musielak/*Voit*, § 1061 ZPO Rn. 27 iVm § 1059 ZPO Rn. 31; *Adolphsen*, S. 656 ff.; *Oschütz*, S. 340; Handbuch des Sportrechts/*Haas*, Ordner 1, B 2. Kapitel Rn. 217; PHBSportR/*Pfister* 6/130; Immenga/Mestmäcker/*Rehbinder*, § 130 Abs. 2 GWB Rn. 322. Zum Verhältnis des GWB zu Art. 81 und 82 EGV siehe auch § 22 GWB n. F. Vergleiche zudem die allgemeinen Ausführungen zum Einfluss des europarechtlichen Wettbewerbs- und Kartellrechts der Art. 81 ff. EGV auf den Sport mit konkreten Einzelbeispielen (Ausländerklauseln, Transferregeln, Übertragungsrechte, Vermarktungsbeschränkungen bzw. zentrale Vermarktung von Fernsehrechten): PHBSportR/*Summerer* 7/117 ff. und Handbuch des Sportrechts/*Haas*, Ordner 1, B 2. Kapitel Rn. 54 ff.

barkeit und Chancengleichheit gerechtfertigt sein[510]. Nach deutschem Recht könnte in einem solchen Falle ein sachlich gerechtfertigter Grund im Sinne des § 19 Abs. 4 Nr. 1 GWB bzw. eine nicht unbillige Behinderung im Sinne des § 20 Abs. 1 GWB vorliegen[511].

Hinsichtlich des europarechtlichen Schutzes nimmt der EuGH beispielsweise die Regelungen des Anti-Doping Codes der Olympischen Bewegung aus dem Anwendungsbereich der Art. 81, 82 EGV heraus, da sie keinen wirtschaftlichen Zweck verfolgen, sondern der Wahrung des Sportgeistes dienen würden und damit nicht dem Wirtschaftsleben im Sinne des Art. 2 EGV und somit nicht dem Wettbewerbsrecht der EU unterfielen[512]. Sind die Bestimmungen daher wettbewerbsrechtlich neutral und können Grundlage für eine Sperre sein, kann sich im Einzelfall dennoch ein Verstoß gegen den Verhältnismäßigkeitsgrundsatz ergeben[513].

---

510 Zur zentralen Vermarktung von Rechten an Fernsehübertragungen siehe die explizite Regelung des § 31 GWB a. F.

511 In diesem Sinne auch Immenga/Mestmäcker/*Rehbinder*, § 130 Abs. 2 GWB Rn. 323 mwN: „[...] wird man davon ausgehen können, dass die Überprüfung ausländischer Schiedssprüche mit dem Ziel, eine Umgehung inländischen Kartellrechts zu verhindern, nicht immer erfolgreich sein wird".

512 EuGH SpuRt 2005, 20 ff.; Handbuch des Sportrechts/*Haas*, Ordner 1, B 2. Kapitel Rn. 53; PHBSportR/*Summerer* 7/52. Vergleiche zu den rein sportlichen Regeln bereits die Ausführungen oben unter (2) zu den Grundfreiheiten.
Während der EuGH auf diese Weise bereits die Tatbestandsmäßigkeit verneint, ließe sich das gleiche Ergebnis bei Bejahung der Tatbestandsmäßigkeit aber Rechtfertigung durch die zum Teil auch ungeschriebenen Rechtfertigungsgründe – wie bei den Grundfreiheiten soeben allgemein unter (2) dargestellt (aus zwingenden Gründen des Allgemeininteresses) oder wie oben bei den deutschen Grundrechten ausgeführt – erreichen, vergleiche: *Schroeder* in SpuRt 2005, S. 23, 24 und Handbuch des Sportrechts/*Haas*, Ordner 1, B 2. Kapitel Rn. 52, 61. Diese Rechtfertigungsgründe, die die Schranken im Rahmen des grundsätzlich zu verwirklichenden Schutzes des Marktes bzw. der Grundfreiheiten bilden, sind die Rechte anderer (u. a. die ebenfalls europarechtlich garantierte Selbstbestimmung der Vereine und Verbände) und insbesondere das Interesse aller am Sport Beteiligten an der weltweiten Vergleichbarkeit und Chancengleichheit (Handbuch des Sportrechts/*Haas*, Ordner 1, B 2. Kapitel Rn. 52, 61). Diese Konzeption erscheint wegen der Unbestimmtheit des Begriffes der rein sportlichen Regeln, die keinen wirtschaftlichen Zweck verfolgen, vorzugswürdig, zumal eine Abgrenzung von wirtschaftlichem und sportlichem Zweck in den meisten Fällen und insbesondere bei der Dopingproblematik kaum trennscharf möglich ist.

513 Ähnlich BGHZ 36, 105, 114.

(4) Verhältnismäßigkeitsgrundsatz

Bestandteil des ordre public ist ferner der rechtsstaatliche Verhältnismäßigkeitsgrundsatz, wie bei den Fragen, ob ein unverhältnismäßiger Eingriff in ein Grundrecht oder eine europarechtliche Grundfreiheit oder ob ein Kartellverstoß vorliegt, bereits erwähnt. Der Schiedsspruch bzw. seine Anerkennung verstößt gegen den ordre public, wenn das gewählte Mittel nicht in angemessener Relation zum angestrebten Zweck steht[514].

(5) Gute Sitten

Materielle ordre public-Verstöße bestehen ebenfalls bei gegen die guten Sitten verstoßenden Schiedssprüchen oder bei Schiedssprüchen, die offensichtlich sittenwidrige oder wucherische Rechtsgeschäfte bestätigen oder die durch Prozessbetrug erlangt sind[515]. Der Begriff der guten Sitten ist inhaltlich genauso zu verstehen wie in §§ 138, 826 BGB[516]. Damit verstößt ein Schiedsspruch gegen die guten Sitten, falls er mit dem Anstandsgefühl aller billig und gerecht Denkenden in offensichtlichem Widerspruch steht[517]. Wann ein solcher offensichtlicher Widerspruch anzunehmen ist, ist wiederum je nach der Prüfungsintensität, die mit Rücksicht auf den Inlandsbezug und den nationalen oder internationalen ordre public anzulegen ist, einzelfallabhängig.

---

514 BGHZ 118, 312, 349; Baumbach/*Hartmann*, Art. V UNÜ Rn. 2 iVm § 1059 ZPO Rn. 11 iVm § 328 ZPO Rn. 45; MüKo/*Sonnenberger*, Art. 6 EGBGB Rn. 61; *Heß* in ZZPInt 1998, S. 457, 474; OLG Köln zu ordre public nach § 1059 ZPO, zitiert bei BGH SpuRt 2004, 159, 160 (Landseer-Hunde); OLG München SpuRt 1996, 133, 138 und NJWE-VHR 1996, 96, 103 (Krabbe), ohne allerdings auf Art. 6 EGBGB einzugehen.

515 Begründung des Gesetzentwurfes der Bundesregierung zur Neuregelung des Internationalen Privatrechts, BT-Drucksache 10/504, Bd. 296, S. 43; OLG Frankfurt/Main SpuRt 2003, 79, 82 (Lizenzierung für 2. Fußballbundesliga); MüKo/*Sonnenberger*, Art. 6 EGBGB Rn. 63; Staudinger/*Blumenwitz*, Art. 6 EGBGB Rn. 108 ff.; Baumbach/*Albers*, § 1059 ZPO Rn. 11; *Schwab/Walter*, Kapitel 24 Rn. 36; Musielak/*Voit*, § 1061 ZPO Rn. 27; MüKo/*Gottwald*, Art. V UNÜ Rn. 60 und § 328 ZPO Rn. 96; Thomas/Putzo/*Reichold*, § 1059 ZPO Rn. 17 iVm § 1060 ZPO Rn. 2. Hinsichtlich eines Prozessbetruges kann bereits ein Restitutionsgrund vorliegen, vergleiche allgemein zum Restitutionsgrund oben unter II 3 e) aa) (5).

516 Begründung des Gesetzentwurfes der Bundesregierung zur Neuregelung des Internationalen Privatrechts, BT-Drucksache 10/504, Bd. 296, S. 43; MüKo/*Sonnenberger*, Art. 6 EGBGB Rn. 63; Staudinger/*Blumenwitz*, Art. 6 EGBGB Rn. 114 f.; Stein/Jonas/*Roth*, § 328 ZPO Rn. 126.

517 *Schwab/Walter*, Kapitel 24 Rn. 36.

(6) Bestimmtheitsgrundsatz

Weiterhin zählt der für staatliche Gerichte in Art. 103 Abs. 2 GG normierte und im Übrigen aus dem Rechtsstaatsprinzip abzuleitende Bestimmtheitsgrundsatz (nulla poena sine lege) zum deutschen ordre public[518]. Dementsprechend verstößt ein Schiedsspruch gegen den ordre public, wenn sich für die ausgesprochene Rechtsfolge – vor allem bei Strafen – keine oder keine hinreichend bestimmte Grundlage im Regelwerk des Verbandes findet, anhand derer der betroffene Sportler bzw. Verein oder Verband die Konsequenzen seines Verhaltens absehen konnte[519].

(7) Rückwirkungsverbot

Auch das aus dem Rechtsstaatsprinizip folgende Rückwirkungsverbot ist Bestandteil der deutschen öffentlichen Ordnung[520]. Ändert ein Verband nachträglich seine Regeln, ist von einem Verstoß gegen den ordre public auszugehen, wenn die Regeländerung auf zeitlich zuvor stattgefundene Sachverhalte Anwendung finden soll und es sich um eine Sanktionsnorm handelt.

(8) Verbot der Doppelbestrafung

Außerdem ist das für staatliche Strafgerichte in Art. 103 Abs. 3 GG normierte und im Übrigen im Rechtsstaatsprinzip begründete Verbot der Doppelbestrafung

---

518 *Ulmer* in 2. Internationaler Sportrechtskongress, S. 281, 284 ff.; *Grunsky* in WFV 38, S. 15, 22; OLG Frankfurt/Main SpuRt 2001, 159, 161 f. (Baumann) hinsichtlich der Entscheidungskompetenz des internationalen Verbandes; OLG München NJWE-VHR 1996, 96, 102 (Krabbe) in Bezug auf Art. V UNÜ und 102 ff., allerdings unter Anwendung deutschen Rechts und ohne auf Art. 6 EGBGB einzugehen; ebenso LG München I SpuRt 1996, 161, 166 (Krabbe), ohne allerdings Art. V UNÜ zu nennen, und 167, ohne allerdings auf Art. 6 EGBGB einzugehen. Allgemein zum rechtsstaatlichen Bestimmtheitsgebot: Jarass/Pieroth/*Jarass*, Art. 20 GG Rn. 60 ff.; von Münch/Kunig/*Schnapp*, Art. 20 GG Rn. 29.

519 Zu generalklauselartigen Umschreibungen des Fehlverhaltens vergleiche bereits die obigen Ausführungen zur Anwendung der deutschen Rechtsordnung unter II 2 a) aa) (2) (c) (cc). Auch die Verfahrensregeln, die das Sportgericht anwendet, müssen hinreichend bestimmt sein. Dies gehört zum verfahrensrechtlichen ordre public unter dem Gesichtspunkt des fairen Verfahrens.

520 *Kropholler*, § 21 I 2 c, S. 147; *Summerer*, S. 152. Allgemein zum rechtsstaatlichen Rückwirkungsverbot: Jarass/Pieroth/*Jarass*, Art. 20 GG Rn. 67 ff.; von Münch/Kunig/*Schnapp*, Art. 20 GG Rn. 31.

(ne bis in idem) Bestandteil des deutschen ordre public[521]. Hat bereits ein nationales Sportgericht eine Sperre ausgesprochen, verstößt der Ausspruch einer weiteren Sperre durch ein internationales Sportgericht basierend auf dem gleichen Sachverhalt und nach Ablauf der ersten Sperre gegen das Verbot der Doppelbestrafung. Dies ist nicht mit dem Fall zu verwechseln, dass in einem Berufungsverfahren, das sich im Rahmen der internationalen Verbandshierarchie an das Verfahren erster Instanz anschließt, die Sanktion verschärft wird.

Für das Verhältnis zwischen staatlicher Strafgerichtsbarkeit und Sportgerichtsbarkeit hingegen gilt das Verbot der Doppelbestrafung nach herrschender Meinung nicht[522].

(9) Arbeitsrechtliche Prinzipien

Des Weiteren können grundlegende arbeitsrechtliche Prinzipien zum Inhalt des deutschen ordre public zählen[523]. Es ist allerdings zu beachten, dass im Verhältnis vom Verband zum Sportler kein Arbeitsverhältnis oder ein ähnliches Verhältnis anzunehmen ist, das die Anwendung arbeitsrechtlicher Vorschriften erfordert. Ein Arbeitsverhältnis besteht allenfalls zwischen dem Profisportler als Arbeitnehmer und seinem Verein als Arbeitgeber[524].

---

521 MüKo/*Reuter*, § 25 BGB Rn. 48; *Lehner* in 2. Internationaler Sportrechtskongress, S. 273, 275 f.; *Reschke* in SpuRt 2001, S. 183, 184; LG München I SpuRt 1995, 161, 167 (Krabbe) wendet diesen Grundsatz zwar an, geht aber auf die Herleitung über Art. 6 EGBGB nicht ein, vergleiche: *Pfister* in SpuRt 1995, S. 250, 250. Allgemein zum Doppelbestrafungsverbot: Jarass/Pieroth/*Pieroth*, Art. 103 GG Rn. 59 iVm Jarass/Pieroth/*Jarass*, Art. 20 GG Rn. 98 ff. Wie der Vergleich zur Kontrolle nach deutscher Rechtsordnung zeigt (siehe unter II 2 a) aa) (2) (b)), kann man diesen Grundsatz ebenso unter rechtsstaatlichen Verfahrensanforderungen einordnen. Die Einordnung kann letztlich dahinstehen, da im Ergebnis unabhängig von der Einordnung jeweils ein ordre public-Verstoß anzunehmen ist. Zwar wäre ein Verfahrensfehler im Schiedsverfahren bereits geltend zu machen. Bei einer Doppelbestrafung ist aber davon auszugehen, dass dies für alle Beteiligten im Schiedsverfahren offensichtlich ist.

522 Entgegen der herrschenden Meinung erwogen von *Reinhart* in SpuRt 2001, S. 45 ff. und S. 184 f. und mwN für die herrschende Meinung kritisiert von: *Fahl* in SpuRt 2001, S. 181 ff.; *Reschke* in SpuRt 2001, S. 183 f. und *Steiner*, S. 18.

523 BAGE 27, 99, 112 f. zu Kündigungsfristen; BAG DB 1990, 1666 zu Ausschluss eines Kündigungsschutzes zu Beginn der Beschäftigungszeit; BAG IPRax 1994, 123, 129 zu § 613 a BGB; Staudinger/*Blumenwitz*, Art. 6 EGBGB Rn. 130; *Reuter* in RuS 7, S. 53, 63 f. und 70.

524 So zum Lizenzfußballspieler BAG vom 16.01.1971 AP Nr. 29 zu § 138 BGB mit Anmerkung *Schmidt* ebendort, Bl. 433; BAG vom 17.01.1979 AP Berufssport Nr. 2 zu § 611 BGB; *Haas* in Akademieschrift 49, S. 57, 63 ff.; *Heß* in Aktuelle Rechtsfragen, S. 1, 25 f.; *Oschütz*, S. 162 ff.; ders. in RuS 31, S. 43, 48 ff.; Hilpert in RdA

Der übergeordnete Verband ist auch nicht in einer arbeitgeberähnlichen Position oder ein Teilarbeitgeber[525]. Denn der internationale Verband spricht in seiner Funktion als Hüter und Durchsetzer der Verbandsregeln im Interesse aller am Sport Beteiligten zwecks weltweiter Vergleichbarkeit und Chancengleichheit auch Sanktionen und Sperren gegen die Sportler aus. Das Interesse eines Arbeitgebers wäre es indessen, dass keine Sperre ausgesprochen wird, da bei einer Sperre die Arbeitskraft nicht zur Verfügung steht.[526] Zudem schuldet der Sportler dem Verband keinerlei Arbeitsleistungen[527]. Ein hinreichender Schutz der

---

1997, S. 92, 94 ff.; PHBSportR/*Fritzweiler* 3/15 f. mwN. Die angegebene Literatur arbeitet auch heraus, dass eine Arbeitnehmereigenschaft aufgrund des Erfordernisses der Fremdbestimmung und persönlichen Abhängigkeit im Mannschaftssport eher zu bejahen ist als in Individualsportarten.

525 So mittlerweile herrschend: MüKo/*Reuter*, § 25 BGB Rn. 30, 59; *Reuter* in DZWir 1996, S. 1, 5 f.; *ders.* in RuS 7, S. 53, 63 f.; *Adolphsen* in IPRax 2000, S. 81, 81 f.; *Hilpert* in RdA 1997, S. 92, 96; Handbuch des Sportrechts/*Haas*, Ordner 1, B 2. Kapitel Rn. 160 ff.; *Haas* in Akademieschrift 49, S. 57, 74; *Schlosser* in FS Zeuner, S. 467, 473 ff.; *Oschütz*, S. 166 f.; *ders.* in RuS 31, S. 43, 51 f.; *Sengle* in FS Röhricht, S. 1205, 1220. Daher stehen §§ 4, 101 Abs. 3 ArbGG einem echten Schiedsverfahren zwischen Verband und Sportler nicht entgegen. Verbandsschiedsverfahren werden ohnehin nicht durch § 101 Abs. 3 ArbGG ausgeschlossen, da es sich nicht um echte Schiedsverfahren handelt. Wird eine arbeitsrechtliche Streitigkeit, zum Beispiel zwischen Spieler oder Trainer und Verein, von einem echten Schiedsgericht entschieden, ist gemäß Art. V Abs. 1 a) UNÜ für die Wirksamkeit der Schiedsvereinbarung das Recht entscheidend, das auf den Schiedsvertrag anzuwenden ist. Falls dies ein ausländisches Recht ist, das die Schiedsfähigkeit arbeitsrechtlicher Streitigkeiten anerkennt, ist dies zu respektieren. Einem echten Schiedsspruch steht dann bei einem ausländischen Arbeitsvertragsstatut Art. V Abs. 2 a) UNÜ nicht entgegen, nach dem die Anerkennung zu versagen ist, wenn der Steitgegenstand nach dem Recht des Anerkennungsstaates nicht auf schiedsrichterlichem Wege geregelt werden kann. Denn die §§ 4, 101 Abs. 3 ArbGG bezwecken stärkere Rechtssicherheit und einheitliche Anwendung deutschen und nicht ausländischen Arbeitsrechts durch die deutsche Arbeitsgerichtsbarkeit, vergleiche: BAG vom 04.10.1974 AP Nr. 7 zu § 38 ZPO; *Heß* in ZZPInt 1998, S. 457, 467; Germelmann/Matthes/Prütting/Müller-Glöge/*Germelmann*, § 4 ArbGG Rn. 1 und 3a; *Krähe* in SpuRt 2004, S. 204, 205; *Oschütz* in RuS 31, S. 43, 44 ff. Die vom Deutschen Sportbund eingesetzte Rechtskommission des Sports gegen Doping empfiehlt zudem für das deutsche Recht eine Änderung des § 101 ArbGG, vergleiche: *Hauptmann* in SpuRt 2005, S. 198, 199 f.

526 *Reuter* in DZWir 1996, 1, 5 f.; *Haas* in Akademieschrift 49, S. 57, 74 f.; Handbuch des Sportrechts/*Haas*, Ordner 1, B 2. Kapitel Rn. 162. Eine Sperre kann auch nicht mit einer arbeitgeberseitigen Kündigung verglichen werden, da eine Kündigung eine endgültige Beendigung bezweckt, eine Sperre aber nur einen vorübergehenden Ausschluss.

527 Handbuch des Sportrechts/*Haas*, Ordner 1, B 2. Kapitel Rn. 162; *Schlosser* in FS Zeuner, S. 467, 476; *Oschütz* in RuS 31, S. 43, 52; *ders.*, S. 166. Dies könnte man

Sportler gegenüber den Verbänden und ihren Maßnahmen ist darüber hinaus durch die Kontrolle von Verbandsmaßnahmen am Maßstab des § 242 BGB durch die zivilrechtliche Rechtsprechung gewährleistet, so dass es einer Heranziehung der Arbeitsgerichte und der arbeitsrechtlichen Schutzvorschriften im Verhältnis vom Verband zum Sportler nicht bedarf[528].

(10) Verschuldenserfordernis

Zu den wesentlichen Grundsätzen der deutschen Rechtsordnung gehört ein Verschuldenserfordernis im Rahmen von Sanktionsmaßnahmen[529].

Die Anwendung einer strict liability rule – hauptsächlich in Dopingfällen[530] – verstößt demnach in der Regel gegen den deutschen ordre public. Da die deutsche Rechtsordnung allerdings die Rechtsfiguren des Anscheinsbeweises, der Beweislastumkehr und der Beweiserleichterung kennt, ist die Annahme eines schuldhaften Dopingverstoßes bei positiver Dopingprobe aufgrund eines Anscheinsbeweises nicht ordre public-widrig. Zumal ein Sportverband ansonsten keine Chance zur erfolgreichen Dopingbekämpfung besäße. Ein Sportverband kann einen Sportler nicht 24 Stunden am Tag kontrollieren, um nachzuweisen, wie die relevanten Stoffe in dessen Körper gelangt sind[531]. Der Sportler hat dann jedenfalls die Möglichkeit, einen solchen aufgrund der positiven Dopingprobe bestehenden Anscheinsbeweis hinsichtlich der willentlichen Einnahme von leistungsfördernden Dopingmitteln zu erschüttern[532].

---

allenfalls für in Nationalmannschaften berufene Sportler und ihr dann bestehendes Verhältnis zum nationalen Verband erwägen.

528 *Reuter* in DZWir 1996, S. 1, 6; *ders.* in RuS 7, S. 53, 64; *Oschütz* in RuS 31, S. 43, 52; Handbuch des Sportrechts/*Haas*, Ordner 1, B 2. Kapitel Rn. 162.

529 Vergleiche bereits oben im Rahmen der Kontrolle nach deutscher Rechtsordnung unter II 2 a) aa) (2) (c) (bb).

530 Verschuldensunabhängige Verantwortung des Sportlers (Erfolgshaftung) für sämtliche bei einer Dopingprobe in seinem Körper gefundenen verbotenen Stoffe.

531 OLG Frankfurt/Main SpuRt 2001, 159, 162 (Baumann); LG Stuttgart SpuRt 2002, 245, 249 f. (Baumann), das allerdings Art. 6 EGBGB nicht erwähnt und den Schiedsspruch des Arbitration Panel der IAAF nach deutschem Recht prüft; *Lehner* in 2. Internationaler Sportrechtskongress, S. 273, 276 ff.

532 Die Pauschalbehauptung, dass verunreinigte Nahrungsergänzungsmittel zur positiven Dopingprobe geführt haben müssen, reicht dazu nicht aus. Insbesondere von Berufssportlern kann erwartet werden, dass sie die Problematik verunreinigter Nahrungsergänzungsmittel kennen und dementsprechend bei der Einnahme solcher Mittel Sorgfalt walten lassen.
Die weitere Bewertung, ob die vom Sportler behaupteten und bewiesenen Tatsachen den Anscheinsbeweis erschüttern, unterliegt nicht der Überprüfung durch das staat-

cc) Negative Funktion des ordre public und Lückenfüllung

Nach diesen Beispielen ist abschließend auf die Funktion des ordre public und das Problem der Lückenfüllung einzugehen.

Durch Art. 6 EGBGB werden Rechtsnormen eines anderen Staates, die durch die deutschen Kollisionsnormen für anwendbar erklärt werden, für den Fall der ordre public-Widrigkeit von der Anwendung im Inland ausgeschlossen. Der ordre public hat folglich insoweit nur eine negative Funktion.[533] Art. 6 EGBGB sichert nicht die unbedingte Anwendung bestimmter zwingender Vorschriften des deutschen oder eines anderen Rechts (positive Funktion des ordre public)[534].

Entstehen Lücken, weil ausländische Rechtsnormen aufgrund Art. 6 EGBGB nicht anzuwenden sind, sind diese Lücken nach herrschender Meinung im Sinne der ausländischen und nicht der deutschen Rechtsordnung zu schließen[535]. Das deutsche Recht ist hilfsweise nur dann als Ersatzrecht anzuwenden, falls sich im ausländischen Recht keine passenden Vorschriften finden[536]. Da die Reduktion eines Verbandsschiedsspruches auf ein zulässiges Maß durch das deutsche Gericht aber wie bei der Anwendung der deutschen Rechtsordnung abzulehnen ist[537], besteht in der Regel keine Notwendigkeit der Lückenfüllung.

Bei einer Prüfung des ordre public nach § 1059 Abs. 2 Nr. 2 b) ZPO und § 1061 Abs. 1 S. 1 ZPO in Verbindung mit Art. V Abs. 2 b) UNÜ kommt eine Lückenfüllung von vornherein nicht in Betracht. Denn Folge eines Verstoßes gegen den ordre public ist lediglich die Aufhebung bzw. Nichtanerkennung bzw.

---

liche Gericht, solange entsprechend der Darstellung oben unter II 3 e) aa) (6) bei der Bewertung die Mindeststandards eines rechtsstaatlichen Verfahrens beachtet wurden, OLG Frankfurt/Main SpuRt 2001, 159, 162 (Baumann); LG Stuttgart SpuRt 2002, 245, 249 f. (Baumann); OLG Dresden SpuRt 2004, 74, 77 und 79 (Balzer); *Adolphsen* in SpuRt 2000, S. 97, 101. Letzterer hebt hervor, dass die sportgerichtliche Bewertung, ob eine Erschütterung des Anscheinsbeweises vorliegt, eine Subsumtion unter das Sportregelwerk darstellt und daher unter den Beurteilungs- und Ermessensspielraum der Verbände fällt.

533 Palandt/*Heldrich*, Art. 6 EGBGB Rn. 3 und 13; MüKo/*Sonnenberger*, Art. 6 EGBGB Rn. 17; Kegel/Schurig/*Schurig*, S. 516 f.; *Kropholler*, § 36 I, S. 242 f.

534 Zur positiven Funktion vergleiche sogleich unter dd) die Sonderregelungen der Art. 30 und 34 EGBGB im Schuldvertragsrecht.

535 Begründung des Gesetzentwurfes der Bundesregierung zur Neuregelung des Internationalen Privatrechts, BT-Drucksache 10/504, Bd. 296, S. 44; BGH FamRZ 1993, 316, 318; Palandt/*Heldrich*, Art. 6 EGBGB Rn. 13; Staudinger/*Blumenwitz*, Art. 6 EGBGB Rn. 17 uns 164 ff.

536 Palandt/*Heldrich*, Art. 6 EGBGB Rn. 13; Staudinger/*Blumenwitz*, Art. 6 EGBGB Rn. 17 und 164 ff.; OLG Schleswig NJW-RR 2001, 1372, 1373.

537 OLG München SpuRt 1996, 133, 138 (Krabbe). Vergleiche zur deutschen Rechtsordnung oben unter II 2 a) aa) (2) (d).

Nichtvollstreckbarerklärung des echten Schiedsspruches und nicht eine Entscheidung anstelle des echten Schiedsgerichtes in Form einer Abänderung des Schiedsspruches, vergleiche auch § 1059 Abs. 5 ZPO[538].

dd) Sonderregelungen der Art. 30 und 34 EGBGB bei Geltung des Vertragsstatutes

Wendet ein deutsches Gericht im Rahmen der Kontrolle von Verbandsschiedssprüchen nach Art. 6 EGBGB selbst ausländisches Recht an, sind bei Geltung des Vertragsstatutes[539] die Sonderregelungen der Art. 30 und 34 EGBGB zu beachten.

Nach Art. 34 EGBGB wird die Anwendung der Bestimmungen des deutschen Rechts unabhängig von einem ordre public-Verstoß nicht berührt, die ohne Rücksicht auf das auf den Vertrag anzuwendende Recht den Sachverhalt zwingend regeln.

Nach Art. 30 EGBGB sind die zwingenden Vorschriften des deutschen Arbeitsrechts nicht durch eine Rechtswahl verdrängbar, wenn der Arbeitnehmer seine Arbeit gewöhnlich in Deutschland verrichtet und die zwingenden Bestimmungen Deutschlands günstiger für ihn sind.

Literatur und Rechtsprechung sind sich einig, dass nicht alle nach deutschem Recht zwingenden und vertraglich unabdingbaren Rechtsnormen auch nach Art. 30 und 34 EGBGB zwingend sind[540]. Ansonsten bezöge sich das gesamte Kollisionsrecht bei Geltung des Vertragsstatutes nur noch auf dispositives nationales Recht[541]. Daher spielt ähnlich wie beim ordre public neben dem Gerechtigkeitsgehalt der betreffenden Norm der Inlandsbezug des zu entscheidenden Falles eine Rolle. Dieser Inlandsbezug muss umso stärker sein, je schwächer das Ge-

---

538 Begründung des Entwurfes eines Gesetzes zur Neuregelung des Schiedsverfahrensrechts, BT-Drucksache 13/5274, Bd. 561, S. 60; Musielak/*Voit*, § 1061 ZPO Rn. 28 und § 1059 ZPO Rn. 32, 40; MüKo/*Münch*, § 1059 ZPO Rn. 35; Thomas/Putzo/*Reichold*, § 1059 ZPO Rn. 20; Zöller/*Geimer*, § 1059 ZPO Rn. 6 f.; Baumbach/*Albers*, § 1059 ZPO Rn. 14 und § 1061 ZPO Rn. 5; Stein/Jonas/*Schlosser*, § 1059 ZPO Rn. 11.

539 Dazu, wann das Vertragsstatut gilt, sogleich unter III 2.

540 BAG IPRax 1994, 123, 128; DB 1990, 1666, 1668; Palandt/*Heldrich*, Art. 34 EGBGB Rn. 3. Zum Unterschied zwischen und zum strittigen Verhältnis von Art. 30 und 34 EGBGB vergleiche: MünchArbR/*Birk*, § 20 Rn. 21 ff. und Rn. 84; Staudinger/*Magnus*, Art. 30 EGBGB Rn. 187 ff.; MüKo/*Martiny*, Art. 30 EGBGB Rn. 70 a.

541 BAG DB 1990, 1666, 1668.

wicht der durch die Norm geschützten Interessen ist[542]. Zwingend im Sinne des Art. 34 EGBGB sind zudem nur Gesetze, die entweder ausdrücklich oder nach ihrem Sinn und Zweck ohne Rücksicht auf das nach den deutschen Kollisionsnormen anwendbare Recht gelten (sogenannte international zwingende Bestimmungen)[543]. Dies trifft nur für zumindest auch im Interesse des Gemeinwohls und nicht nur im Individualinteresse getroffene Regelungen zu[544]. Für Art. 30 EGBGB ist dies nicht erforderlich. Es reicht der Zweck, den Arbeitnehmer zu schützen[545].

f) Ergebnis zum deutschen ordre public

Der deutsche ordre public wird unter Berücksichtigung des jeweiligen Inlandsbezuges durch die wesentlichen Grundsätze des deutschen Rechts definiert. Es sind der ordre public national bei inländischen echten Schiedsgerichten (§ 1059 Abs. 2 Nr. 2 b) ZPO) sowie bei der eigenständigen Anwendung ausländischen Rechts durch ein deutsches Gericht (Art. 6 EGBGB) und der weniger strenge ordre public international bei ausländischen echten Schiedsgerichten (§ 1061 Abs. 1 S. 1 ZPO in Verbindung mit Art. V Abs. 2 b) UNÜ) zu unterscheiden. Die praktischen Unterschiede dieser Differenzierung können aufgrund der Abhängigkeit von den Umständen des jeweiligen Einzelfalls mitunter nur marginal oder gar nicht vorhanden sein. Unabhängig von der Prüfungsintensität ist der ordre public in einen verfahrensrechtlichen und einen materiellrechtlichen ordre public zu unterteilen. Zu letzterem zählen vor allem die deutschen Grundrechte.

---

542 Palandt/*Heldrich*, Art. 34 EGBGB Rn. 3 mwN; Staudinger/*Magnus*, Art. 34 EGBGB Rn. 22 f. und 85 ff. Zum Verhältnis von Art. 6 EGBGB und Art. 34 EGBGB vergleiche Staudinger/*Magnus*, Art. 34 EGBGB Rn. 28 und 40: Während Art. 6 EGBGB die Abwehr untragbarer fremder Rechtsvorstellungen bezweckt und die Anwendung fremden Rechts in einem solchen Fall untersagt, will Art. 34 EGBGB bestimmte eigene Vorstellungen des deutschen Rechts ohne Rücksicht auf das eigentlich anzuwendende fremde Recht durchsetzen. Die Zielrichtung und Perspektive ist damit ganz unterschiedlich: Art. 6 EGBGB verfolgt die Außenperspektive und blickt auf die Akzeptanz des fremden Rechts. Art. 34 EGBGB hat die Innenperspektive im Auge und erweitert den Geltungsanspruch des deutschen Rechts. Entsprechend stehen beide Vorschriften unabhängig nebeneinander und können theoretisch gleichzeitig anzuwenden sein.

543 BAG IPRax 1994, 123, 128; DB 1990, 1666, 1668; Palandt/*Heldrich*, Art. 34 EGBGB Rn. 3; Staudinger/*Magnus*, Art. 34 EGBGB Rn. 51 und 105 iVm Art. 30 EGBGB Rn. 187 ff.; MüKo/*Martiny*, Art. 34 EGBGB Rn. 7.

544 BAG IPRax 1994, 123, 128; DB 1990, 1666, 1668; Palandt/*Heldrich*, Art. 34 EGBGB Rn. 3; Staudinger/*Magnus*, Art. 34 EGBGB Rn. 57.

545 Staudinger/*Magnus*, Art. 30 EGBGB Rn. 72; MünchArbR/*Birk*, § 20 Rn. 21 ff. und Rn. 84; *Kropholler*, § 52 VI 2, S. 480.

4. *Vergleich der Kontrolle von Verbandsschiedssprüchen nach deutschem Recht mit der Kontrolle nach dem ordre public*

Nach der umfangreichen Darstellung der Kontrolle nach dem ordre public stellt sich die Frage, worin zum einen die Unterschiede (dazu unter a)) und zum anderen die Ähnlichkeiten (dazu unter b)) zur Kontrolle nach der deutschen Rechtsordnung bei Verbandsschiedssprüchen liegen.

a) Ergebniskontrolle

Im Gegensatz zur umfassenden Kontrolle nach deutschem Recht bei einem Verbandsgericht[546], handelt es sich bei der ordre public-Kontrolle ausschließlich um eine Ergebniskontrolle[547]. Lediglich das Ergebnis des Verbandsschiedsspruches als konkretes Einzelfallergebnis der Anwendung einer ausländischen Rechtsordnung im Sinne des Art. 6 EGBGB bzw. die Anerkennung oder Vollstreckung des echten Sportschiedsspruches wird auf die Vereinbarkeit mit dem ordre public überprüft[548]. Eine abstrakte Kontrolle der ausländischen Rechtsordnung bzw. des ausländischen echten Schiedsspruches wäre sinnlos, da es deutschen Gerichten an einer Aufhebungskompetenz hinsichtlich ausländischer Rechtsnormen und ausländischer echter Schiedssprüche fehlt[549]. Ein deutsches Gericht kann lediglich eine ausländische Norm bei ordre public-Widrigkeit nicht anwenden bzw. einen ausländischen echten Schiedsspruch in Deutschland nicht anerkennen und dementsprechend die Vollstreckbarerklärung ablehnen.

Es kommt somit nicht auf die abstrakte Vereinbarkeit des fremden Rechtsatzes oder des Sportregelwerkes mit dem deutschen ordre public an, den das Sportgericht bzw. im Rahmen des Art. 6 EGBGB das deutsche Gericht anwendet, son-

546 Vergleiche oben unter II 2 a) aa) (2).

547 *Heß* in ZZPInt 1998, S. 457, 472; *ders.* in Aktuelle Rechtsfragen, S. 1, 44; Begründung des Entwurfes eines Gesetzes zur Neuregelung des Schiedsverfahrensrechts, BT-Drucksache 13/5274, Bd. 561, S. 58 f.; MüKo/*Sonnenberger*, Art. 6 EGBGB Rn. 47; *von Bar/Mankowski*, Bd. I, § 7 Rn. 265, S. 718; MüKo/*Reuter*, § 25 BGB Rn. 60; Musielak/*Voit*, § 1059 ZPO Rn. 25; Stein/Jonas/*Schlosser*, Anhang § 1061 ZPO Rn. 134, 138; Baumbach/*Albers*, Art. V UNÜ Rn. 2 iVm § 1059 ZPO Rn. 10.

548 BGHZ 39, 173, 177; 118, 312, 331 und 348; BGH NJW 1972, 2180, 2181; Palandt/*Heldrich*, Art. 6 EGBGB Rn. 5; MüKo/*Sonnenberger*, Art. 6 EGBGB Rn. 47; *von Bar/Mankowski*, Bd. I, § 7 Rn. 265 f., S. 718; *Kropholler*, § 36 II 1, S. 243; Kegel/Schurig/*Schurig*, S. 526; Musielak/*Voit*, § 1059 ZPO Rn. 25 und § 1061 ZPO Rn. 23; Stein/Jonas/*Schlosser*, Anhang § 1061 ZPO Rn. 134, 138; Baumbach/*Albers*, Art. V UNÜ Rn. 2 iVm § 1059 ZPO Rn. 10.

549 *Von Bar/Mankowski*, Bd. I, § 7 Rn. 265, S. 718; Stein/Jonas/*Schlosser*, § 1061 ZPO Rn. 1 und Anhang § 1061 ZPO Rn. 72; *Adolphsen*, S. 513.

dern allein auf das Ergebnis seiner Anwendung im Einzelfall[550]. Entscheidend ist, ob das deutsche Recht das konkrete Ergebnis hinnehmen kann[551].

Bei einem echten Schiedsspruch ist, wie bereits ausgeführt[552], nicht zu prüfen, ob der Spruch als solcher gegen den deutschen ordre public verstößt, sondern ob seine Anerkennung oder Vollstreckung gegen den ordre public verstößt. Ob das Schiedsgericht Normen, die zum ordre public gehören, nicht oder falsch angewendet hat, ist daher nicht entscheidend.[553]

Da allein auf das Ergebnis des Schiedsspruches abzustellen ist, sind die Erwägungen und Begründungen des Sportgerichtes für die ordre public-Prüfung nicht von Bedeutung, auch wenn sie dem deutschen Rechtsverständnis widerstreben[554]. Ist allerdings die Begründung ordre public-widrig, liegt eine ordre public-Widrigkeit des Ergebnisses nahe.

Diese ausschließliche Ergebniskontrolle schließt aber, wie dargelegt, nicht aus, dass ein gegen Verfahrensgrundsätze verstoßender Sportschiedsspruch ordre public-widrig ist. Auch ein durch ein zu beanstandendes Verfahren zustande kommender Sportschiedsspruch ist im Ergebnis ordre public-widrig.[555]

b) Ähnlichkeiten

Unterscheidet sich somit der Kontrollmaßstab des ordre public durch seinen Prüfungsansatz einer Ergebniskontrolle von dem Kontrollmaßstab nach deutscher Rechtsordnung, schließt dies eine Annäherung der jeweiligen Ergebnisse der beiden Kontrollmaßstäbe dennoch nicht von vornherein aus.

So ist das deutsche Gericht, wie dargelegt[556], in beiden Fällen nicht an die Tatsachenermittlung des Sportgerichtes gebunden[557].

---

550 Begründung des Gesetzentwurfes der Bundesregierung zur Neuregelung des Internationalen Privatrechts, BT-Drucksache 10/504, Bd. 296, S. 43; BGHZ 39, 173, 177; 54, 132, 140; 60, 68, 78; 118, 312, 348; *Kropholler*, § 36 II 1, S. 243; Kegel/Schurig/*Schurig*, S. 526; Stein/Jonas/*Roth*, § 328 ZPO Rn. 127; MüKo/*Sonnenberger*, Art. 6 EGBGB Rn. 47 mwN.

551 BGHZ 39, 173, 177; 50, 132, 140; 118, 312, 348; *von Bar/Mankowski*, Bd. I, § 7 Rn. 266, S. 718.

552 Vergleiche oben unter II 1 a) bb) und II 1 b) bb).

553 BGH GRUR 1969, 501, 503; NJW 1970, 2180, 2181; Stein/Jonas/*Schlosser*, Anhang § 1061 ZPO Rn. 138; *Oschütz*, S. 337.

554 Stein/Jonas/*Roth*, § 328 ZPO Rn. 127; Musielak/*Voit*, § 1061 ZPO Rn. 23 iVm § 1059 ZPO Rn. 25 iVm Musielak/*Musielak*, § 328 ZPO Rn. 24.

555 Vergleiche oben unter II 3 e) und II 3 e) aa).

556 Siehe dazu oben unter II 2 a) aa) (2) (a) und II 3 e) aa) (6).

557 Bei der Prüfung nach der deutschen Rechtsordnung ist die fehlerfreie Sachverhaltsermittlung ein eigener die Unwirksamkeit des Verbandsschiedsspruches begründender Prüfungspunkt, während bei der ordre public-Prüfung die eigene Tatsachener-

Die Ergebniskontrolle beim ordre public und der nach deutscher Rechtsordnung den Verbänden einzuräumende Beurteilungs- und Ermessensspielraum führen zudem in ähnlicher Weise zu einer Einschätzungsprärogative der Sportgerichte.

Darüber hinaus sind – wenn auch in unterschiedlicher Intensität – die Voraussetzungen an ein rechtsstaatliches Verfahren[558] und die Vereinbarkeit mit materiellen Rechtsgrundsätzen[559] gleichermaßen zu prüfen. Ebenso können im Rahmen des Verhältnismäßigkeitsgrundsatzes und der Abwägung sich entgegenstehender Interessen die gleichen Erwägungen eine Rolle spielen. So sind auch im Rahmen der Angemessenheitskontrolle nach deutschem Recht internationale Interessen, insbesondere das Interesse aller am Sport Beteiligten an weltweiter Vergleichbarkeit und Chancengleichheit, zu berücksichtigen[560]. Je strenger aufgrund eines entsprechenden Inlandsbezuges und der Bedeutung der wesentlichen Grundsätze des deutschen Rechts der Kontrollmaßstab der ordre public-Prüfung ist, umso mehr können sich die ordre public-Prüfung und der Kontrollmaßstab nach der deutschen Rechtsordnung im faktischen Ergebnis annähern und im Einzelfall möglicherweise kongruent sein[561].

Darüber hinaus besteht eine gemeinsame Schnittmenge an Rechtsgarantien, die unabhängig von der unterschiedlichen Prüfungssystematik und -intensität grundsätzlich gleichermaßen bei beiden Kontrollmaßstäben zur Nichtanerkennung des Schiedsspruches führen. Dies liegt nahe, wenn ein Schiedsspruch keine hinreichend bestimmte Grundlage im Regelwerk hat[562] oder eine Doppelbestrafung[563] vorliegt.

---

mittlung durch das deutsche Gericht im Rahmen eines zu prüfenden ordre public-Verstoßes vorzunehmen ist und die fehlerhafte Tatsachenermittlung des Sportgerichtes allein noch keinen ordre public-Verstoß darstellt, soweit nicht bei der fehlerhaften Tatsachenermittlung zugleich verfahrensrechtliche Mindeststandards verletzt wurden oder soweit nicht bei Zugrundelegen der richtigen Tatsachen ein materieller ordre public-Verstoß durch die sportgerichtliche Entscheidung zu bejahen ist. Hätte zum Beispiel bei Zugrundelegen des richtigen Sachverhalts eine Grundrechtsverletzung oder ein Kartellverstoß vorgelegen, ist im Rahmen der Prüfung der Grundrechtsverletzung bzw. des Kartellverstoßes eine volle Sachverhaltskontrolle durch das staatliche Gericht vorzunehmen. Vergleiche bereits oben unter II 3 e) aa) (6).

558 Vergleiche oben unter II 2 a) aa) (2) (b) und II 3 e) aa).

559 Vergleiche oben unter II 2 a) aa) (2) (c) (aa) sowie II 2 a) aa) (2) (d) und II 3 e) bb).

560 Vergleiche oben unter II 2 a) aa) (2) (c) (bb) sowie II 2 a) aa) (2) (d) und II 3 e) bb) (1) (b) sowie II 3 e) bb) (2), (3).

561 In diesem Sinne auch *Heß* in ZZPInt 1998, S. 457, 474 in Fn. 112.

562 Vergleiche oben unter II 2 a) aa) (2) (c) (cc) und II 3 e) bb) (6).

563 Vergleiche oben unter II 2 a) aa) (2) (b) sowie II 2 a) aa) (2) (d) und II 3 e) bb) (8).

5. Prozessuale Fallgestaltungen vor deutschen Gerichten

Vor deutschen Gerichten sind zahlreiche prozessuale Fallgestaltungen denkbar, in denen internationale Sportschiedssprüche nach dem dargelegten Schema vom Gericht zu prüfen sind. Nachfolgend wird beispielhaft auf die Grundkonstellation und einige typische weitere Konstellationen (dazu unter a)) sowie die Besonderheit der Bindung nationaler Schiedssprüche an internationale Schiedssprüche (dazu unter b)) eingegangen[564].

a) In- oder ausländische internationale Sportschiedssprüche vor deutschen Gerichten

Zunächst werden die Grundkonstellation (dazu unter aa)) und einige weitere typische Konstellationen (dazu unter bb)) dargestellt, in denen in- oder ausländische internationale Sportschiedssprüche von deutschen Gerichten zu prüfen sind.

aa) Grundkonstellation

Auch bei der Grundkonstellation in- oder ausländischer internationaler Sportschiedssprüche vor deutschen Gerichten ist zwischen echten Sportschiedssprüchen (dazu unter (1)) und Verbandsschiedssprüchen (dazu unter (2)) zu trennen. Unter Umständen kann diese Abgrenzung allerdings nicht eindeutig vorgenommen werden (dazu unter (3)).

(1) Echte Sportschiedssprüche

Die Grundsituation, die sich vor deutschen Gerichten ergibt und von der die ZPO in Bezug auf in- und ausländische echte Schiedssprüche ausgeht, ist die Aufhebung eines inländischen echten Schiedsspruches nach § 1059 ZPO bzw. die Ablehnung der Vollstreckbarerklärung nach § 1060 ZPO und die Versagung der Anerkennung und Vollstreckung ausländischer echter Schiedssprüche nach § 1061 ZPO in Verbindung mit Art. V UNÜ. Letzteres bewirkt nicht die Aufhebung weltweit, sondern nur die Versagung der Anerkennung und Vollstreckbarerklärung in Deutschland[565]. An die Stelle der Aufhebung tritt gemäß § 1061 Abs. 2 ZPO die Feststellung, dass der echte Schiedsspruch im Inland nicht anzu-

564 Zur Problematik, welches Recht das deutsche Gericht dabei anzuwenden hat, und wonach sich die Zuständigkeit eines deutschen Gerichtes richtet, vergleiche sogleich zusammenfassend unter III und IV.

565 Vergleiche dazu bereits oben unter II 1 b).

erkennen ist[566]. Nach § 1062 Abs. 1 Nr. 4, Abs. 2 ZPO ist für Anträge nach §§ 1059 ff. ZPO das Oberlandesgericht zuständig.

Neben den Anträgen nach §§ 1059 ff. ZPO ist auch eine negative Feststellungsklage hinsichtlich der Nichtanerkennungsfähigkeit eines ausländischen echten Schiedsspruches möglich, wenn die andere Partei zur Vollstreckung des Schiedsspruches keiner staatlichen Hilfe bedarf und daher keine Vollstreckbarerklärung durch ein staatliches Gericht beantragen wird. Dies kann bei der Durchsetzung von Sperren der Fall sein, zu der der internationale Verband sich in der Regel nicht einer staatsgerichtlichen Vollstreckbarerklärung bedient, sondern den Sportler schlicht zu Wettbewerben nicht zulässt. Die negative Feststellungsklage wird allerdings unzulässig, falls die andere Partei doch noch eine Vollstreckbarerklärung beantragt.[567]

(2) Verbandsschiedssprüche

Handelt es sich nicht um den Schiedsspruch eines echten Schiedsgerichtes, sondern lediglich eines Verbandsgerichtes, steht den Parteien die Klage vor dem Amts- oder Landgericht nach den §§ 253 ff. ZPO, in der Regel die Feststellungsklage, zur Verfügung, um die Wirksamkeit oder Unwirksamkeit des Verbandsschiedsspruches gerichtlich feststellen zu lassen[568].

Auch dies hat nur Wirkung für Deutschland, da sich Art. 6 EGBGB nur auf die Anwendung ausländischer Rechtsnormen durch ein deutsches Gericht bezieht. Eine Anerkennung dieses Urteils im Ausland richtet sich nach der EuGVO, vor allem Art. 34 EuGVO, oder nach anderen zwischenstaatlichen Übereinkommen.

---

566 Stein/Jonas/*Schlosser*, § 1061 ZPO Rn. 1; Musielak/*Voit*, § 1061 ZPO Rn. 28; MüKo/*Münch*, § 1061 ZPO Rn. 11.

567 In diesem Sinne zur negativen Feststellungsklage bei Vorliegen eines echten Schiedsgerichtes: *Schwab/Walter*, Kapitel 30 Rn. 39; Stein/Jonas/*Schlosser*, § 1061 ZPO Rn. 7; *Adolphsen*, S. 514 f., die allerdings alle nicht darauf eingehen, welches Gericht in einem solchen Fall zuständig ist. Es gilt § 1062 ZPO entsprechend, so dass auch für eine negative Feststellungsklage das Oberlandesgericht zuständig ist, da § 1062 ZPO den Zweck hat, dass über echte Schiedssprüche von einem Oberlandesgericht entschieden werden soll, vergleiche insbesondere § 1062 Abs. 1 Nr. 4 ZPO. In diesem Sinne auch Musielak/*Voit*, § 1061 ZPO Rn. 2, 10.

568 BGH SpuRt 2004, 159, 160 (Landseer-Hunde); BGHZ 128, 93, 110 (Reiter); 29, 352, 354 ff.; *Meyer* in SpuRt 2005, S. 97, 98 f.; *Kröll* in ZIP 2005, S. 13, 14; *Grunsky* in WFV 24, S. 63, 64; *ders.* in FS Röhricht, S. 1137, 1139; *Reichert*, Rn. 5165 (9. Auflage: Rn. 1732); Stein/Jonas/*Schlosser*, vor § 1025 ZPO Rn. 5.

(3) Abgrenzungsprobleme

Es kann sich die Problematik ergeben, dass die Partei, die gegen den Schiedsspruch vorgeht, nicht sicher einordnen kann, ob ein echter Schiedsspruch oder lediglich ein Verbandsschiedsspruch vorliegt.

Stellt die Partei nur einen Antrag nach §§ 1059 ff. ZPO, könnte das nach § 1062 Abs. 1 Nr. 4, Abs. 2 ZPO für Anträge nach §§ 1059 ff. ZPO zuständige Oberlandesgericht den Antrag als unzulässig abweisen, wenn es bei seiner von Amts wegen vorzunehmenden Prüfung[569] zu dem Ergebnis kommt, dass kein echtes Schiedsgericht entschieden hat. Stellt die Partei hingegen nur einen allgemeinen Feststellungsantrag vor dem Amts- oder Landgericht und kommt dieses Gericht zum Ergebnis, dass ein echter Schiedsspruch vorliegt, besteht neben dem erhöhten Zeit- und Kostenaufwand die zusätzliche Gefahr, dass für einen erst jetzt erfolgenden Aufhebungsantrag vor dem Oberlandesgericht bereits die Frist des § 1059 Abs. 3 S. 1 ZPO abgelaufen ist[570].

Aus anwaltlicher Sicht ist der Partei zu der Kombination eines Hauptantrages mit einem Hilfsantrag vor dem Oberlandesgericht zu raten. Als Hauptantrag ist der Antrag auf Aufhebung bzw. Nichtanerkennung des Schiedsspruches nach §§ 1059 ff. ZPO für den Fall zu stellen, dass ein echtes Schiedsgericht entschieden hat. Als Hilfsantrag ist der Antrag auf Feststellung, dass der Schiedsspruch unwirksam ist, für den Fall zu stellen, dass lediglich ein Verbandsgericht entschieden hat[571]. Kommt das für die Aufhebung gemäß § 1062 Abs. 1 Nr. 4, Abs. 2 ZPO zuständige Oberlandesgericht in der Prüfung der Prozessvoraussetzungen für den Hauptantrag zu dem Ergebnis, dass kein echtes Schiedsgericht entschieden hat, so dass dieser Antrag als unzulässig abzuweisen ist, muss es den Hilfsantrag, für den es nach den allgemeinen Zuständigkeitsvorschriften der §§ 23, 71, 119 GVG sachlich nicht zuständig ist, gemäß § 281 Abs. 1 ZPO auf Antrag an das sachlich zuständige Amts- bzw. Landgericht verweisen. Das Amts- bzw.

569 BGH SpuRt 2004, 159, 160 (Landseer-Hunde); *Schwab/Walter*, Kapitel 25 Rn. 3 und Kapitel 30 Rn. 10; Zöller/*Geimer*, § 1059 ZPO Rn. 1; Baumbach/*Albers*, § 1059 ZPO Rn. 3; *Reichert*, Rn. 5165 (9. Auflage: keine Ausführungen dazu).

570 Wie oben unter II 1 b) dargestellt, gilt diese Frist nicht für ausländische echte Schiedssprüche.

571 Entsprechend sind im Verfahren um die Sprinterin Katrin Krabbe Hauptantrag auf Aufhebung und Hilfsantrag auf Unwirksamkeit der Sperren von der Klägerin gestellt worden: LG München I SpuRt 1995, 161, 163. Nach der damals geltenden ZPO ergab sich aber nicht das angesprochene Zuständigkeitsproblem, da nach den §§ 1045 Abs. 1, 1046 ZPO a. F. das Amts- oder Landgericht und nicht wie heute das Oberlandesgericht für die Aufhebung eines echten Schiedsspruches zuständig war.

Landgericht ist gemäß § 281 Abs. 2 S. 4 ZPO an den Verweisungsbeschluss gebunden.[572]

bb) Weitere typische Konstellationen

Neben der Grundkonstellation treten weitere typische Konstellationen auf:

Ist ein Sachverhalt bereits durch ein ausländisches echtes Schiedsgericht entschieden und strebt einer der Beteiligten dennoch eine Entscheidung eines ordentlichen Gerichtes an, muss dieses auf die Einrede der Rechtskraft des Schiedsspruches durch den anderen Beteiligten gemäß § 1061 Abs. 1 ZPO in Verbindung mit Art. III UNÜ inzident prüfen, ob ein wirksamer echter Schiedsspruch vorliegt. Dies ist bei ausländischen echten Schiedssprüchen der Fall, wenn er in Deutschland nach dem oben erläuterten Prüfungsschema anzuerkennen ist[573]. Bei inländischen echten Schiedssprüchen ist eine Inzidentprüfung nicht vorzunehmen, da dem Betroffenen die Aufhebungsklage offensteht und bei Verzicht auf diese die Bindungswirkung der §§ 1055, 322 Abs. 1 ZPO eintritt[574].

---

572 Vergleiche: BGH NJW 1980, 1283, 1284; Musielak/*Voit*, § 281 ZPO Rn. 7.
Stellt die Partei von vornherein Haupt- und Hilfsantrag, bedarf es nicht der Heranziehung des im Zivilprozessrecht geltenden Gedankens der Meistbegünstigung der Rechtsschutz suchenden Partei, den *Meyer* in SpuRt 2005, S. 97, 99, in Anlehnung an BGHZ 72, 182, 187 f.; BGH NJW-RR 1995, 379, 380 und 380, 381 – jeweils zur Frage des richtigen Rechtsmittels gegen ein Urteil des Familiengerichtes in einer Nichtfamiliensache oder gegen ein Urteil des Amtsgerichtes in einer Familiensache – heranzieht: Danach soll auch bei Schiedssprüchen von Verbandsgerichten ein Antrag nach §§ 1059 ff. ZPO gestellt werden können, wenn für die Partei nicht erkennbar ist, ob ein echtes Schiedsgericht oder nur ein Verbandsgericht entschieden hat. Das angerufene Gericht muss diesen Antrag aber, sofern es sich für unzuständig hält, entsprechend § 281 ZPO und § 17 a GVG auf Antrag an das zuständige Gericht verweisen.
Schlosser in LMK 2004, S. 169, 170 befürwortet eine entsprechende Anwendung von § 281 ZPO und § 17 a GVG auch in der Rechtsmittelinstanz: Kommt die höhere Instanz zu einer anderen Einordnung des Sportgerichtes als die untere Instanz, soll eine Zurückverweisung an die untere Instanz auch dazu führen, dass diese in der von der höheren Instanz befürworteten Verfahrensart entscheidet, auch wenn sie dafür an sich nicht zuständig ist. Demnach soll ein Oberlandesgericht, das in erster Instanz vom Vorliegen eines echten Schiedsspruches ausgegangen ist, nach einer abweichenden Entscheidung des BGH auch im Feststellungsverfahren entscheiden.

573 OLG München SpuRt 2003, 199, 199 ff. (Roberts); MüKo/*Gottwald*, Art. III UNÜ Rn. 1 und Art. V UNÜ Rn. 2; Musielak/*Voit*, § 1061 ZPO Rn. 2; *Adolphsen*, S. 511; *Heß* in WFV 43, S. 69, 80; *Menzel* in WRP 2002, S. 810, 815.

574 Musielak/*Voit*, § 1059 ZPO Rn. 1 und § 1061 ZPO Rn. 2; Stein/Jonas/*Schlosser*, Anhang § 1061 ZPO Rn. 72; MüKo/*Münch*, § 1059 ZPO Rn. 1; OLG Frankfurt/Main SpuRt 2003, 79, 82 (Lizenzierung für 2. Fußballbundesliga). Bei auslän-

Auch internationale Verbandsschiedssprüche können im Rahmen von Leistungsklagen, zum Beispiel auf Zulassung zu einem Wettbewerb, Bedeutung erlangen, sofern sie über die begehrte Leistung entschieden haben, und sich nunmehr die Frage stellt, ob der Verbandsschiedsspruch die Parteien wirksam bindet.

Vor allem aber im Rahmen eines vor einem deutschen Gericht angestrengten Schadensersatzprozesses kann ein internationaler Sportschiedsspruch inzident zu prüfen sein[575]. Ebenso kann sich eine Überprüfung im Rahmen von Unterlassungsansprüchen gegen den internationalen Sportverband ergeben.

b) An ausländische internationale Sportschiedssprüche gebundene inländische deutsche Sportschiedssprüche

Abgesehen von den dargelegten Konstellationen, treten Fallgestaltungen auf, in denen die Kontrollmaßstäbe für internationale Sportschiedssprüche inzident im Rahmen der Überprüfung eines nationalen deutschen Sportschiedsspruches anzuwenden sind.

Dies kommt in Betracht, wenn das nationale Sportgericht eine Bindung an eine Entscheidung eines internationalen echten Sportschiedsgerichtes oder eines Verbandsgerichtes für gegeben hält. Der nationale deutsche Schiedsspruch ist anhand des jeweiligen Kontrollmaßstabes zu prüfen: Angemessenheitskontrolle nach § 242 BGB oder ordre public-Kontrolle nach § 1059 ZPO. Nach der deutschen Rechtsordnung ist die Bindung des nationalen Verbandes an eine internationale Entscheidung im Rahmen der von den Beteiligten gewollten hierarchi-

---

dischen echten Schiedssprüchen sehen ZPO und UNÜ eine Aufhebungsklage hingegen nicht vor, sondern nur die Möglichkeit des Antrages auf Versagung der von der anderen Partei zuvor beantragten Anerkennung und Vollstreckung. Die oben unter II 5 a) aa) (1) angesprochene Möglichkeit der negativen Feststellungsklage hinsichtlich der Nichtanerkennungsfähigkeit eines echten Schiedsspruches ist nur eine Möglichkeit und ein Recht, aber keine Pflicht der Partei im Sinne einer Obliegenheit, deren Nichterfüllung in einem späteren Prozess – insbesondere in einem Schadensersatzprozess – zu ihren Lasten ausgelegt werden könnte.

575 Im Krabbe-Verfahren hat die Klägerin Anträge auf Aufhebung bzw. Feststellung der Unwirksamkeit der Sperren mit Anträgen auf Schadensersatz verbunden, LG München I SpuRt 1995, 161, 163 f. Im Verfahren des Profibasketballspielers Stanley Roberts gegen die FIBA hat das OLG München SpuRt 2003, 199, 199 die Rechtmäßigkeit der Sperre des Spielers durch die FIBA als Vorfrage (Tatbestandsvoraussetzung) für den geltend gemachten Schadensersatzanspruch gesehen, die nicht anders beurteilt werden kann als durch den Schiedsspruch des CAS, es sei denn, es liegt ein Anerkennungshindernis im Sinne von § 1061 Abs. 1 S. 1 ZPO iVm Art. V UNÜ vor. Auch ein internationaler Verbandsschiedsspruch kann, wenn er ordre public-widrig ist, einen Schadensersatzanspruch auslösen. Vergleiche auch die Ausführungen zum anwendbaren Recht unter III 3 und 4.

schen Struktur des Sportverbandswesens in Form des Pyramidenaufbaus und des Ein-Platz-Prinzips grundsätzlich zulässig[576].

aa) Inzidente Überprüfung des ausländischen internationalen Sportschiedsspruches

Diese Zulässigkeit der Bindungswirkung gilt allerdings nur, sofern die internationale Entscheidung selbst anzuerkennen ist[577]. Eine auf einer internationalen Entscheidung basierende nationale Entscheidung ist – jedenfalls im Grundsatz – dann nicht angemessen nach § 242 BGB bzw. nicht ordre public-konform nach § 1059 Abs. 2 Nr. 2 b) ZPO, wenn das Gericht der internationalen Entscheidung die Anerkennung versagen müsste. Demzufolge ist trotz Anwendung der deutschen Rechtsordnung im Verhältnis des deutschen Verbandes zum Sportler inzident eine Überprüfung der internationalen Entscheidung anhand der Prüfungsschemata für den Kontrollmaßstab deutscher Gerichte bei internationalen Sportschiedssprüchen echter Schiedsgerichte oder Verbandsgerichte vorzunehmen.

Führt die Inzidentprüfung dazu, dass die internationale Entscheidung anzuerkennen ist, bestehen keine Zweifel an der Zulässigkeit der Bindungswirkung[578].

Sollte die Inzidentprüfung dazu führen, dass die internationale Entscheidung nicht anzuerkennen ist, kann die Bindungswirkung – jedenfalls im Grundsatz – nicht gelten. Der nationale Schiedsspruch wäre unangemessen bzw. ordre public-widrig, wenn er sich auf die Bindung berufen würde.

bb) Sanktionsgefahr bei Nichtumsetzung des internationalen Sportschiedsspruches

Gilt die Bindungswirkung bei Nichtanerkennung des internationalen Sportschiedsspruches nicht, besteht für den deutschen Sportverband ein Problem: Er kann eine internationale Entscheidung national nicht in seinem eigenen Sportschiedsspruch umsetzen und anwenden, wenn das deutsche Gericht dem nationalen Sportschiedsspruch in diesem Falle die Wirksamkeit versagt. Dementsprechend sieht sich der deutsche Verband möglicherweise einer Sanktion durch den

---

576 BVerfG NJW 1991, 2623, 2625 zu religiösen Vereinen; OLG Frankfurt/Main SpuRt 2001, 159, 161 (Baumann); *Vieweg*, S. 352 ff.; *Reuter* in DZWir 1996, S. 1, 7 f.; *Haas/Prokop* in SpuRt 1998, S. 15, 18; *Reichert*, Rn. 447 (9. Auflage: noch nicht so deutlich in Rn. 348); *ders.* in SpuRt 2004, S. 50, 52.

577 OLG Frankfurt/Main SpuRt 2001, 159, 161 (Baumann); *Vieweg*, S. 313 ff., 317, 333, 352, 357; PHBSportR/*Pfister* 6/129.

578 Vergleiche: OLG Frankfurt/Main SpuRt 2001, 159, 160 ff. (Baumann).

internationalen Verband ausgesetzt und befindet sich in einer Zwickmühle zwischen internationalem Verband und den Anforderungen des deutschen Rechts.

Diese Sanktionsgefahr und darüber hinaus die internationale Bedeutung als solche sind daher bei der Entscheidung des deutschen Gerichtes über den nationalen Sportschiedsspruch zu berücksichtigen[579]. Dieses hat bei der Prüfung nationaler Verbandsschiedssprüche am deutschen Kontrollmaßstab in der Prüfung der Angemessenheit der Entscheidung die Sanktionsgefahr durch den internationalen Verband und die internationale Bedeutung zu berücksichtigen. Bei der Prüfung nationaler echter Schiedssprüche sind diese Punkte vom deutschen Gericht im Rahmen der ordre public-Prüfung zu berücksichtigen, insbesondere im Rahmen der Grundrechtsabwägung, als Rechtfertigungsgrund bei europarechtlichen Grundfreiheiten oder im Rahmen des Verhältnismäßigkeitsgrundsatzes.

Je intensiver die Sanktion des internationalen Verbandes im konkreten Einzelfall Einfluss auf andere nimmt, desto eher ist dies zu berücksichtigen. So kann eine Sanktion bei Nichtumsetzung oder Nichtbeachtung der internationalen Entscheidung der Ausschluss des nationalen Verbandes und seiner Sportler von internationalen Wettbewerben sein[580]. Zwar wäre eine solche Kollektivstrafe ordre public-widrig und von deutschen Gerichten nicht anzuerkennen, wenn die anderen nationalen Sportler daraufhin ihrerseits Rechtsschutz suchen würden. Es ist allerdings insbesondere dann ungerechtfertigt, dass der einzelne Sportler andere

579 OLG München NJWE-VHR 1996, 96, 100 f. (Krabbe) (insoweit in SpuRt 1996, 133 ff. nicht abgedruckt); LG Darmstadt SpuRt 2001, 114, 116 (Baumann); *Reuter* in DZWir 1996, S. 1, 8; *Haas/Adolphsen* in NJW 1996, S. 2351, 2352; *Vieweg*, S. 238, 317, 333, 357 f.; PHBSportR/*Pfister* 6/129; *Pfister* in SpuRt 1995, S. 250, 252.

580 Vergleiche diese Problematik im Krabbe-Verfahren OLG München NJWE-VHR 1996, 96, 101: Nach 53.1 (I) IAAF-Regeln damaliger Fassung war jeder Sportler für die nach IAAF-Regeln ausgetragenen Sportveranstaltungen gesperrt, sofern der nationale Dachverband von der Mitgliedschaft suspendiert war. Dies war nach 20.1 und 20.2 IAAF-Regeln der Fall, wenn der nationale Dachverband eine Entscheidung des internationalen Verbandes nicht beachtete. Nach 53.1 (II) IAAF-Regeln damaliger Fassung waren darüber hinaus Sportler von Wettkampfveranstaltungen ausgeschlossen, die wissentlich an Wettkämpfen teilnahmen, bei denen auch gesperrte Sportler starteten. Nach der heutigen Fassung ergibt sich die Sperre des einzelnen Sportlers bei Suspendierung seines Verbandes aus Rule 22.1 (a) der Competition Rules, bei wissentlicher Teilnahme an einem Wettkampf, an dem auch gesperrte Sportler teilnehmen oder den ein suspendierter Verband veranstaltet, aus Rule 22.1 (b) der Competition Rules. Nach Art. 14.3 (b) IAAF-Constitution kann ein nationaler Verband suspendiert werden, falls er die Verfassung und Regeln des internationalen Verbandes nicht beachtet, wozu auch die Bindung an ein Urteil des CAS zählt, Art. 15.3 IAAF-Constitution. Für Verstöße eines Verbandes gegen die Dopingbestimmungen gilt dies nach Rule 42.3 der Competition Rules.

Sportler in seine Auseinandersetzung mit dem internationalen Verband einbezieht, sofern ihm andere gleichwertige Möglichkeiten des Rechtsschutzes gegen den internationalen Schiedsspruch verbleiben und er nicht zur Verfolgung seiner Interessen auf den nationalen Verband angewiesen ist[581]. Diese Rechtsschutzmöglichkeiten liegen für einen deutschen Sportler regelmäßig in der Möglichkeit, am Ort des Schiedsverfahrens die Aufhebung des internationalen Schiedsspruches zu beantragen, oder vor allem auch darin, den internationalen Verband in Deutschland zu verklagen[582] und somit die internationale Entscheidung der Kontrolle durch deutsche Gerichte zu unterwerfen.

Bei erheblicher Sanktionsgefahr für den nationalen deutschen Verband und die in ihm vereinigten Sportler überwiegt demnach das Interesse der übrigen Sportler und des nationalen Verbandes an einer reibungslosen Integration des nationalen Sports in das internationale Sportleben, so dass die Bindung des nationalen Schiedsspruches an den internationalen Schiedsspruch selbst dann angemessen bzw. ordre public-konform ist, wenn der internationale Schiedsspruch die Rechte eines einzelnen Sportlers ordre public-widrig verletzt[583].

---

581 *Haas/Adolphsen* in NJW 1996, S. 2351, 2352 f.; *Adolphsen* in IPRax 2000, S. 81, 85; *Pfister* in SpuRt 1995, S. 250, 252.

582 Wie bereits zu Beginn unter II 5 a) aa) dargestellt, besteht bei Schiedssprüchen von Verbandsgerichten die Möglichkeit der allgemeinen Feststellungsklage und bei Schiedssprüchen von echten Schiedsgerichten jedenfalls die Möglichkeit der negativen Feststellungsklage. Diese Möglichkeit besteht selbst dann, wenn der Sportler nicht förmliche Partei im Schiedsverfahren zwischen nationalem und internationalem Verband ist, vergleiche: OLG München NJWE-VHR 1996, 96, 102 ff. (Krabbe) und zu deutschem echten Schiedsverfahren OLG Stuttgart NJW-RR 2003, 495, 496 (Lizenzierung für 2. Fußballbundesliga) hinsichtlich konkludenter Zustimmung der Schiedsverfahrensparteien zu einer Nebenintervention und der Berechtigung als Nebenintervenient, einen Aufhebungsantrag zu stellen. Zur Zuständigkeit deutscher Gerichte vergleiche sogleich unter IV.

583 OLG München NJWE-VHR 1996, 96, 101 (Krabbe); *Haas/Adolphsen* in NJW 1996, S. 2351, 2352 f.; *Reuter* in DZWir 1996, S. 1, 8. LG Darmstadt SpuRt 2001, 114, 115 (Baumann) lässt im Gegensatz zum Berufungsurteil des OLG Frankfurt/Main SpuRt 2001, 159, 160 ff. die Frage nach der Bindungswirkung und der ordre public-Widrigkeit der internationalen Entscheidung offen und stellt sogleich auf die Sanktionsgefahr ab. *Vieweg*, S. 313 und 317 berücksichtigt die Sanktionsgefahr ebenfalls, betrachtet diese aber bei einem ordre public-Verstoß grundsätzlich als hinnehmbar. *Summerer* in 1. Internationaler Sportrechtskongress, S. 138, 145 f. wertet die Sanktionsgefahr geringer als die Schadensersatzpflicht gegenüber dem einzelnen Sportler.
Zu Vorschlägen, parallele Entscheidungen von nationalem und internationalem Verband insbesondere durch die gemeinsame Zuständigkeit des gleichen Schiedsgerichtes zu verhindern, vergleiche: *Adolphsen*, S. 685 ff.

Aufgrund der Fürsorgepflicht des nationalen Verbandes gegenüber dem einzelnen Sportler kann dieser sich auf die Sanktionsgefahr seitens des internationalen Verbandes nur berufen, sofern er seinerseits alle Möglichkeiten des Verbandsverfahrens zur Geltendmachung der Rechte des betroffenen Sportlers genutzt hat, falls dem Sportler selbst die Geltendmachung im Verbandsverfahren nicht möglich ist[584].

Ähnlich verhält es sich, wenn ein nationaler deutscher Verband internationale Regeln als seine eigenen inkorporiert und das deutsche Sportgericht diese anwendet. Auch in diesem Fall erfolgt die Prüfung des nationalen Schiedsspruches nach § 242 BGB bzw. § 1059 ZPO, die internationale Bedeutung und die Sanktionsgefahr fließen aber jeweils in die Bewertung ein.

6. Ergebnis zum Kontrollmaßstab für internationale Sportschiedssprüche

Der Kontrollmaßstab eines deutschen Gerichtes hängt davon ab, ob der Schiedsspruch eines echten Schiedsgerichtes oder lediglich eines Verbandsgerichtes vorliegt. Darüber hinaus ist zu differenzieren, ob ein in- oder ausländisches echtes Schiedsgericht bzw. ein Verbandsgericht, auf das die deutsche oder eine ausländische Rechtsordnung anzuwenden ist, entschieden hat. Besondere Bedeutung kommt in unterschiedlichen und vom jeweiligen Einzelfall abhängigen Abstufungen dem deutschen ordre public zu. Trotz dieser Differenzierungen ist nicht ausgeschlossen, dass man zu ähnlichen Ergebnissen gelangt[585].

Nach den dargelegten Prüfungsschemata bleibt es einem deutschen Gericht nicht erspart, sich mit ausländischen Rechtsordnungen auseinanderzusetzen.

Bei ausländischen Verbandsgerichten kann das deutsche Gericht die Kontrolle des Schiedsspruches nach der ausländischen Rechtsordnung[586] zwar offenlassen, sofern jedenfalls ein ordre public-Verstoß vorliegt[587]. Die bei einem Ver-

---

584 LG Darmstadt SpuRt 2001, 114, 116 (Baumann); *Haas/Adolphsen* in NJW 1996, S. 2351, 2352 f.; *Adolphsen* in IPRax 2000, S. 81, 85.

585 Vergleiche die Ausführungen unter II 3 c) und d) sowie II 4 b).

586 Falls die Parteien zur Unwirksamkeit nach der ausländischen Rechtsordnung überhaupt etwas vortragen, insbesondere diejenige, die den Verbandsschiedsspruch angreift, vergleiche: OLG Frankfurt/Main SpuRt 2001, 159, 161 (Baumann).

587 Vergleiche dazu bereits die Ausführungen oben unter II 2 b). Vergleiche zudem: *Pfister* in SpuRt 1995, S. 250, 250; *Reuter* in DZWir 1996, S. 1, 6. Allgemein bei der Anwendung des Art. 6 EGBGB in diesem Sinne: Soergel/*Kegel*, Vor Art. 3 EGBGB Rn. 173 mwN; andere Auffassung MüKo/*Sonnenberger*, Art. 6 EGBGB Rn. 46, der allerdings eine Anwendung der lex fori, ohne dass man zunächst die ausländische Rechtsordnung festgestellt hat, verhindern will. Die Anwendung der lex fori kommt aber bei der Überprüfung von ausländischen Verbandsschiedssprüchen nicht in Betracht, da ein deutsches Gericht bei der Überprüfung nur feststellt,

fahren nach § 1061 Abs. 1 ZPO in Verbindung mit Art. V UNÜ für die Gerichtszuständigkeit gemäß § 1062 Abs. 1 Nr. 4, Abs. 2 ZPO bedeutsame und von Amts wegen zu klärende Frage, ob ein echtes Schiedsgericht oder lediglich ein Verbandsgericht entschieden hat[588], ist aber nach der anzuwendenden ausländischen Rechtsordnung zu beantworten[589].

Allenfalls bei einer Inzidentkontrolle zum Beispiel im Rahmen der Einrede der Rechtskraft oder einer Schadensersatzklage kann ein deutsches Gericht die Problematik, ob ein ausländisches echtes Schiedsgericht oder lediglich ein Verbandsgericht entschieden hat, offenlassen, sofern zumindest ein Verstoß gegen den toleranteren Maßstab des ordre public international vorliegt. Wenn selbst der Schiedsspruch eines echten Schiedsgerichtes gegen den deutschen ordre public verstößt, dann gilt dies erst recht, wenn es sich um einen Verbandsschiedsspruch handelt, für den in der Regel ein ordre public-Verstoß aufgrund seines strengeren Kontrollmaßstabes bereits unter geringeren Voraussetzungen zu bejahen ist.

Aufgrund der erheblichen Einzelfallabhängigkeit besteht zwar keine exakte Vorhersehbarkeit der gerichtlichen Entscheidung. Die dargestellte Prüfungssystematik kann allerdings dazu beitragen, die Grundlinien für die jeweils zu treffende Entscheidung deutlich zu machen.

Zwecks eines Gesamtüberblickes schließen sich Ausführungen zum anwendbaren Recht vor einem deutschen Gericht (dazu unter III.) und zur Zuständigkeit deutscher Gerichte (dazu unter IV.) an.

III. Von einem deutschen Gericht nach Internationalem Privatrecht anzuwendendes Recht

Welches nationale Recht ein deutsches Gericht insbesondere als jeweiligen Kontrollmaßstab für verbandsgerichtliche Entscheidungen anzuwenden hat, richtet sich nach deutschem Internationalen Privatrecht. Bedeutung erlangen vor allem das Verbands-, Vertrags- und Deliktsstatut[590] sowie das Auswirkungsprinzip des § 130 Abs. 2 GWB.

---

ob der Verbandsschiedsspruch haltbar ist oder nicht, ihn aber nicht nach den Vorschriften der lex fori, mithin nach dem deutschen Recht, reduziert oder umändert, vergleiche oben unter II 3 e) cc).

588 Vergleiche die Ausführungen unter II 5 a) aa).

589 Vergleiche die Ausführungen unter II 1 c) bb).

590 Der Begriff Statut bezeichnet als das Ergebnis kollisionsrechtlicher Arbeit die jeweils maßgebende Rechtsordnung, vergleiche: *Kropholler*, § 2 III 1, S. 14; ausführlich *von Bar/Mankowski*, Bd. I, § 1 Rn. 18, S. 14 ff.

1. Verbandsstatut

Wie bereits dargelegt[591], richtet sich der Kontrollmaßstab für Verbandsschiedssprüche nach dem ausländischen Recht, das dem Verband die Autonomie zur Regelsetzung und -anwendung verleiht. Entscheidend ist somit grundsätzlich das Gesellschafts- bzw. Verbandsstatut, aus dem der Verband seine Partei- und Rechtsfähigkeit herleitet.

a) Mitgliedschaftliche Beziehung

Bei einer mitgliedschaftlichen Bindung an den internationalen Verband durch die Verbandssatzung ist für das Verhältnis zwischen Verband und Mitglied[592] dieses Verbandsstatut entscheidend.

Erörterungsbedürftig ist, wonach das Verbandsstatut zu bestimmen ist. Die Sitztheorie wendet die Rechtsordnung am effektiven Verwaltungssitz der Gesellschaft bzw. des Verbandes an. Die Gründungstheorie zieht die Rechtsordnung heran, nach der eine Gesellschaft bzw. ein Verband gegründet worden ist.[593]

Nach der in Deutschland herrschenden Sitztheorie ist für die Bestimmung des Verbandsstatutes im Grundsatz der tatsächliche effektive Verwaltungssitz einer Gesellschaft entscheidend[594]. Nach der Rechtsprechung des EuGH findet die Sitztheorie jedoch keine Anwendung, wenn eine Gesellschaft, die unter dem Schutz der in Art. 43 und 48 EGV garantierten Niederlassungsfreiheit steht, ihren effektiven Verwaltungssitz aus dem Gründungsstaat in einen anderen Mitgliedstaat verlegt, ohne sich dabei neu zu gründen[595]. Um der europarechtlich garantierten Niederlassungsfreiheit gerecht zu werden, muss sich die Rechtsfähigkeit

---

591 Vergleiche oben unter II 2 a).

592 Mitglieder des internationalen Verbandes sind in aller Regel die Nationalverbände und nur ausnahmsweise auch die einzelnen Vereine. Zum pyramidenförmigen Aufbau und Ein-Platz-Prinzip vergleiche bereits die Ausführungen in den Fußnoten 324 und 325.

593 Allgemein zur Sitz- und Gründungstheorie: Palandt/*Heldrich*, Anhang zu Art. 12 EGBGB Rn. 1 ff.; Staudinger/*Großfeld*, IntGesR Rn. 16 ff.; MüKo/*Kindler*, IntGesR Rn. 258 ff.

594 BGHZ 53, 181, 183; 78; 318, 334; 151, 204, 206; BGH NJW 2003, 1607, 1608; OLG Frankfurt SpuRt 2001, 159, 161 (Baumann); Staudinger/*Großfeld*, IntGesR Rn. 20, 38 ff.; Palandt/*Heldrich*, Anhang zu Art. 12 EGBGB Rn. 2; MüKo/*Kindler*, IntGesR Rn. 312 ff.

595 EuGH NJW 1999, 2027, 2028 (Centros); EuGH NJW 2002, 3614, 3617 (Überseering); EuGH NJW 2003, 3331, 3333 (Inspire Art); BGH NJW 2003, 1461, 1461; *Mankowski* in RIW 2004, S. 481, 483; Palandt/*Heldrich*, Anhang zu Art. 12 EGBGB Rn. 2.

einer Gesellschaft bei einer Sitzverlegung mit der Gründungstheorie nach der Rechtsordnung des Staates richten, in der sie gegründet wurde[596].

Ist der Anwendungsbereich der Art. 43 und 48 EGV oder anderer völkerrechtlicher Abkommen, die eine Inländergleichbehandlung oder Niederlassungsfreiheit vorsehen, nicht eröffnet, bleibt es bei der Sitztheorie[597].

b) Mitgliedschaftsähnliche Beziehung

Bei Nichtmitgliedern kommt, wie dargestellt[598], keine satzungsmäßige, sondern nur eine vertragliche Bindung in Betracht. Hier könnte folglich das nach Art. 27 ff. EGBGB zu bestimmende Vertragsstatut für die Autonomie des Verbandes und die Bindung an das Regelwerk sowie an die verbandsgerichtlichen Entscheidungen ausschlaggebend sein[599], so dass aus diesem auch der Kontrollmaßstab für die verbandsgerichtlichen Entscheidungen abzuleiten sein könnte.

Bei Sportregelwerken und darauf basierenden Entscheidungen fehlt aber – wie vom BGH im Reiter-Urteil festgestellt – eine vertragstypische Austauschbeziehung, die die Anwendung des Vertragsstatutes rechtfertigt[600]. Sportler und Verband verfolgen trotz gelegentlicher Auseinandersetzungen einen gemeinsamen Zweck, und zwar die geordnete und geregelte Ausübung einer Sportart unter gleichen Bedingungen für alle Teilnehmer[601]. Der Vertrag zwischen internationalem Verband und Sportler führt nicht zu einer Leistung oder einem Leistungsaustausch, sondern zu einer Eingliederung des Sportlers in die von dem internationalen Verband bestimmte Organisation. Die vertragliche Unterwerfung liegt damit den mitgliedschaftsrechtlichen Beziehungen in einem Verein, die durch die

---

596 BGH NJW 2003, 1461, 1461; *Mankowski* in RIW 2004, S. 481, 483; Palandt/*Heldrich*, Anhang zu Art. 12 EGBGB Rn. 6.

597 *Mankowski* in RIW 2004, S. 481, 485; Palandt/*Heldrich*, Anhang zu Art. 12 EGBGB Rn. 9 mwN. BayObLG DB 2003, 819, 820 wendet in einem solchen Fall die Sitztheorie an.

598 Siehe die Ausführungen unter II 2 a) aa) (3) (a) und II 2 a) bb).

599 PHBSportR/*Pfister* 6/11, 24 ff., 30; *Nolte* in Sport und Recht, S. 29; *Reuter* in DZWir 1996, S. 1, 5.

600 BGHZ 128, 93, 101 f. (Reiter); *Reuter* in DZWir 1996, S. 1, 5; *Röhricht* in RuS 22, S. 19, 35; *Haas/Prokop* in JR 1998, S. 45, 52; *Haas/Adolphsen* in NJW 1996, S. 2351, 2353; *Haas* in Akademieschrift 49, S. 57, 63.

601 BGHZ 128, 93, 102 (Reiter); *Röhricht* in RuS 22, S. 19, 35; *Haas* in Akademieschrift 49, S. 57, 63.

Aufstellung von Normwerken sozial-organisatorischer Natur geregelt werden, näher als den vertraglichen Leistungsaustauschbeziehungen[602].

Nach herrschender Meinung handelt es sich daher um eine mitgliedschaftsähnliche Beziehung, da es im Endeffekt darum geht, den einzelnen Sportler gleich einem unmittelbaren Mitglied in die Verbandshierarchie einzugliedern und zum Zweck der weltweiten Vergleichbarkeit und Chancengleichheit für alle Sportler ein- und dasselbe Statut anzuwenden. Aufgrund dieses mitgliedschaftsähnlichen Charakters der Unterwerfungsvereinbarung und aufgrund des Fehlens einer vertragstypischen Austauschbeziehung ist das Verbandsstatut für das Verhältnis zwischen Verband und Nichtmitgliedern entscheidend, auch wenn die Verbandsbestimmungen, die die Sportausübung regeln und Zuwiderhandlungen sanktionieren, vertraglich zwischen diesen vereinbart werden.[603]

Anderenfalls könnten zudem bei Mehrparteienstreitigkeiten, beispielsweise zwischen einem internationalen Verband und nicht nur einem nationalen Verband, sondern auch dessen Sportler, wegen der unterschiedlichen Art der Beziehungen zum internationalen Verband – mitgliedschaftlich und vertraglich – unterschiedliche Statute zur Anwendung kommen. Ein- und derselbe Verbandsschiedsspruch wäre demnach möglicherweise entgegen jeder Praktikabilität und Einheitlichkeit nach unterschiedlichen Rechtsordnungen zu bewerten, so dass dieser unter Umständen nach der einen als wirksam und nach der anderen als unwirksam zu betrachten ist.

Der Kontrollmaßstab für verbandsgerichtliche Entscheidungen richtet sich daher bei fehlender mitgliedschaftlicher und lediglich mitgliedschaftsähnlicher Bindung auf der ersten Prüfungsstufe nach dem Verbandsstatut, so dass die Vorschriften der Art. 27 ff. EGBGB nach Art. 37 S. 1 Nr. 2 EGBGB keine Anwendung finden[604].

---

602 BGHZ 128, 93, 102 (Reiter); *Haas/Adolphsen* in NJW 1996, S. 2351, 2353; *Haas* in Akademieschrift 49, S. 57, 63; *Röhricht* in RuS 22, S. 19, 35; MüKo/*Reuter*, Vor § 21 BGB Rn. 124 f.; *Reuter* in DZWir 1996, S. 1, 5.

603 *Reuter* in DZWir 1996, S. 1, 5; *ders.* in RuS 7, S. 53, 60; *Haas/Prokop* in JR 1998, S. 45, 52; *Haas/Adolphsen* in NJW 1996, S. 2351, 2353; *Adolphsen*, S. 268. Vergleiche die parallele Argumentation im Rahmen der Prüfung nach deutscher Rechtsordnung hinsichtlich der Begründung desselben Kontrollmaßstabes für Nichtmitglieder wie für Mitglieder, oben unter II 2 a) aa) (3) (b).

604 Bejaht man dennoch das Vertragsstatut, kann man über Art. 28 Abs. 5 EGBGB zu derselben Rechtsordnung wie nach dem Verbandsstatut gelangen, wenn man die Notwendigkeit der Geltung einheitlicher Prüfungsmaßstäbe zwecks weltweiter Vergleichbarkeit sportlicher Leistungen und Chancengleichheit aller als einen Umstand ansieht, aus dem sich ergibt, dass der Vertrag mit der Rechtsordnung des Staates, in dem der internationale Verband sitzt bzw. gegründet ist, engere Verbindungen aufweist.

c) Relevanz des Verbandsstatutes

Nach dem Verbandsstatut ist demnach nicht nur der Verbandsschiedsspruch zu bewerten, sondern auch, ob eine wirksame Unterwerfung unter das Regelwerk und unter die Verbandsrechtsprechungsgewalt vorliegt.

Eine Rechtswahl durch die Parteien kommt im Rahmen des Verbands- bzw. Gesellschaftsstatutes nach deutschem Internationalen Privatrecht nicht in Betracht. Denn dieses Statut kennt nur das Recht des Gründungs- oder Sitzstaates, das die gesellschaftsrechtlichen Beziehungen aus Gründen des Verkehrsschutzes einheitlich regeln muss, da die Regeln des Gesellschaftsrechts funktional zusammenhängen.[605]

Die Annahme des Verbands- bzw. Gesellschaftsstatutes führt – im Gegensatz zu Art. 35 EGBGB bei Annahme des Vertragsstatutes – zu einer Gesamtverweisung gemäß Art. 4 Abs. 1 EGBGB auf die Sach- und Kollisionsnormen der anderen Rechtsordnung am Sitz bzw. Gründungsort des Verbandes. Das dortige Kollisionsrecht bestimmt dann auch die anzuwendende Rechtsordnung[606].

Hinsichtlich eines echten Schiedsgerichtes richtet sich – neben den Voraussetzungen des Art. II UNÜ – die Frage, ob eine wirksame Schiedsvereinbarung vorliegt, hingegen nicht nach dem Verbandsstatut. Insofern gibt Art. V Abs. 2 a) UNÜ die kollisionsrechtliche Anknüpfung vor: Bei fehlender Bestimmung durch die Parteien ist das Recht des Landes entscheidend, in dem der Schiedsspruch ergangen ist. Entscheidend ist demnach das Recht am Ort des Schiedsverfahrens[607].

d) Deutsche Rechtsordnung als Verbandsstatut internationaler Verbände

Nachfolgend sind beispielhaft internationale Verbände aufgeführt, die ihren Sitz in Deutschland haben und nach deutschem Recht gegründet sind, so dass die deutsche Rechtsordnung das Verbandsstatut darstellt:

---

605 Staudinger/*Großfeld*, IntGesR Rn. 16 ff., 66 und 249; MüKo/*Kindler*, IntGesR Rn. 412 f. Andere Auffassung neuerdings *Adolphsen*, S. 274 ff., dem allerdings aufgrund der notwendigen weltweiten Vergleichbarkeit sportlicher Leistungen und aufgrund der notwendigen Chancengleichheit aller nicht zu folgen ist und der dementsprechend auch nur eine einheitliche Rechtswahl aller mitgliedschaftsähnlichen Beziehungen zulassen will, aaO, S. 275.

606 MüKo/*Kindler*, IntGesR Rn. 378 ff. allgemein zur Rück- und Weiterverweisung. Nach dem dortigen Kollisionsrecht richtet sich dann auch die Zulässigkeit einer Rechtswahl, vergleiche: *Reuter* in RuS 7, S. 53, 60.

607 Vergleiche dazu auch bereits die Ausführungen oben unter II 1 b) aa).

Das Internationale Paralympische Komitee (International Paralympic Committee, IPC) hat seinen Sitz in Bonn und ist nach § 1.3 IPC-Constitution im dortigen Vereinsregister eingetragen[608].

Der Internationale Schieß-Sportverband (International Shooting Sport Federation, ISSF, vormals Internationale Schützenunion, UIT) hat seinen Verwaltungssitz in München. Gemäß Art. 1.2.2 und 1.23.1 der ISSF-Constitution ist dieser Verband ein eingetragener Verein nach deutschem Recht[609].

Der Internationale Budo-Verband (International Budo Federation, IBF), der Sportarten wie Judo, Karate und Taekwondo vereint, wird in Deutschland durch den IBF Deutschland als eingetragener Verein mit Sitz in Wesel repräsentiert[610].

Der Internationale Rennrodelverband (International Luge Federation, FIL) hat seinen Sitz zwar in Berchtesgaden, wurde allerdings 1957 in der Schweiz gegründet[611].

Während der Internationale Basketballverband (Fédération Internationale de Basketball, FIBA) vor einigen Jahren seinen Verwaltungssitz noch in München hatte[612], hat er diesen 2002 nach Genf verlegt[613], so dass sich nach Art. 1 Abs. 2 General Statutes der FIBA die Rechtsfähigkeit nun aus dem Schweizer Recht herleitet.

2. Vertragsstatut gemäß Art. 27 ff. EGBGB

Das in Art. 27 bis 37 EGBGB geregelte Vertragsstatut bleibt für die Fälle entscheidend, in denen der Beziehung der Parteien ein Vertrag zugrunde liegt, ohne dass es um die Eingliederung von Nichtmitgliedern in die Verbandsorganisation geht, und in denen infolgedessen die Mitgliedschaftsähnlichkeit nicht entscheidend ist.

---

608 Aktuelle englische Fassung der IPC-Constitution vom 01.03.2005 findet sich unter http://www.paralympic.org/release/Main_Sections_Menu/IPC/IPC_Handbook/Section_1_Constitution_and_By_Laws/Constitution_incl_preamble.pdf. § 13 IPC-Constitution benennt das deutsche Recht ausdrücklich als anwendbares Recht.

609 Aktuelle englische Fassung der ISSF-Constitution für 2005 findet sich unter http://www.issf-shooting.org/rules/2005/03_constitution_2005_1st.html.

610 Vergleiche unter http://www.ibf-deutschland.de/.

611 Angaben dazu, in welcher Rechtsform der Verband gegründet wurde, und ob diese sich nach der Verlegung des Verwaltungssitzes nach Deutschland geändert hat, finden sich auf der Homepage www.fil-luge.org nicht.

612 Vergleiche das Verfahren des Profibasketballers Stanley Roberts gegen die FIBA: LG München I SpuRt 2000, 115 ff. und OLG München SpuRt 2001, 64 ff. sowie OLG München SpuRt 2003, 199 ff.

613 Vergleiche Art. 2 der General Statutes in der noch aktuellen englischen Fassung von September 2002 und den Link „History of FIBA“ unter www.fiba.com.

Dies gilt für Verträge von internationalen Sportverbänden oder Sportlern mit Sponsoren, Rechtevermarktern oder Fernsehanstalten sowie für Verträge internationaler Verbände mit verbandsexternen Veranstaltern über die Ausrichtung von Wettkämpfen, wie zum Beispiel für den Olympiastadtvertrag zwischen IOC und Bewerberstadt.

Der internationale Verband kann auf die Anwendung der Rechtsordnung seines Verbandsstatutes hinwirken, wenn er mit der anderen Partei eine entsprechende Rechtswahl vereinbart. Im Wege der Rechtswahl kann auch die deutsche Rechtsordnung gewählt werden.

3. Deliktsstatut gemäß Art. 40 ff. EGBGB

Neben dem Verbands- und Vertragsstatut kann das in Art. 40 bis 42 EGBGB geregelte Deliktsstatut Bedeutung erlangen[614]. Stützt die klagende Partei ihre Ansprüche auf Deliktsrecht, ist nach Art. 40 S. 1 EGBGB grundsätzlich die Rechtsordnung am Handlungsort maßgebend. Nach S. 2 kann der Verletzte verlangen, dass das Recht des Staates angewendet wird, in dem der Erfolg eingetreten ist. Bei Sperren gegen deutsche Sportler tritt beispielsweise der Erfolg der Sperre jedenfalls auch in Deutschland ein. Somit kann die deutsche Rechtsordnung bezüglich etwaiger Schadensersatzansprüche[615] angewendet werden, sofern von den Parteien keine abweichende Rechtswahl nach Art. 42 EGBGB vereinbart wird.

Selbst wenn deutsches Deliktsrecht anzuwenden ist, ist die an sich indizierte Rechtswidrigkeit bei einem rechtlich nicht zu beanstandenen Schiedsspruch nicht gegeben. Ob der Schiedsspruch rechtlich nicht zu beanstanden ist, richtet sich nicht nach dem Deliktsstatut, sondern bei einem Verbandsgericht – wie im obigen Prüfungsschema dargestellt[616] – in erster Linie nach der Rechtsordnung, die dem Verband die Autonomie zur Regelsetzung und -anwendung gewährt, und

---

614 Zum Entwurf einer EU-Verordnung (sogenanntes Rom II-Abkommen) zum auf außervertragliche Schuldverhältnisse anwendbaren Recht vergleiche den Abdruck eines solchen Vorschlages in IPRax 2005, S. 174-178 und *Huber/Bach* in IPRax 2005, S. 73 ff.

615 In Betracht kommen zum Beispiel: Eingriff in das Mitgliedschaftsrecht als sonstiges Recht im Sinne des § 823 Abs. 1 BGB (vergleiche: BGHZ 110, 323, 327 und 334 (Schärenkreuzer); OLG Frankfurt SpuRt 2001, 159, 160 (Baumann)); Eingriff in den eingerichteten und ausgeübten Gewerbebetrieb des Berufssportlers als sonstiges Recht im Sinne des § 823 Abs. 1 BGB (*Pfister* in SpuRt 1995, S. 250, 251 f.); vorsätzliche sittenwidrige Schädigung gemäß § 826 BGB (vergleiche: LG München I SpuRt 2000, 155, 157 (Roberts); OLG München SpuRt 2001, 64, 66 (Roberts); OLG München SpuRt 2003, 199, 201 (Roberts); Palandt/*Sprau*, § 826 BGB Rn. 59 ff.).

616 Vergleiche oben unter II 2.

daher grundsätzlich bei einem mitgliedschaftlichen oder mitgliedschaftsähnlichen Verhältnis nach dem Verbandsstatut und in zweiter Linie nach dem deutschen ordre public nach Art. 6 EGBGB. Bei einem echten Schiedsgericht sind § 1061 Abs. 1 S. 1 ZPO in Verbindung mit Art. V UNÜ entscheidend[617].

Teilweise wird erwogen, das Deliktsstatut nach Art. 41 EGBGB akzessorisch an das Verbandsstatut anzuknüpfen, falls die Anknüpfung an den Tatort eher zufällig, gezwungen oder unangemessen erscheine, weil aufgrund besonderer Umstände – wie der weltweiten Chancengleichheit und Vergleichbarkeit sportlicher Leistungen – die rechtliche Beziehung unter den Beteiligten einer anderen Rechtsordnung sachgerechter zuzuordnen sei[618]. Eine Anknüpfung des Deliktsstatutes an das Verbandsstatut kann aber nicht mit der weltweiten Vergleichbarkeit der Sportleistungen und der weltweiten Chancengleichheit bei Ausübung des Sports begründet werden. Denn die Schadensersatzfrage betrifft nicht mehr die unmittelbare Sportausübung. Ob der Sportler nach deutschem oder ausländischem Recht Schadensersatz erhält, hat keinen Einfluss auf seine sportliche Leistung. Vergleichbar muss nicht sein, wie viel der jeweilige Sportler bei einer ungerechtfertigten Sanktion als Schadensersatz erhält, sondern die Teilnahme am Sport unter gleichen Bedingungen. Die ausgesprochene Sanktion und die Feststellung ihrer Unwirksamkeit müssen nach demselben Recht erfolgen, um die weltweite Vergleichbarkeit und Chancengleichheit zu wahren. Dafür ist ausreichend, im Rahmen des deliktischen Anspruches die Wirksamkeit des Verbandsschiedsspruches am Verbandsstatut zu messen[619]. Auch wenn im Falle einer

---

617 Im Verfahren des Profibasketballspielers Stanley Roberts gegen die FIBA hat das OLG München SpuRt 2003, 199, 199 die Rechtmäßigkeit der Sperre des Spielers durch die FIBA als Vorfrage (Tatbestandsvoraussetzung) für den geltend gemachten Schadensersatzanspruch gesehen, die nicht anders beurteilt werden kann als durch den Schiedsspruch des CAS, es sei denn, es liegt ein Anerkennungshindernis im Sinne von § 1061 Abs. 1 S. 1 ZPO iVm Art. V UNÜ vor. Vergleiche das oben unter II 1 dargelegte Prüfungsschema. Während bei einem echten Schiedsspruch als Verletzungshandlung des internationalen Verbandes die zuvor ausgesprochene Sanktion zu betrachten ist, kann bei einem Verbandsschiedsspruch der Verbandsschiedsspruch als solcher als Verletzungshandlung betrachtet werden, da das Verbandsgericht ein Verbandsorgan ist (vergleiche oben unter II und II 1 c) aa) (3)).

618 *Haas/Prokop* in JR 1998, S. 45, 52; *Haas/Adolphsen* in NJW 1996, S. 2351, 2353; *Petri*, S. 319 f.

619 Diese Argumentation ist auf Schadensersatzansprüche aus Vertragsverletzung in mitgliedschaftsähnlichen Verhältnissen übertragbar: Entnimmt man den vertraglichen Schadensersatzanspruch nicht dem Verbandsstatut, sondern dem Vertragsstatut, kann eine Vertragsverletzung nur vorliegen, wenn die ausgesprochene Sanktion entweder nach dem Verbandsstatut oder nach Art. 6 EGBGB nicht anzuerkennen ist.

Sperre der deliktische Anspruch auf Naturalrestitution in Form der Aufhebung der Sperre gerichtet ist, ergibt sich keine unterschiedliche Behandlung je nach Deliktsstatut: Die Aufhebung der Sperre in Form der Naturalrestitution wird jeweils nur erfolgen, sofern die verbandsgerichtliche Entscheidung nach den Vorgaben des Verbandsstatutes oder Art. 6 EGBGB nicht anerkannt werden kann.

4. Auswirkungsprinzip gemäß § 130 Abs. 2 GWB

Eine etwaige Schadensersatzpflicht oder ein etwaiger Unterlassungsanspruch aufgrund eines kartellrechts- oder wettbewerbswidrigen Verhaltens richtet sich aufgrund des in § 130 Abs. 2 GWB normierten Auswirkungsprinzips bereits dann nach dem deutschen GWB, wenn eine Auswirkung der Wettbewerbsbeschränkung auf den Geltungsbereich des GWB, mithin Deutschland, vorliegt. § 130 Abs. 2 GWB ist jedem anderen Statut und auch einer Rechtswahl vorrangig.[620]

Liegt eine solche Auswirkung vor, führt der Verstoß gegen die Vorschriften des GWB (insbesondere §§ 19 und 20 GWB) oder gegen Art. 81 oder 82 EGV zu einem Unterlassungsanspruch gemäß § 33 Abs. 1 GWB. Bei Vorsatz oder Fahrlässigkeit besteht eine Schadensersatzpflicht nach § 33 Abs. 3 GWB.

Es fehlt allerdings an einer missbräuchlichen Ausnutzung einer marktbeherrschenden Stellung im Sinne des § 19 Abs. 1 und 4 GWB bzw. an einer unbilligen Behinderung im Sinne des § 20 Abs. 1 GWB, wenn der Schiedsspruch als solcher rechtlich nicht zu beanstanden ist. Wie bei deliktischen Ansprüchen gilt auch hier: Ob der Schiedsspruch rechtlich nicht zu beanstanden ist, richtet sich bei einem Verbandsgericht in erster Linie nach der Rechtsordnung, die dem Verband die Autonomie zur Regelsetzung und -anwendung gewährt, und somit grundsätzlich bei einem mitgliedschaftlichen oder mitgliedschaftsähnlichen Verhältnis nach dem Verbandsstatut und in zweiter Linie nach dem deutschen ordre

620 *Adolphsen* in Jb. J. ZivRWiss. 2002, S. 281, 299; Immenga/Mestmäcker/*Rehbinder*, § 130 Abs. 2 GWB Rn. 222, 225 f.; *Menzel* in WRP 2002, S. 810, 815; *Heß* in Aktuelle Rechtsfragen, S. 1, 38; *Vieweg*, S. 134. Vergleiche auch die Ausführungen zu II 3 e) bb) (3).

public nach Art. 6 EGBGB[621]. Bei einem echten Schiedsgericht sind § 1061 Abs. 1 S. 1 ZPO in Verbindung mit Art. V UNÜ entscheidend[622].

IV. Zuständigkeit deutscher Gerichte

Nachdem geklärt ist, welches Recht ein deutsches Gericht anzuwenden hat, ist abschließend zu erörtern, wann ein deutsches Gericht zuständig ist. Bei der Zuständigkeit ist ebenfalls zwischen echten Schiedsgerichten und Verbandsgerichten zu unterscheiden.

1. Anträge nach §§ 1059 ff. ZPO

Hinsichtlich echter Schiedsgerichte enthält § 1062 Abs. 1 Nr. 4 ZPO für Anträge nach §§ 1059 ff. ZPO eine explizite sachliche Zuständigkeitsregelung[623]. Danach ist das Oberlandesgericht für die Aufhebung (§ 1059 ZPO) oder die Vollstreckbarerklärung des Schiedsspruches (§§ 1060 ff. ZPO)[624] oder die Aufhebung der Vollstreckbarerklärung (§ 1061 ZPO) zuständig.

Die örtliche Zuständigkeit richtet sich gemäß § 1062 Abs. 1 ZPO nach der Vereinbarung der Parteien oder, falls eine solche fehlt, nach dem Ort des schiedsrichterlichen Verfahrens. Da es bei ausländischen Schiedsverfahren an einem

---

621 Ist der Verbandsschiedsspruch nach dem ausländischen Recht wirksam, sind im Rahmen der ordre public-Prüfung die kartell- und wettbewerbsrechtlichen Bestimmungen des GWB neben ihrer Funktion als Anspruchsgrundlage auch im Rahmen des ordre public als Grenze für den Verbandsschiedsspruch heranzuziehen, der nur dann nicht unbillig bzw. sachlich gerechtfertigt ist, wenn beispielsweise die weltweite Vergleichbarkeit der sportlichen Leistung und die Chancengleichheit aller die Wettbewerbsbeschränkung erfordern, vergleiche die Ausführungen unter II 3 e) bb) (3).

622 Im Verfahren des Profibasketballspielers Stanley Roberts gegen die FIBA hat das OLG München SpuRt 2003, 199, 199 die Rechtmäßigkeit der Sperre des Spielers durch die FIBA als Vorfrage (Tatbestandsvoraussetzung) für den geltend gemachten Schadensersatzanspruch gesehen, die nicht anders beurteilt werden kann als durch den Schiedsspruch des CAS, es sei denn, es liegt ein Anerkennungshindernis im Sinne von § 1061 Abs. 1 S. 1 ZPO iVm Art. V UNÜ vor (vergleiche bereits Fußnote 617). Ebenso *Menzel* in WRP 2002, S. 810, 815. Auch bei einem echten Schiedsspruch sind die Bestimmungen des GWB sowohl als Anspruchsgrundlage als auch als Grenze im Rahmen des ordre public von Bedeutung.

623 Vergleiche bereits die Ausführungen unter II 5 a) aa) (1) zu den prozessualen Fallgestaltungen vor deutschen Gerichten.

624 Die Zuständigkeit besteht sowohl für in- als auch ausländische Schiedssprüche, *Schwab/Walter*, Kapitel 31 Rn. 14; MüKo/*Münch*, § 1062 ZPO Rn. 7.

Schiedsort in Deutschland fehlt, ist für diese Fälle § 1062 Abs. 2 ZPO entscheidend: Danach ist das Oberlandesgericht zuständig, in dessen Bezirk der Antragsgegner seinen Sitz oder gewöhnlichen Aufenthalt hat. Bei ausländischen Schiedssprüchen von echten Schiedsgerichten ist Antragsgegner nach der Grundkonzeption der §§ 1059 ff. ZPO der betroffene Sportler oder der betroffene nationale Verband, da der internationale Sportverband eine Anerkennung und Vollstrekkung beantragen muss, um den Schiedsspruch in Deutschland durchzusetzen.

Der internationale Verband bedient sich allerdings in der Regel nicht der staatlichen Hilfe zur Durchsetzung des echten Schiedsspruches. Er nutzt seine Macht des Faktischen und lässt beispielsweise den aufgrund eines Schiedsspruches gesperrten Sportler nicht zu Wettbewerben zu. Der Sportler ist dann zu einer negativen Feststellungsklage[625] gezwungen, um die Nichtanerkennung des Schiedsspruches gerichtlich feststellen zu lassen. Dies ändert nichts an der Bestimmung der örtlichen Zuständigkeit[626]. Zwar ist in diesem Fall der Sportler der Kläger und der internationale Verband ist der Beklagte, so dass im Sinne des § 1062 Abs. 2 ZPO, der auf den Antragsgegner Bezug nimmt, der Sitz des internationalen Verbandes für die örtliche Zuständigkeit entscheidend sein könnte. § 1062 Abs. 2 ZPO bringt aber in seiner Gesamtheit zum Ausdruck, dass die örtliche Zuständigkeit am Sitz der Partei begründet ist, gegen die die Vollstreckung des echten Schiedsspruches droht. Dies entspricht einer Entlastung der Gerichte: Anderenfalls wäre bei einem nachträglichen Antrag auf Vollstreckbarerklärung möglicherweise ein anderes Oberlandesgericht örtlich zuständig als das, das sich bis dahin gegebenenfalls bereits ausführlich mit der negativen Feststellungsklage beschäftigt hat. Damit ist auch im Fall der negativen Feststellungsklage das Oberlandesgericht am Sitz des Sportlers zuständig.

2. *Schiedssprüche von Verbandsgerichten und Inzidentprüfungen eines echten Schiedsspruches oder eines Verbandsschiedsspruches*

Geht es nicht um Anträge nach §§ 1059 ff. ZPO, sondern um Schiedssprüche von Verbandsgerichten oder um die Geltendmachung von Schadensersatzansprüchen, die eine Inzidentprüfung eines ausländischen echten Schiedsspruches oder eines Verbandsschiedsspruches enthalten, richtet sich die Zuständigkeit nach den allgemeinen Regeln.

---

625 Vergleiche oben unter II 5 a) aa) (1).

626 Zur sachlichen Zuständigkeit des Oberlandesgerichtes in diesen Fällen vergleiche bereits obige Ausführungen unter II 5 a).

Den Zuständigkeitsregeln der deutschen Rechtsordnung sind internationale Abkommen über die Gerichtszuständigkeit vorrangig, wie zum Beispiel die EuGVO[627], das LugÜ[628] oder andere multi- oder bilaterale Abkommen[629].

Gemäß Art. 2 Abs. 1, 60 EuGVO bzw. Art. 2 Abs. 1, 53 LugÜ ist zwar grundsätzlich der Sitz des internationalen Verbandes für die gerichtliche Zuständigkeit entscheidend[630]. Nach Art. 5 Nr. 3 EuGVO bzw. Art. 5 Nr. 3 LugÜ kann aber bei einer unerlaubten Handlung – wie einer nicht gerechtfertigten Sanktion durch den internationalen Verband[631] – oder Ansprüchen aus dieser eine Person, die ihren Sitz im Hoheitsgebiet eines Mitgliedstaates der EuGVO bzw. des LugÜ hat, auch vor dem Gericht des Ortes, an dem das schädigende Ereignis eingetreten ist oder einzutreten droht, verklagt werden. Damit enthält Art. 5 Nr. 3 EuGVO bzw. LugÜ den Grundgedanken, dass der durch eine unerlaubte Handlung Verletzte seine Schadensersatzansprüche dort geltend machen darf, wo das Unrecht begangen wurde, sich ausgewirkt hat oder sich auszuwirken droht: Sowohl der Ort des Schadenseintritts als auch der des ursächlichen Handelns ist erfasst[632].

Eine vom internationalen Verband gegen einen deutschen Sportler verhängte Sanktion wie eine Sperre wirkt sich auch in Deutschland aus, so dass sich daraus die Zuständigkeit deutscher Gerichte ergibt. Die fehlerhafte Untersuchung einer Dopingprobe in Deutschland als schädigendes Ereignis kann ebenfalls die Zu-

627 EuGVO ist die Abkürzung für EG-Verordnung Nr. 44/2001 des Rates über die gerichtliche Zuständigkeit und die Anerkennung und Vollstreckung von Entscheidungen in Zivil- und Handelssachen, abgedruckt in der Textsammlung von Jayme/Hausmann (Hrsg.), Internationales Privat- und Verfahrensrecht, 12. Auflage, München 2004, Ordnungsziffer 160. Die EuGVO, teilweise in der Literatur auch als EuGVVO abgekürzt, ersetzt die frühere EuGVÜ, vergleiche zu letzterer: MüKo/*Gottwald*, IZPR: EuGVÜ, S. 1978 ff.

628 LugÜ ist die Abkürzung für Luganer Übereinkommen über die gerichtliche Zuständigkeit und die Vollstreckung gerichtlicher Entscheidungen in Zivil- und Handelssachen, ebenfalls abgedruckt bei Jayme/Hausmann aaO, Ordnungsziffer 152. Das LugÜ lässt die EuGVO unberührt, Art. 54 b LugÜ.

629 Thomas/Putzo/*Hüßtege*, Vorbemerkung vor § 1 ZPO Rn. 6; Soergel/*Kronke*, Art. 38 EGBGB Anhang IV Rn. 20; PHBSportR/*Pfister* 6/66. Ausführlich dazu *Adolphsen*, S. 362 ff.

630 Zu internationalen Sportverbänden, die ihren Sitz in Deutschland haben, vergleiche die Beispiele oben beim Verbandsstatut unter III 1 d).

631 Als unerlaubte Handlungen gelten auch Kartellverstöße und unlauterer Wettbewerb, vergleiche: Immenga/Mestmäcker/*Rehbinder*, § 130 Abs. 2 GWB Rn. 257; Thomas/Putzo/*Hüßtege*, Art. 5 EuGVVO Rn. 17.

632 EuGH NJW 2004, 2441, 2442; NJW 1977, 493, 494; Musielak/*Weth*, Art. 5 EuGVO Rn. 14 und 17; Thomas/Putzo/*Hüßtege*, Art. 5 EuGVVO Rn. 19; *Reuter* in DZWir 1996, S. 1, 4.

ständigkeit eines deutschen Gerichtes für eine Schadensersatzklage in Folge einer daraufhin unberechtigt ausgesprochenen Wettkampfsuspendierung begründen[633].

Nur wenn ein solches internationales Abkommen nicht anwendbar ist, nicht besteht bzw. der internationale Verband seinen Sitz nicht im Hoheitsgebiet eines Mitgliedstaates eines solchen Abkommens hat, sind die Regeln der deutschen Rechtsordnung, insbesondere der ZPO, entscheidend[634]. Vor allem der allgemeine Gerichtsstand juristischer Personen nach § 17 ZPO[635], der besondere Ge-

---

633 Vergleiche die Schadensersatzklage des in Kenia geborenen US-amerikanischen Mittelstreckenläufers und Silbermedaillengewinners der Olympischen Spiele 2004 Bernard Lagat gegen die IAAF und die WADA vor dem Landgericht Köln. Gegenstand der Klage ist eine vorübergehende Wettkampfsuspendierung nach einer in der A-Probe auf Erythropoietin (Epo) positiven, anschließend in der B-Probe aber überraschenderweise negativen Dopingprobe. Die Proben wurden bei einer Trainingskontrolle in Tübingen genommen und in einem Kölner Labor analysiert. Nachdem die Vorsitzende Richterin ihre Ansicht äußerte, dass die Zuständigkeit des Gerichtes gegeben sei, wurde der Rechtsstreit im November 2005 zunächst durch einen Vergleich unter Widerrufsvorbehalt beendet. Dieser Vergleich wurde von Seiten Lagats widerrufen. Zur Zeit ist der Ausgang des Verfahrens offen, ein Verhandlungstermin ist für Februar 2006 bestimmt. Vergleiche Frankfurter Allgemeine Zeitung vom 13.09.2005, S. 32, vom 03.11.2005, S. 35, vom 23.11.2005, S. 35, und vom 26.11.2005, S. 30.

634 Thomas/Putzo/*Hüßtege*, Vorbemerkung vor Art. 1 EuGVVO Rn. 4; PHBSportR/*Pfister* 6/67.
Auf die echte Schiedsgerichtsbarkeit, und zwar nicht nur auf Entscheidungen des echten Schiedsgerichtes selbst, sondern auch auf staatsgerichtliche Verfahren, die einem echten Schiedsverfahren dienen, und damit auch auf die soeben unter 1. genannten Anträge nach §§ 1059 ff. ZPO ist die EuGVO nach Art. 1 Abs. 2 d) EuGVO und das LugÜ nach Art. 1 Abs. 2 Nr. 4 LugÜ nicht anwendbar: EuGH NJW 1993, 189, 190; OLG Hamburg RIW 1996, 862, 862; Geimer/Schütze/*Geimer*, Art. 1 EuGVVO Rn. 159; Zöller/*Geimer*, Anhang I Art. 1 EuGVVO Rn. 45; Thomas/Putzo/*Hüßtege*, Art. 1 EuGVVO Rn. 9; Baumbach/*Albers*, Art. 1 EuGVVO Rn. 10. Wird ein ausländischer echter Schiedsspruch aber nur inzident im Rahmen eines Schadensersatzprozesses geprüft, greift die Ausnahme des Art. 1 Abs. 2 d) EuGVO nicht: *Schlosser*, Rn. 116; *Schlosser*, EU-Zivilprozessrecht, Art. 1 EuGVVO Rn. 24; vergleiche auch OLG München vom 10.10.2002, Az. U (K) 1651/02 (insofern in SpuRt 2003, 199 ff. nicht abgedruckt, aber in juris dokumentiert) im Fall Stanley Roberts, das die Zuständigkeit nach Art. 2 Abs. 1, 53 EuGVÜ begründet, ohne auf die gleichlautende Ausnahme des Art. 1 Nr. 4 EuGVÜ einzugehen. Dem ist zu folgen, da bei einer Inzidentkontrolle die besonderen Anerkennungsvoraussetzungen des UNÜ nicht mit Hilfe der EuGVO umgangen werden, sondern entscheidend bleiben für die Inzidentkontrolle des echten Schiedsspruches, wie bereits dargestellt, und die EuGVO lediglich zur Zuständigkeitsbegründung staatlicher Gerichte für den Schadensersatzprozess dient.

635 Ein nationaler Verband ist nicht als Niederlassung eines internationalen Verbandes in direkter oder analoger Anwendung des § 21 ZPO zu verstehen, da der internatio-

richtsstand der unerlaubten Handlung nach § 32 ZPO[636] und die kartellrechtlichen Sonderregelungen der §§ 87 und 88 GWB sind von Bedeutung.

Die deutschen Zuständigkeitsregeln sind auch entscheidend bei Klagen gegen nationale deutsche Verbände wegen deren Entscheidungen, bei denen sie sich an internationale Entscheidungen gebunden glauben[637]. Neben der Höhe des Streitwertes hinsichtlich der sachlichen Zuständigkeit von Amts- oder Landgericht – soweit sich die sachliche Zuständigkeit nicht nach § 87 GWB richtet – ist für die örtliche Zuständigkeit der Sitz des Verbandes entscheidend, §§ 12, 17, 22 ZPO.

Werden sowohl nationaler als auch internationaler Verband verklagt, ergibt sich die Zuständigkeit des deutschen Gerichtes für die Klage gegen den internationalen Verband bei Anwendbarkeit der EuGVO bzw. des LugÜ aus dem Gerichtsstand der Streitgenossenschaft nach Art. 6 Nr. 1 EuGVO bzw. Art. 6 Nr. 1 LugÜ. Bei Anwendung der deutschen Rechtsordnung besteht lediglich die Möglichkeit der gerichtlichen Bestimmung der Zuständigkeit nach § 36 Abs. 1 Nr. 3

---

nale Verband nicht die nationalen Verbände als seine Niederlassungen errichtet, sondern diese vielmehr in der Regel Gründungsmitglieder des internationalen Verbandes sind: OLG München NJWE-VHR 1996, 96, 101 f. (Krabbe); *Haas/Adolphsen* in NJW 1996, S. 2351, 2353 und *Reuter* in DZWir 1996, S. 1, 4. Anders noch die Vorinstanz LG München I SpuRt 1995, 161, 164 (Krabbe) und im Anschluss daran *Pfister* in SpuRt 1995, S. 201, 201 ff. Das OLG München aaO bejahte aber seine Zuständigkeit im Ergebnis ebenfalls, und zwar über § 32 ZPO.

636 Während der BGH bei Fällen ohne Auslandsbezug unter Aufgabe seiner bisherigen Rechtsprechung und mit einem Erst-recht-Schluss zu § 17 Abs. 2 GVG hinsichtlich des Gerichtsstandes der unerlaubten Handlung nach § 32 ZPO bei konkurrierenden vertraglichen Ansprüchen einen Gerichtsstand des Sachzusammenhangs bejaht, so dass das Gericht am Gerichtsstand der unerlaubten Handlung erst recht auch vertragliche Ansprüche prüfen kann, wenn es nach § 17 Abs. 2 GVG sogar rechtswegfremde Gesichtspunkte prüfen darf (BGH NJW 2003, 828, 829 f.; Musielak/*Voit*, § 32 ZPO Rn. 11; so auch schon, allerdings ohne eine Begründung anzuführen: OLG München NJW-VHR 1996, 96, 103 (Krabbe)), verneint dies der EuGH für den Gerichtsstand der unerlaubten Handlung nach Art. 5 Nr. 3 EuGVO wegen dessen Ausnahmecharakters und der Möglichkeit für den Kläger, Klage unter sämtlichen Gesichtspunkten vor dem Gericht am Sitz des Beklagten zu erheben (EuGH NJW 1988, 3088, 3089; Musielak/*Weth*, Art. 5 EuGVO Rn. 15). Im Interesse des internationalen Rechtsanwendungseinklangs überträgt der BGH allerdings diese Ansicht auf § 32 ZPO, wenn § 32 ZPO bei einem Auslandsbezug dazu dient, die internationale Zuständigkeit deutscher Gerichte zu bejahen, da es für die Beteiligten bei Auslandsbezug von besonderer Bedeutung sei, ob sie in ihrem Heimatstaat oder im Ausland vor Gericht stünden (BGH NJW 2003, 828, 830; BGHZ 134, 105, 113 f.).

637 Bejaht man auch in diesen Fällen wegen der internationalen Komponente die Anwendbarkeit der EuGVO oder des LugÜ, ergibt sich die Zuständigkeit deutscher Gerichte ohne weiteres gleichermaßen aus Art. 2 Abs. 1 EuGVO bzw. Art. 2 Abs. 1 LugÜ, da die nationalen deutschen Verbände ihren Sitz in Deutschland haben.

ZPO oder der Streitverkündung, wenn nicht ein- und dasselbe Gericht zum Beispiel wegen des gemeinsamen besonderen Gerichtsstandes der unerlaubten Handlung gemäß § 32 ZPO zuständig ist.

C. Zusammenfassung der Ergebnisse in Thesen

Nachfolgend erfolgt zum Zweck eines abschließenden Gesamtüberblickes eine Zusammenfassung der Ergebnisse der Arbeit in Thesen:

I. Internationales Sportverbandsrecht stellt keine originäre dritte Rechtsordnung, eine lex sportiva internationalis sui generis, neben dem Völkerrecht und staatlichem Recht dar. Ebenso wenig ergibt sich eine originäre und von staatlichem Recht unabhängige Rechtssetzungs- und Rechtsanwendungsmacht aus einer etwaigen Völkerrechtssubjektivität internationaler Sportverbände. Das internationale Sportverbandsrecht bedarf vielmehr einer Anerkennung durch staatliches Recht. Von diesem ist es abgeleitet und erst durch dieses erlangt es Geltung. In Deutschland geschieht dies u. a. durch Art. 9 GG, § 25 ff. BGB und § 1 VereinsG.[638]

II. Das internationale Sportverbandsrecht, die lex sportiva internationalis, ist nicht als eigenständige Rechtsordnung von den beteiligten Parteien als anwendbares Recht vor staatlichen Gerichten im Sinne des Art. 27 Abs. 1 S. 1 EGBGB vereinbar. Ein deutsches Gericht darf nur staatliches Recht anwenden.[639]

III. Bei der Anwendung des staatlichen Rechts durch staatliche Gerichte, insbesondere bei der Anwendung von Generalklauseln und der Auslegung von unbestimmten Rechtsbegriffen, wirken die Sportverbandsregelwerke mit ihren sportspezifischen Wertungen ein.[640]

IV. Eine Entscheidung nach Billigkeit und somit auch nach den Grundsätzen einer internationalen lex sportiva ist nur vor Schiedsgerichten und nur bei einer ausdrücklichen Ermächtigung durch die Parteien möglich, § 1051 Abs. 3 ZPO.[641]

V. Der gerichtliche Kontrollmaßstab für sportgerichtliche Entscheidungen hängt davon ab, ob lediglich ein Verbandsgericht oder ein echtes Schiedsgericht entschieden hat. Hat ein echtes Schiedsgericht entschieden, dann kommt es nur zu einer sehr eingeschränkten Überprüfung nach § 1059 Abs. 2 ZPO bei inländischen Schiedssprüchen bzw. § 1061 Abs. 1 S. 1 ZPO in Verbindung mit Art. V UNÜ bei ausländischen Schiedssprüchen. Deren wesentlicher Bestandteil stellt eine Überprüfung am Maßstab des deutschen ordre public dar.[642]

638 Siehe: B 2. Kapitel I.
639 Siehe: B 2. Kapitel I 2 c) aa).
640 Siehe: B 2. Kapitel I 2 c) aa) (2) (b).
641 Siehe: B 2. Kapitel I 3.
642 Siehe: B 2. Kapitel II und II 1.

1. Ein inländischer Spruchkörper ist unter folgenden Voraussetzungen ein echtes Schiedsgericht im Sinne der ZPO und nicht lediglich ein Verbandsgericht:

a) Nach § 1029 Abs. 1 ZPO muss eine Streitigkeit in Bezug auf ein bestimmtes Rechtsverhältnis zur Entscheidung stehen und nicht lediglich ein Schlichtungsverfahren oder ein Schiedsgutachten vorliegen.[643]

b) Die Parteien müssen vereinbart haben bzw. die Satzung muss vorsehen, dass das Schiedsgericht unter weitgehendem Ausschluss des ordentlichen Rechtsweges endgültig und bindend entscheidet. Ein Ausschluss des ordentlichen Rechtsweges für die Dauer des verbandsinternen Verfahrens ist nicht ausreichend. Kommt man auch mittels Auslegung nicht zu einem eindeutigen Ergebnis über das Bestehen eines Rechtswegausschlusses, ist aufgrund der sonst weitreichenden Folgen eines weitgehenden Ausschlusses der staatlichen Gerichtsbarkeit von einer Verbandsgerichtsbarkeit auszugehen.[644]

c) Der Schiedsspruch muss darüber hinaus von einem von den Parteien personenverschiedenen Dritten erlassen worden sein. Dieser Status als Dritter liegt vor, sofern einerseits der bzw. die Schiedsrichter von den Parteien personenverschieden und weisungsunabhängig sind und andererseits das Schiedsgericht als Institution von den Parteien personenverschieden und weisungsunabhängig ist. Im Gegensatz zum Alleinbenennungsrecht einer Partei führt ein Übergewicht einer Partei bei der Zusammensetzung des Schiedsgerichtes nicht dazu, dass begrifflich kein echtes Schiedsgericht anzunehmen ist. Vielmehr besteht in diesen Fällen nach der Neuregelung durch das Schiedsverfahrens-Neuregelungsgesetz ab 01.01.1998 und im Unterschied zur alten Regelung des § 1025 Abs. 2 ZPO a. F. die Möglichkeit des Antrages bei Gericht auf Neubestellung, § 1034 Abs. 2 ZPO.[645]

2. Ein ausländischer Spruchkörper ist ein echtes Schiedsgericht im Sinne des UNÜ, wenn

a) das Schiedsverfahren nach seinem äußeren Ablauf ein privates gerichtsähnliches Verfahren anstelle eine staatsgerichtlichen Verfahrens darstellt[646] und

b) der Schiedsspruch nach seinem jeweiligen Heimatrecht als vollstreckungsfähiger echter Schiedsspruch mit prozessrechtlicher und nicht lediglich schuldrechtlicher Wirkung, wie sie ein Verbandsschiedsspruch hat, zu qualifizieren ist.[647]

643 Siehe: B 2. Kapitel II 1 c) aa) (1).
644 Siehe: B 2. Kapitel II 1 c) aa) (2).
645 Siehe: B 2. Kapitel II 1 c) aa) (3).
646 Siehe: B 2. Kapitel II 1 c) bb) (1).
647 Siehe: B 2. Kapitel II 1 c) bb) (2).

c) Die Anforderungen des Anerkennungsstaates für die Annahme eines echten Schiedsspruches erlangen allenfalls bei der Prüfung des verfahrensrechtlichen ordre public Bedeutung.[648]

VI. Liegt kein echtes Schiedsgericht, sondern lediglich ein Verbandsgericht vor, überprüft ein deutsches Gericht den Schiedsspruch in zwei Schritten:

1. In einem ersten Schritt ist zu prüfen, ob die Entscheidung nach dem staatlichen Recht, das nach dem Internationalen Privatrecht dem Sportverband die Autonomie verleiht, zulässig ist. Der Kontrollmaßstab richtet sich jeweils nach der anzuwendenden staatlichen Rechtsordnung.[649]

a) Ist die deutsche Rechtsordnung anzuwenden, unterliegt die sportgerichtliche Entscheidung einer zwar im Gegensatz zu § 1059 ZPO umfangreicheren, aber auch nicht uneingeschränkten gerichtlichen Kontrolle.[650]

aa) Zunächst fragt sich, ob die Entscheidung überhaupt in jeder Hinsicht justiziabel ist. Hierzu wird zwischen der Durchsetzung einer Spielregel im engeren Sinne und einer Rechtsregel unterschieden. Nichtjustiziable Spielregeln im engeren Sinne sind solche, deren Durchsetzung sich darauf beschränkt, das laufende Spielgeschehen bzw. den laufenden Wettkampf zu beeinflussen, ohne eine darüber hinausgehende Auswirkung zu haben. Kann eine zweifelsfreie Zuordnung nicht erfolgen, ist zugunsten des Sportlers von einer Rechtsregel und damit von einer Justiziabilität auszugehen.[651]

Da verbandsgerichtliche Entscheidungen, die sich auf die Anwendung solcher Spielregeln im engeren Sinne beziehen, nach Beendigung des Spieles erfolgen und somit das laufende Spielgeschehen nicht mehr beeinflussen, sind sie als justiziabel zu betrachten. Der Inhalt und die Zweckmäßigkeit der Spielregel im engeren Sinne sind nicht Gegenstand der Überprüfung, sondern lediglich die nachträgliche Anwendung und Umsetzung dieser Spielregel durch das Verbandsgericht und folglich die verbandsgerichtliche Kompetenznorm.[652]

Bei aufeinander aufbauenden Spielsystemen, deren nachträgliche Korrektur aufgrund Weiterlaufs des Systems faktisch nicht mehr möglich ist, begründet dies nicht die Annahme einer fehlenden Justiziabilität, sondern nur einen anderen Anspruchsinhalt, der dann nicht auf Änderung des Ergebnisses oder Wiederholung, sondern auf Schadensersatz gerichtet ist.[653]

bb) Hinsichtlich des nach deutschem Recht anzuwendenden gerichtlichen Kontrollmaßstabes für verbandsgerichtliche Entscheidungen von Monopolver-

648 Siehe: B 2. Kapitel II 1 c) bb) (3).
649 Siehe: B 2. Kapitel II 2 a).
650 Siehe: B 2. Kapitel II 2 a) aa).
651 Siehe: B 2. Kapitel II 2 a) aa) (1).
652 Siehe: B 2. Kapitel II 2 a) aa) (1) (d).
653 Siehe: B 2. Kapitel II 2 a) aa) (1) (e).

bänden, zu denen nationale und internationale Sportverbände aufgrund des Pyramidenaufbaus und des Ein-Platz-Prinzips in der Sportorganisation zu zählen sind, hat sich eine umfangreiche Rechtsprechung entwickelt.[654]

Deren Zweck ist es, einen angemessenen Ausgleich im Sinne einer praktischen Konkordanz zwischen den Freiheitsrechten des Einzelnen sowie seinem Justizgewährungsanspruch und dem damit korrespondierenden, aus Art. 9 GG folgenden autonomen Selbstbestimmungsrecht der Verbände, das das Recht zur Durchsetzung des eigenen Regelwerkes in Form verbandsgerichtlicher Rechtsprechung umfasst, zu schaffen.[655]

Einbruchstelle für diese mittelbare Drittwirkung der genannten Grundrechte und ihre Abwägung ist eine Betrachtung des Sportregelwerkes und seiner verbandsgerichtlichen Anwendung nach den Grundsätzen von Treu und Glauben gemäß § 242 BGB.[656]

(1) Zunächst überprüft das staatliche Gericht, ob die dem Spruch des Verbandsgerichtes zugrunde liegende Tatsachenermittlung fehlerfrei war.[657]

(2) Weiterhin wird überprüft, ob das Verbandsgericht ein der eigenen Verfahrensordnung und rechtsstaatlichen Normen entsprechendes Verfahren eingehalten hat.[658]

(3) Des Weiteren überprüft ein staatliches Gericht, ob die verbandsgerichtliche Entscheidung eine Grundlage im Regelwerk hat und dieses der Entscheidung zugrunde liegende Regelwerk einerseits nicht gesetz- oder sittenwidrig und andererseits unter dem Gesichtspunkt von Treu und Glauben nach § 242 BGB gegenüber dem abstrakten Mitgliederinteresse angemessen ist, mithin durch sachliche Gründe gerechtfertigt und nicht unbillig oder willkürlich ist. Den Sportverbänden kommt dabei bezüglich der Ausgestaltung ihres Regelwerkes aufgrund ihres Selbstbestimmungsrechts gemäß Art. 9 GG ein Beurteilungs- und Ermessenspielraum zu. Die Gerichte führen eine abstrakte Verhältnismäßigkeitsprüfung und Interessenabwägung durch.[659]

(4) Wie das Regelwerk muss auch die auf ihm basierende verbandsgerichtliche Entscheidung selbst einerseits nicht gesetz- oder sittenwidrig und andererseits unter dem Gesichtspunkt von Treu und Glauben nach § 242 BGB angemessen und nicht willkürlich oder unbillig sein. Den Verbänden kommt hier gleichermaßen aufgrund ihres grundgesetzlich gewährten Selbstbestimmungsrechts ein Beurteilungs- und Ermessensspielraum hinsichtlich Subsumtion und Maß-

---

654 Siehe: B 2. Kapitel II 2 a) aa) (2).
655 Siehe: B 2. Kapitel II 2 a) aa) (2).
656 Siehe: B 2. Kapitel II 2 a) aa) (2).
657 Siehe: B 2. Kapitel II 2 a) aa) (2) (a).
658 Siehe: B 2. Kapitel II 2 a) aa) (2) (b).
659 Siehe: B 2. Kapitel II 2 a) aa) (2) (c).

nahmeausspruch zu. Wie beim zugrunde liegenden Regelwerk ist eine Verhältnismäßigkeitsprüfung und Interessenabwägung vorzunehmen, allerdings nun unter Berücksichtigung der Umstände im konkreten Einzelfall in Hinblick auf einen konkreten Sachverhalt und eine konkret betroffene Partei.[660]

cc) Der einzelne Sportler ist in der Regel nicht unmittelbares Mitglied des Verbandes. Seine Unterwerfung unter das Verbandsregelwerk und die Verbandsrechtsprechungsgewalt erfolgt daher nicht wie bei einem Mitglied durch die Satzung des Verbandes, sondern durch einen Vertrag. Typischerweise geschieht dies durch einen Teilnahmevertrag in Bezug auf den konkreten Wettkampf oder durch den Erwerb einer generellen Start- oder Spielerlaubnis in Form eines Spielerausweises oder einer Spielerlizenz.[661]

Trotz dieser vertraglichen Konzeption sind die Vorschriften über Allgemeine Geschäftsbedingungen nicht der Prüfungsmaßstab für das Verbandsregelwerk und die Schiedsvereinbarung. Der entscheidende Kontrollmaßstab ist wie bei Mitgliedern § 242 BGB. Denn die vertragliche Unterwerfungsvereinbarung hat mitgliedschaftsähnlichen Charakter, da wegen des grundsätzlichen Interessengleichlaufs zwischen dem regelaufstellenden Verband und dem Sportler eine vertragstypische Austauschbeziehung fehlt und die Eingliederung des Sportlers in die von dem internationalen Verband bestimmte Organisation im Vordergrund steht. Ebenso gilt für die Verbandsentscheidung trotz der vertraglichen Unterwerfung unter die Verbandsrechtsprechung der vereins- bzw. verbandsrechtliche Kontrollmaßstab wie bei unmittelbaren Mitgliedern. Die Vorschriften über die Vertragsstrafe gemäß §§ 339 ff. BGB sind nicht anzuwenden.[662]

b) Ist eine ausländische Rechtsordnung anzuwenden, richtet sich der Kontrollmaßstab nach den Vorgaben dieses Rechts. Verstößt der Verbandsschiedsspruch gegen den Kontrollmaßstab der ausländischen Rechtsordnung, hat der Verbandsschiedsspruch vor dem deutschen Gericht keinen Bestand. Nach dieser ausländischen Rechtsordnung richtet sich auch die Frage der wirksamen Vereinbarung des Regelwerkes und der Verbandsrechtsprechungsgewalt.[663]

2. Ist eine ausländische Rechtsordnung anzuwenden und verstößt der Verbandsschiedsspruch nicht gegen den Kontrollmaßstab der ausländischen Rechtsordnung, ist in einem zweiten Schritt gemäß Art. 6 EGBGB zu prüfen, ob die Anwendung der ausländischen Rechtsordnung zu einem Ergebnis führt, das mit wesentlichen Grundsätzen des deutschen Rechts, dem deutschen ordre public, offensichtlich unvereinbar ist.[664]

660 Siehe: B 2. Kapitel II 2 a) aa) (2) (d).
661 Siehe: B 2. Kapitel II 2 a) aa) (3) (a).
662 Siehe: B 2. Kapitel II 2 a) aa) (3) (b).
663 Siehe: B 2. Kapitel II 2 a) bb).
664 Siehe: B 2. Kapitel II 2 b).

Das internationale Sportverbandsrecht und die darauf basierende Entscheidung werden nicht eigenständig ohne Bezugnahme auf eine nationale Rechtsordnung an den Maßstäben des Art. 6 EGBGB gemessen, sondern stets in Verbindung mit dem vom deutschen Gericht im Rahmen der Kontrolle des Schiedsspruches nach dem Internationalen Privatrecht anzuwendenden staatlichen Recht. Die Anwendung dieses ausländischen Rechts, dem der internationale Sportverband unterstellt ist und aus dem dieser seine Autonomie zur Regelsetzung, -anwendung und -durchsetzung ableitet und das den Kontrollmaßstab vorgibt, unterliegt der Prüfung nach Art. 6 EGBGB, und zwar direkt und nicht nur analog, da es sich um anerkanntes staatliches Recht handelt.[665]

Es ist dabei zu prüfen, ob die sportverbandsgerichtliche Entscheidung als Ergebnis der Anwendung des ausländischen Rechts offensichtlich gegen den deutschen ordre public verstößt. Trifft dies zu, verstößt die Anwendung des ausländischen Rechts offensichtlich gegen den deutschen ordre public, wenn es diese Entscheidung zulässt. Ein solches ausländisches Recht ist von deutschen Gerichten nicht anzuwenden, so dass die verbandsgerichtliche Entscheidung in der ausländischen Rechtsordnung keine wirksame Grundlage findet und dementsprechend vor deutschen Gerichten keinen Bestand hat.[666]

Liegt ein ordre public-Verstoß vor, kann das deutsche Gericht die im ersten Schritt durchzuführende Kontrolle des Verbandsschiedsspruches am Maßstab des ausländischen Rechts offenlassen bzw. unterstellen, dass der ausländische Kontrollmaßstab die verbandsgerichtliche Entscheidung zulässt.[667]

Ist aufgrund der Regeln des Internationalen Privatrechts die deutsche Rechtsordnung bereits unmittelbar anzuwenden, ist eine weitere Überprüfung anhand des Art. 6 EGBGB nicht mehr erforderlich.[668]

VII. Der deutsche ordre public ist sowohl bei inländischen echten Schiedsgerichten nach § 1059 Abs. 2 Nr. 2 b) ZPO als auch bei ausländischen echten Schiedsgerichten nach § 1061 Abs. 1 S. 1 ZPO in Verbindung mit Art. V Abs. 2 b) UNÜ und bei ausländischen Verbandsgerichten nach Art. 6 EGBGB zu prüfen.[669]

Im Grundsatz liegt ein Verstoß gegen den deutschen ordre public vor, wenn die Anerkennung eines in- oder ausländischen echten Schiedsspruches oder die Anwendung einer ausländischen Rechtsnorm zu einem Ergebnis führt, das mit

665 Siehe: B 2. Kapitel II 2 b).
666 Siehe: B 2. Kapitel II 2 b).
667 Siehe: B 2. Kapitel II 2 b).
668 Siehe: B 2. Kapitel II 2 b).
669 Siehe: B 2. Kapitel II 3.

den wesentlichen Grundsätzen des deutschen Rechts offensichtlich unvereinbar oder mit den Grundrechten unvereinbar ist.[670]

Dieser grundsätzliche Prüfungsmaßstab erfährt je nach den konkreten Umständen im Einzelfall Differenzierungen:

1. Zunächst ist der Prüfungsmaßstab vom Inlandsbezug des betroffenen Sachverhalts zu Deutschland abhängig.

a) Die wesentlichen Grundsätze des deutschen Rechts sind nur betroffen, wenn ein Bezug zu Deutschland besteht.[671]

b) Je größer der Inlandsbezug ist, desto eher kann eine Verletzung des ordre public bejaht werden. Je geringer der Inlandsbezug ist, desto intensiver muss die Beeinträchtigung des ordre public sein, um eine Verletzung annehmen zu können.[672]

2. Bei ausländischen echten Schiedssprüchen (§ 1061 Abs. 1 S. 1 ZPO in Verbindung mit Art. V Abs. 2 b) UNÜ) erfolgt die Kontrolle nach Maßstab des ordre public international, der im Vergleich zur Kontrolle inländischer echter Schiedssprüche (§ 1059 Abs. 2 Nr. 2 b) ZPO) und im Vergleich zum ordre public bei der eigenständigen Anwendung ausländischen Rechts durch ein deutsches Gericht (Art. 6 EGBGB) nochmals zurückgenommen und somit weniger streng bzw. großzügiger ist.[673]

3. Die Unterscheidung zwischen nationalem ordre public bei Art. 6 EGBGB sowie § 1059 Abs. 2 Nr. 2 b) ZPO und internationalem ordre public bei § 1061 Abs. 1 S. 1 ZPO in Verbindung mit Art. V Abs. 2 b) UNÜ darf nicht darüber hinwegtäuschen, dass die praktischen Unterschiede dieser Unterteilung – insbesondere aufgrund der Bedeutung der Intensität des Inlandsbezuges – jeweils von den Umständen des Einzelfalls abhängig sind und mitunter nur marginal oder gar nicht vorhanden sein können.[674]

4. Es ist zwischen verfahrens- und materiellrechtlichem ordre public zu unterscheiden.

a) Ein Verstoß gegen den verfahrensrechtlichen ordre public liegt vor, wenn der Schiedsspruch in einem Verfahren erlassen wurde, das mit den wesentlichen Grundsätzen des deutschen Verfahrensrechts in einem solch hohen Maße unvereinbar ist, dass der Schiedsspruch nicht als in einem geordneten rechtsstaatlichen Verfahren ergangen angesehen werden kann.[675]

---

670 Siehe: B 2. Kapitel II 3.
671 Siehe: B 2. Kapitel II 3 a) aa).
672 Siehe: B 2. Kapitel II 3 a) bb).
673 Siehe: B 2. Kapitel II 3 b).
674 Siehe: B 2. Kapitel II 3 c) und d).
675 Siehe: B 2. Kapitel II 3 e) aa).

b) Ein Verstoß gegen den materiellrechtlichen ordre public liegt vor, wenn die Anerkennung des Ergebnisses bzw. der angeordneten Rechtsfolge des echten Schiedsspruches oder im Rahmen des Art. 6 EGBGB der Verbandsschiedsspruch als Ergebnis der Anwendung einer ausländischen Rechtsnorm mit den wesentlichen Rechtsgrundsätzen des deutschen materiellen Rechts offensichtlich unvereinbar ist. Zu diesen wesentlichen deutschen Rechtsgrundsätzen zählen vor allem die Grundrechte.[676]

5. Im Gegensatz zur umfassenden Kontrolle nach deutschem Recht bei einem Verbandsgericht, handelt es sich bei der ordre public-Kontrolle ausschließlich um eine Ergebniskontrolle im jeweiligen Einzelfall. Je strenger aufgrund eines entsprechenden Inlandsbezuges und der Bedeutung der wesentlichen Grundsätze des deutschen Rechts der Kontrollmaßstab der ordre public-Prüfung ist, umso mehr können sich die ordre public-Prüfung und der Kontrollmaßstab nach der deutschen Rechtsordnung im faktischen Ergebnis annähern und möglicherweise kongruent sein.[677]

VIII. Neben der Feststellungsklage hinsichtlich der Wirksamkeit bzw. Unwirksamkeit von Verbandsschiedssprüchen und dem Antrag auf Aufhebung bzw. auf Vollstreckbarerklärung echter Schiedssprüche sowie der Möglichkeit einer negativen Feststellungsklage bezüglich der Nichtanerkennungsfähigkeit eines echten ausländischen Schiedsspruches können internationale Schiedssprüche inzident zu prüfen sein. Dies ist zum Beispiel im Rahmen der Einrede der Rechtskraft oder im Rahmen eines Schadensersatzprozesses oder im Rahmen der Überprüfung nationaler Schiedssprüche, die sich an internationale Schiedssprüche gebunden glauben, möglich.[678]

IX. Welches Recht nach dem Internationalen Privatrecht anzuwenden ist und den Kontrollmaßstab für einen ausländischen Verbandsschiedsspruch vorgibt, richtet sich in mitgliedschaftlichen und mitgliedschaftsähnlichen Beziehungen in erster Linie nach dem Verbandsstatut, auch wenn in mitgliedschaftsähnlichen Beziehungen vertragliche Bindungen an das Regelwerk und die Verbandsrechtsprechungsgewalt bestehen.[679]

Das Vertragsstatut nach Art. 27 ff. EGBGB bleibt für die Fälle entscheidend, in denen es nicht um die mitgliedschaftliche oder mitgliedschaftsähnliche Eingliederung in den internationalen Verband geht.[680]

Darüber hinaus bleiben das Deliktsstatut und gemäß § 130 Abs. 2 GWB das GWB für deliktische und wettbewerbs- sowie kartellrechtliche Ansprüche an-

676 Siehe: B 2. Kapitel II 3 e) bb).
677 Siehe: B 2. Kapitel II 4.
678 Siehe: B 2. Kapitel II 5.
679 Siehe: B 2. Kapitel III 1.
680 Siehe: B 2. Kapitel III 2.

wendbar. Im Rahmen der Prüfung dieser Ansprüche ist die Wirksamkeit der sportgerichtlichen Entscheidung inzident zu prüfen, und zwar bei ausländischen Verbandsgerichten nach dem Kontrollmaßstab des Verbandsstatutes und dem deutschen ordre public nach Art. 6 EGBGB sowie bei ausländischen echten Schiedsgerichten nach § 1061 Abs. 1 S. 1 ZPO in Verbindung mit Art. V UNÜ.[681]

X. Für Anträge nach §§ 1059 ff. ZPO bestimmt § 1062 Abs. 1 Nr. 4, Abs. 2 ZPO eine sachliche und örtliche Zuständigkeit eines deutschen Oberlandesgerichtes.[682]

Geht es nicht um Anträge nach §§ 1059 ff. ZPO, sondern um Schiedssprüche von Verbandsgerichten oder um die Geltendmachung von Schadensersatzansprüchen, die eine Inzidentprüfung eines ausländischen echten Schiedsspruches oder eines Verbandsschiedsspruches enthalten, richtet sich die Zuständigkeit vorrangig nach bestehenden internationalen Abkommen wie der EuGVO oder dem LugÜ und erst nachrangig – falls solche nicht bestehen – nach der deutschen Rechtsordnung. Hier sind vor allem § 32 ZPO und §§ 87 und 88 GWB von Bedeutung.[683]

---

681 Siehe: B 2. Kapitel III 3 und 4.
682 Siehe: B 2. Kapitel IV 1.
683 Siehe: B 2. Kapitel IV 2.

D. Fazit und Ausblick

Die Arbeit verdeutlicht, dass sich bei Schiedssprüchen des internationalen Sports vor deutschen Gerichten zahlreiche und komplexe Problemstellungen ergeben, die sowohl völkerrechtliche, internationalprivatrechtliche, internationalprozessuale als auch nationale Fragestellungen betreffen. Insbesondere die Anwendung ausländischer Rechtsordnungen stellt sich mitunter für deutsche Gerichte als verständlicherweise ungewohnt und kompliziert dar. Doch alle diese Probleme rechtfertigen nicht die Forderung nach einer möglichst schlichten Vereinfachung wie zum Beispiel durch die Anerkennung einer eigenständigen lex sportiva internationalis, die von den nationalen Gerichten anstelle nationalen staatlichen Rechts anzuwenden ist. Die Komplexität ist nicht im internationalen Sport selbst, sondern in den genannten Rechtsgebieten und der internationalen Verflechtung begründet. Nur weil diese sich als schwierig und nicht als sofort eingängig erweisen, ist eine Vereinfachung nicht geboten. Zur Lösung der internationalen Verflechtung besteht vielmehr das Internationale Privat- und Verfahrensrecht.

Ein deutsches Gericht kann jeden internationalen Sportschiedsspruch, sowohl den eines echten Schiedsgerichtes als auch den eines Verbandsgerichtes, im dargelegten Umfang überprüfen. Aufgrund der großen Einzelfallabhängigkeit – vor allem bei der Prüfung des deutschen ordre public – besteht zwar keine exakte Vorhersehbarkeit der Entscheidung eines deutschen Gerichtes über einen internationalen Sportschiedsspruch. Die im Rahmen dieser Arbeit entwickelte Prüfungssystematik kann aber ihren Teil dazu beitragen, die Grundlinien für die jeweils zu treffende Entscheidung deutlich zu machen.

Halten sich internationale Sportgerichte zunehmend an den ordre public, werden ihre Schiedssprüche vor deutschen Gerichten Bestand haben. Ein erster Schritt ist durch den Internationalen Schiedsgerichtshof für Sportsachen CAS in Lausanne getan, der nach der schweizerischen Rechtsordnung als echtes Schiedsgericht einzuordnen ist. Auch dessen Schiedssprüche unterliegen zwar hinsichtlich der Anerkennung und Vollstreckbarerklärung in Deutschland der Kontrolle durch deutsche Gerichte. Je objektiver und rechtsstaatlicher dessen Schiedssprüche aber ausfallen, desto seltener werden deutsche Gerichte diese nicht anerkennen.

Eine Vereinheitlichung in der internationalen Sportgerichtsbarkeit können die internationalen Verbände selbst herbeiführen, indem sie nicht nur von der zum Teil noch vorhandenen subjektiven Überzeugung ihrer Allmächtigkeit gegenüber

Sportlern, Vereinen und nationalen Verbänden abrücken, sondern auch mehr und mehr den CAS als jedenfalls letzte Instanz der eigenen Sportgerichtsbarkeit vorsehen. Ist der CAS weltweit und sportartübergreifend als letzte Instanz zuständig, bestehen bei der Aufhebung seiner echten Schiedssprüche die Vorgaben des schweizerischen Rechts einheitlich für alle Beteiligten.

Für die Anerkennung und Vollstreckbarerklärung der echten Schiedssprüche des CAS in den einzelnen Staaten schafft das vielfach vereinbarte UNÜ zwar eine gewisse Vereinheitlichung. Den jeweiligen nationalen ordre public kann und will es aber nicht vereinheitlichen, so dass im Ergebnis die Schiedssprüche von verschiedenen nationalen Gerichten unterschiedlich aufgrund des jeweils geltenden nationalen ordre public bewertet werden können. Die wesentlichen Rechtsgrundsätze eines jeden Staates wollen die Vertragspartner des UNÜ auch nicht zum Zweck einer internationalen Vereinheitlichung veräußern. Dies verbietet ihnen schon der Schutz, den sie als Rechtsstaaten ihren Bürgern und deren Freiheitsrechten zu gewähren haben. Über die wesentlichen Rechtsgrundsätze der einzelnen staatlichen Rechtsordnungen hinaus kann somit keine Vereinheitlichung erfolgen.

In welchem Ausmaß die wesentlichen Rechtsgrundsätze Deutschlands bei der gerichtlichen Prüfung internationaler Sportschiedssprüche Geltung erlangen, zeigt die im Rahmen dieser Arbeit dargelegte Prüfungssystematik.

Literaturverzeichnis

Adolphsen, Jens: Internationale Dopingstrafen, Tübingen 2003 (zitiert: *Adolphsen*)

–: Eine lex sportiva für den internationalen Sport?, in: Jahrbuch Junger Zivilrechtswissenschaftler 2002, Die Privatisierung des Privatrechts – rechtliche Gestaltung ohne staatlichen Zwang, herausgegeben von Carl-Heinz Witt, Matthias Casper, Liane Bednarz u. a., Stuttgart/München/Hannover/Berlin/Weimar/Dresden 2003, S. 281-301 (zitiert: *Adolphsen* in Jb. J. ZivRWiss. 2002)

–: Zuständigkeit und anwendbares Recht bei Verfahren gegen nationale und internationale Sportverbände, IPRax 2000, S. 81-87 (zitiert: *Adolphsen* in IPRax 2000)

–: Anforderungen an Dopingstrafen nationaler Sportverbände – am Beispiel des Falles Dieter Baumann –, SpuRt 2000, S. 97-101 (zitiert: *Adolphsen* in SpuRt 2000, S. 97)

–: Anmerkung zum Urteil des LG München I in SpuRt 2000, 155 ff. in Sachen Roberts gegen FIBA, SpuRt 2000, S. 159-160 (zitiert: *Adolphsen* in SpuRt 2000, S. 159)

Alexy, Robert: Begriff und Geltung des Rechts, Studienausgabe, Freiburg/München 2002

Bach, Thomas: Der Dopingfall Harry „Butch" Reynolds – Plädoyer für internationale Sportgerichtsbarkeit, SpuRt 1995, S. 142-143

Bar, Christian von/ **Mankowski**, Peter: Internationales Privatrecht, Band I, Allgemeine Lehren, 2. Auflage, München 2003 (zitiert: *von Bar/Mankowski*, Bd. I)

Bar, Christian von: Internationales Privatrecht, Band II, Besonderer Teil, München 1991 (zitiert: *von Bar*, Bd. II)

Baumbach, Adolf/ **Lauterbach**, Wolfgang/ **Albers**, Jan/ **Hartmann**, Peter: Zivilprozessordnung, 63. Auflage, München 2005 (zitiert: Baumbach/*Bearbeiter*)

Beuthien, Volker: Die richterliche Kontrolle von Vereinsstrafen und Vertragsstrafen, BB 1968, Beilage 12, S. 1-12

Brox, Hans: Allgemeiner Teil des BGB, 28. Auflage, Köln/Berlin/München 2004

Buchberger, Markus: Die Überprüfbarkeit sportverbandsrechtlicher Entscheidungen durch die ordentliche Gerichtsbarkeit: ein Vergleich der Rechtslage in der Bundesrepublik Deutschland und den Vereinigten Staaten von Amerika, Berlin 1999 (zitiert: *Buchberger*)

–: Das Verbandsstrafverfahren deutscher Sportverbände – Zur Anwendbarkeit rechtsstaatlicher Verfahrensgrundsätze –, SpuRt 1996, 1. Teil: S. 122-125, 2. Teil: S. 157-161 (zitiert: *Buchberger* in SpuRt 1996)

Dahm, Georg/ **Delbrück**, Wolfgang/ **Wolfrum**, Rüdiger: Völkerrecht, Band I/1, 2. Auflage, Berlin/New York 1989 (zitiert: Dahm/Delbrück/Wolfrum/*Bearbeiter*)

Duve, Christian: Aufgabe für Schiedsrichter am grünen Tisch – Zur Bewältigung des Fußball-Wettskandals, AnwBl 2005, S. 350-351

Eilers, Goetz: Tatsachenentscheidung oder Regelverstoß?, Das Urteil des DFB-Sportgerichts zur Aufhebung der Wertung des Spiels zwischen dem FC Bayern München und dem 1. FC Nürnberg, SpuRt 1995, S. 79-80

Engelbrecht, Georg: Gleichbehandlung für Sportler aus den AKP-Staaten nach dem Cotonou-Abkommen in der EU?, SpuRt 2005, S. 192-195 (zitiert: *Engelbrecht* in SpuRt 2005)

–: Sportgerichtsbarkeit versus ordentliche Gerichtsbarkeit – Vom Spannungsverhältnis des nationalen und des internationalen Rechts –, AnwBl 2001, S. 637-645 (zitiert: *Engelbrecht* in AnwBl 2001)

Fahl, Christian: Sportverbandsgerichtsbarkeit und Doppelbestrafungsverbot – Erwiderung auf Reinhart, SpuRt 2001, 45 –, SpuRt 2001, S. 181-183

Fenn, Herbert: Zur Abgrenzung von Verbandsgerichtsbarkeit und statutarischer Schiedsgerichtsbarkeit, in: Festschrift für Wolfram Henckel zum 70. Geburtstag, herausgegeben von Walter Gerhardt, Uwe Diederichsen, Bruno Rimmelspacher und Jürgen Costede, Berlin/New York 1995, S. 173-198 (zitiert: *Fenn* in FS Henckel)

–: Erfassung der Sportler durch die Disziplinargewalt der Sportverbände, SpuRt 1997, S. 77-82 (zitiert: *Fenn* in SpuRt 1997)

Fritzweiler, Jochen/ **Pfister**, Bernhard/ **Summerer**, Thomas: Praxishandbuch des Sportrechts, München 1998 (zitiert: PHBSportR/*Bearbeiter* Teil/Randziffer)

Geimer, Reinhold: Internationales Zivilprozeßrecht, 5. Auflage, Köln 2005 (zitiert: *Geimer*)

Geimer, Reinhold/ **Schütze**, Rolf A.: Europäisches Zivilverfahrensrecht, 2. Auflage, München 2004 (zitiert: Geimer/Schütze/*Bearbeiter*)

Germelmann, Claas-Hinrich/ **Matthes**, Hans Christoph/ **Müller-Glöge**, Rudi/ **Prütting**, Hans: Arbeitsgerichtsgesetz, Kommentar, 5. Auflage, München 2004 (zitiert: Germelmann/Matthes/Müller-Glöge/Prütting/*Bearbeiter*)

Gierke, Otto von: Deutsches Privatrecht, Erster Band, Allgemeiner Teil und Personenrecht, Leipzig 1895

Grunsky, Wolfgang: Schiedsgerichtsbarkeit im deutschen Fußball, in: Festschrift für Volker Röhricht zum 65. Geburtstag, herausgegeben von Georg Crezelius, Heribert Hirte und Klaus Vieweg, Köln 2005, S. 1137-1148 (zitiert: *Grunsky* in FS Röhricht)

–: Überprüfung der Sportrechtsprechung durch staatliche Gerichte, in: Sportrechtsprechung, herausgegeben von dem Württembergischen Fußballverband e. V., Schriftenreihe Nr. 38, Stuttgart 1997, S. 15-23 (zitiert: *Grunsky* in WFV 38)

–: Tatsachenfeststellungen im Sportrecht zwischen staatlichen Gerichten und Verbandsgerichten, in: Verbandsrechtsprechung und staatliche Gerichtsbarkeit, herausgegeben von dem Württembergischen Fußballverband e. V., Schriftenreihe Nr. 24, Stuttgart 1988, S. 63-74 (zitiert: *Grunsky* in WFV 24)

Haas, Ulrich: Die Anerkennung und Vollstreckung ausländischer und internationaler Schiedssprüche, Berlin 1991 (zitiert: *Haas*)

–: Schiedsklauseln in Vereinssatzungen, SpuRt 2000, S. 139-141 (zitiert: *Haas* in SpuRt 2000)

–: Die Sportgerichtsbarkeit des Tribunal Arbitral du Sport (TAS), ZEuP 1999, S. 355-375 (zitiert: *Haas* in ZEuP 1999)

–: Die Sport(-schieds-)gerichtsbarkeit der Athleten, in: Rechte der Athleten, herausgegeben von der Führungs- und Verwaltungs-Akademie Berlin des Deutschen Sportbundes, Willi Weyer Akademie, Akademieschrift 49, Frankfurt am Main 1997, S. 57-76 (zitiert: *Haas* in Akademieschrift 49)

Haas, Ulrich/ **Adolphsen**, Jens: Sanktionen der Sportverbände vor ordentlichen Gerichten, NJW 1996, S. 2351-2353 (zitiert: *Haas/Adolphsen* in NJW 1996)

Haas, Ulrich/ **Gedeon**, Bertolt: Die Abgrenzung von Vereinsgerichten zu echten Schiedsgerichten, SpuRt 2000, S. 228-231 (zitiert: *Haas/Gedeon* in SpuRt 2000)

Haas, Ulrich/ **Holla**, Matthias: Die Nationale Antidoping-Agentur und ein künftiges Schiedsgericht für Dopingstreitigkeiten, in: Schiedsgerichtsbarkeit im Sport, Recht und Sport (Band 31), herausgegeben von Ulrich Haas, Stuttgart/München/Hannover/Berlin/Weimar/Dresden 2003, S. 9-41 (zitiert: *Haas/ Holla* in RuS 31)

Haas, Ulrich/ **Prokop**, Clemens: Die Autonomie der Sportverbände und die Rechtsstellung der Athleten, JR 1998, S. 45-53 (zitiert: *Haas/Prokop* in JR 1998)

–: Zu den formellen Grenzen der vereinsrechtlichen Disziplinargewalt im Rahmen von Unterwerfungsvereinbarungen, SpuRt 1998, S. 15-18 (zitiert: *Haas/ Prokop* in SpuRt 1998)

Handbuch des Sportrechts: Dokumentationen mit Erläuterungen, herausgegeben von Ulrich Haas, Tanja Haug und Eike Reschke, Ordner 1-3, Loseblatt Stand Juli 2005, München 2003 (zitiert: Handbuch des Sportrechts/*Bearbeiter*)

Hauptmann, Markus: Abschlussbericht der Rechtskommission des Sports gegen Doping (ReSpoDo) – Zusammenfassung –, Mögliche gesetzliche Initiativen für eine konsequentere Verhinderung, Verfolgung und Ahndung des Dopings im Sport – Teil 1, SpuRt 2005, S. 198-200

Hawickhorst, Heinz: Effektivität des Rechtsschutzes vor den Schiedsgerichten und den staatlichen Gerichten im Vergleich aus richterlicher Sicht, BRAK-Mitt. 2005, S. 222-225

Hecke, Georges van: Rechtspersönlichkeit für internationale Idealvereine?, in: Völkerrecht, Recht der Internationalen Organisationen, Weltwirtschaftsrecht, Festschrift für Ignaz Seidl-Hohenveldern, herausgegeben von Karl-Heinz Böckstiegel, Hans-Ernst Folz, Jörg Manfred Mössner und Karl Zemanek, Köln/Berlin/Bonn/München 1988, S. 629-634

Heß, Burkhard: Voraussetzungen und Grenzen eines autonomen Sportrechts unter besonderer Berücksichtigung des internationalen Spitzensports, in: Aktuelle Rechtsfragen des Sports, herausgegeben von den Trägern der Juristischen Studiengesellschaft Karlsruhe, Schriftenreihe, Heft 237, Heidelberg 1999, S. 1-47 (zitiert: *Heß* in Aktuelle Rechtsfragen)

–: Mehr Instanzen, weniger Rechtsschutz? Zur aktuellen Situation in der internationalen Sportgerichtsbarkeit, in: Sportrecht damals und heute, herausgegeben von dem Württembergischen Fußballverband e. V., Schriftenreihe Nr. 43, Stuttgart 2001, S. 69-89 (zitiert: *Heß* in WFV 43)

–: Sportschiedsgerichte im Lichte der New Yorker Konvention, ZZPInt 1998, S. 457-475 (zitiert: *Heß* in ZZPInt 1998)

Hilpert, Horst: Tatsachenentscheidung und Regelverstoß im Fußball, SpuRt 1999, S. 49-55 (zitiert: *Hilpert* in SpuRt 1999)

–: Sport und Arbeitsrecht, RdA 1997, S. 92-100 (zitiert: *Hilpert* in RdA 1997)

–: Organisation und Tätigkeit von Verbandsgerichten – Eine Erläuterung am Beispiel der Sportgerichtsbarkeit –, BayVbl 1988, S. 161-171 (zitiert: *Hilpert* in BayVbl 1988)

Hoffmann, Bernd von: Grundsätzliches zur Anwendung der „lex mercatoria“ durch internationale Schiedsgerichte, in: Festschrift für Gerhard Kegel zum 75. Geburtstag, herausgegeben von Hans-Joachim Musielak und Klaus Schurig, Stuttgart/Berlin/Köln 1987, S. 215-233

Hofmann, Karsten: Das Internationale Sportschiedsgericht (CAS) in Lausanne, SpuRt 2002, S. 7-11

Huber, Peter/ **Bach**, Ivo: Die Rom II-VO, Kommissionsentwurf und aktuelle Entwicklungen, IPRax 2005, S. 73-84 (zitiert: *Huber/Bach* in IPRax 2005)

Immenga, Ulrich/ **Mestmäcker**, Ernst-Joachim: Gesetz gegen Wettbewerbsbeschränkungen: GWB, 3. Auflage, München 2001 (zitiert: Immenga/Mestmäcker/*Bearbeiter*)

Jarass, Hans D./ **Pieroth**, Bodo: Grundgesetz für die Bundesrepublik Deutschland, Kommentar, 7. Auflage, München 2004 (zitiert: Jarass/Pieroth/*Bearbeiter*)

Kappus, Andreas: „Lex mercatoria" als Geschäftsstatut vor staatlichen Gerichten im deutschen internationalen Schuldrecht, IPRax 1993, S. 137-142

Kauffmann, Hans: Verbandsrechtsprechung im Sport, in: Verbandsrechtsprechung und staatliche Gerichtsbarkeit, herausgegeben von dem Württembergischen Fußballverband e. V., Schriftenreihe Nr. 24, Stuttgart 1988, S. 6-21

Kegel, Gerhard/ **Schurig**, Klaus: Internationales Privatrecht, 9. Auflage, München 2004 (zitiert: Kegel/Schurig/*Bearbeiter*)

Kelsen, Hans: Reine Rechtslehre, 2. Auflage, Wien 1960

Kirchhof, Ferdinand: Private Rechtsetzung, Berlin 1987

Krähe, Christian: Sportschiedsgerichtsverfahren im Arbeitsrecht, SpuRt 2004, S. 204-206 (zitiert: *Krähe* in SpuRt 2004)

–: Verfahrensgrundsätze der internationalen Sportgerichtsbarkeit vor dem TAS am Beispiel von Doping-Fällen, in: 2. Internationaler Sportrechtskongress, Vorträge und Diskussionsbeiträge, gesammelt und bearbeitet von Richard B. Eimer, Bonn 2002, S. 152-167 (zitiert: *Krähe* in 2. Internationaler Sportrechtskongress)

Krause-Ablass, Günter B.: Der Schiedsrechtsweg der Internationalen Fußballföderation (FIFA), NJW 1974, S. 1495-1497

Krieger, Steffen: Vereinsstrafen im deutschen, englischen, französischen und schweizerischen Recht, Berlin 2003

Kröll, Stefan: „Schiedsklauseln" in Satzungen – zur Abgrenzung von Vereinsgericht und Schiedsgericht, ZIP 2005, S. 13-20

Kropholler, Jan: Internationales Privatrecht, 5. Auflage, Tübingen 2004

Kummer, Max: Spielregel und Rechtsregel, Bern 1973

Lachmann, Jens-Peter: Effektivität des Rechtsschutzes vor den Schiedsgerichten und den staatlichen Gerichten, BRAK-Mitt. 2005, S. 217-221

Lehner, Michael: Der Rechtsanwalt in Dopingfällen – Tätigkeit und Fallstricke, in: 2. Internationaler Sportrechtskongress, Vorträge und Diskussionsbeiträge, gesammelt und bearbeitet von Richard B. Eimer, Bonn 2002, S. 273-280

Look, Frank van: Vereinsstrafen als Vertragsstrafen: ein Beitrag zum inneren Vereinsrecht, Berlin 1990

Malatos, Andreas: Berufsfußball im europäischen Rechtsvergleich, Saarbrücken 1988

Mankowski, Peter: Entwicklungen im Internationalen Privat- und Prozessrecht 2003/2004 (Teil 1), RIW 2004, S. 481-497 (zitiert: *Mankowski* in RIW 2004)

–: Überlegungen zur sach- und interessengerechten Rechtswahl für Verträge des internationalen Wirtschaftsverkehrs, RIW 2003, S. 2-15 (zitiert: *Mankowski* in RIW 2003)

Martens, Dirk-Reiner/ **Oschütz**, Frank: Die Entscheidungen des TAS in Athen, SpuRt 2005, S. 59-61 (zitiert: *Martens/Oschütz* in SpuRt 2005)

–: Die Entscheidungen des CAS in Salt Lake City, SpuRt 2002, S. 89-93 (zitiert: *Martens/Oschütz* in SpuRt 2002)

–: Die Entscheidungen des TAS in Sydney, SpuRt 2001, S. 4-8 (zitiert: *Martens/ Oschütz* in SpuRt 2001)

Menzel, Tobias: Dopingsperren durch Sportverbände als Missbrauch einer marktbeherrschenden Stellung, WRP 2002, S. 810-816

Meyer, Peter: Rechtsmittel gegen vermeintliche Schiedssprüche, SpuRt 2005, S. 97-99

Münch, Ingo von (Begr.)/ **Kunig**, Philip (Hrsg.): Grundgesetz-Kommentar, Band 2 (Art. 20 bis Art. 69), 5. Auflage, München 2001 (zitiert: von Münch/ Kunig/*Bearbeiter*)

Münchener Handbuch zum Arbeitsrecht: Münchener Handbuch zum Arbeitsrecht, Band 1, Individualarbeitsrecht I, herausgegeben von Reinhard Richardi und Otfried Wlotzke, 2. Auflage, München 2000 (zitiert: MünchArbR/*Bearbeiter*)

Münchener Kommentar: Münchener Kommentar zum Bürgerlichen Gesetzbuch, herausgegeben von Kurt Rebmann, Franz Jürgen Säcker und Roland Rixecker: Band 1, Allgemeiner Teil, §§ 1-240, AGB-Gesetz, 4. Auflage, München 2001; Band 2 a, Schuldrecht Allgemeiner Teil, §§ 241-432, 4. Auflage, München 2003; Band 10, Einführungsgesetz zum Bürgerlichen Gesetzbuche (Art. 1-38), Internationales Privatrecht, 3. Auflage, München 1998; Band 11, Internationales Handels- und Gesellschaftsrecht, Einführungsgesetz zum Bürgerlichen Gesetzbuche (Art. 50-237), 3. Auflage, München 1999 (jeweils zitiert: MüKo/*Bearbeiter*)

Münchener Kommentar zur Zivilprozeßordnung, herausgegeben von Gerhard Lüke und Peter Wax: Band 1, §§ 1-354, 2. Auflage, München 2002; Band 3, §§ 803-1066, EGZPO, GVG, EGGVG, Internationales Zivilprozeßrecht, 2. Auflage, München 2001 (jeweils zitiert: MüKo/*Bearbeiter*)

Musielak, Hans-Joachim (Hrsg.): Kommentar zur Zivilprozessordnung, 4. Auflage, München 2005 (zitiert: Musielak/*Bearbeiter*)

Netzle, Stephan: Das Internationale Sport-Schiedsgericht in Lausanne: Zusammensetzung, Zuständigkeit und Verfahren, in: Sportgerichtsbarkeit, Recht und Sport (Band 22), herausgegeben von Volker Röhricht, Stuttgart/München/Hannover/Berlin/Weimar/Dresden 1997, S. 9-18 (zitiert: *Netzle* in RuS 22)

–: Das Internationale Sportschiedsgericht in Lausanne, Le Tribunal Arbitral du Sport (TAS), SpuRt 1995, S. 89-91 (zitiert: *Netzle* in SpuRt 1995)

Nolte, Martin: Staatliche Verantwortung im Bereich Sport: ein Beitrag zur normativen Abgrenzung von Staat und Gesellschaft, Kiel 2004 (zitiert: *Nolte*)

–: Sport und Recht, Ein Lehrbuch zum internationalen, europäischen und deutschen Sportrecht, Schorndorf 2004 (zitiert: *Nolte* in Sport und Recht)

Oschütz, Frank: Sportschiedsgerichtsbarkeit, Die Schiedsverfahren des Tribunal Arbitral du Sport vor dem Hintergrund des schweizerischen und deutschen Schiedsverfahrensrechts, Berlin 2005 (zitiert: *Oschütz*)

–: Probleme der Schiedsgerichtsbarkeit im Sport: arbeitsrechtliche Streitigkeiten und einstweiliger Rechtsschutz, in: Schiedsgerichtsbarkeit im Sport, Recht und Sport (Band 31), herausgegeben von Ulrich Haas, Stuttgart/München/Hannover/Berlin/Weimar/Dresden 2003, S. 43-59 (zitiert: *Oschütz* in RuS 31)

Palandt, Otto: Bürgerliches Gesetzbuch, 64. Auflage, München 2005 (zitiert: Palandt/*Bearbeiter*)

Petri, Grischka: Die Dopingsanktion, Berlin 2004 (zitiert: *Petri*)

–: Die Sanktionsregeln des World Anti-Doping-Codes – Teil 2: Inhaltskontrolle anhand der §§ 305-310 BGB –, SpuRt 2003, S. 230-234 (zitiert: *Petri* in SpuRt 2003)

Pfister, Bernhard: Die Rechtsprechung des Tribunal Arbitral du Sport (TAS) von 1986 bis 1998, Teil 1 in SpuRt 2002, S. 177-181, Teil 2 in SpuRt 2003, S. 7-11 (zitiert: *Pfister* in SpuRt 2002 bzw. 2003)

–: Sportregeln vor staatlichen Gerichten, SpuRt 1998, S. 221-226 (zitiert: *Pfister* in SpuRt 1998)

–: Das „Krabbe-Urteil" – Urteilsanmerkung 1. Teil: Deutsche Sportverbände als Niederlassungen der internationalen Verbände i. S. v. § 21 ZPO?, SpuRt 1995, S. 201-205; Das „Krabbe-Urteil" – Urteilsanmerkung 2. Teil: Kollisions- und materiellrechtliche Probleme, SpuRt 1995, S. 250-253 (jeweils zitiert: *Pfister* in SpuRt 1995)

Pfister, Bernhard/ **Steiner**, Udo: Beck-Rechtsberater: Sportrecht von A-Z, München 1995 (zitiert: *Pfister/Steiner*)

Prokop, Clemens: Nationale und internationale Sportgerichtsbarkeit, in: 2. Internationaler Sportrechtskongress, Vorträge und Diskussionsbeiträge, gesammelt und bearbeitet von Richard B. Eimer, Bonn 2002, S. 140-151 (zitiert: *Prokop* in 2. Internationaler Sportrechtskongress)

–: Die Athletenvereinbarung am Beispiel des Deutschen Leichtathletikverbandes (DLV), in: Rechte der Athleten, herausgegeben von der Führungs- und Verwaltungs-Akademie Berlin des Deutschen Sportbundes, Willi Weyer Akademie, Akademieschrift 49, Frankfurt am Main 1997, S. 19-42 (zitiert: *Prokop* in Akademieschrift 49)

Reichert, Bernhard: Handbuch Vereins- und Verbandsrecht, 10. Auflage, München/Neuwied 2005, 9. Auflage, München/Neuwied 2003 (zitiert: *Reichert*, Rn. (9. Auflage: Rn.))

–: Erstmalige Verhängung einer Vereinsstrafe durch ein Schiedsgericht als Vereinsorgan, SpuRt 2004, S. 50-52 (zitiert: *Reichert* in SpuRt 2004)

Reimann, Christoph: Lizenz- und Athletenvereinbarungen zwischen Sportverband und Sportler, Frankfurt am Main 2003

Reinhart, Michael: Sportverbandsgerichtsbarkeit und Doppelbestrafungsverbot, SpuRt 2001, S. 45-47 (zitiert: *Reinhart* in SpuRt 2001, S. 45)

–: Sportverbandsgerichtsbarkeit und Doppelbestrafungsverbot – Erwiderung auf Fahl und Reschke –, SpuRt 2001, S. 184-185 (zitiert: *Reinhart* in SpuRt 2001, S. 184)

Reschke, Eike: Sportverbandsgerichtsbarkeit und Doppelbestrafungsverbot – Erwiderung auf Reinhart, SpuRt 2001, 45 –, SpuRt 2001, S. 183-184

Reuter, Dieter: Das selbstgeschaffene Recht des internationalen Sports im Konflikt mit dem Geltungsanspruch des nationalen Rechts, DZWir 1996, S. 1-9 und ebenso in: Sportrechtsprechung, herausgegeben von dem Württembergischen Fußballverband e. V., Schriftenreihe Nr. 38, Stuttgart 1997, S. 51-69 (zitiert: *Reuter* in DZWir 1996)

–: Voraussetzungen und Grenzen der Verbindlichkeit internationalen Sportrechts für Sportvereine und Sportler, in: Einbindung des nationalen Sportrechts in internationale Bezüge, Recht und Sport (Band 7), herausgegeben von Dieter Reuter, Heidelberg 1987, S. 53-70 (zitiert: *Reuter* in RuS 7)

–: Probleme der Transferentschädigung im Fußballsport, NJW 1983, S. 649-656 (zitiert: *Reuter* in NJW 1983)

Röhricht, Volker: Probleme des Beweisrechts im Sport – Verbandssanktionen bei Doping und Zuschauerausschreitungen, in: Sportrecht damals und heute, herausgegeben von dem Württembergischen Fußballverband e. V., Schriftenreihe Nr. 43, Stuttgart 2001, S. 15-48 (zitiert: *Röhricht* in WFV 43)

–: Chancen und Grenzen von Sportgerichtsverfahren nach deutschem Recht, in: Sportgerichtsbarkeit, Recht und Sport (Band 22), herausgegeben von Volker Röhricht, Stuttgart/München/Hannover/Berlin/Weimar/Dresden 1997, S. 19-42 (zitiert: *Röhricht* in RuS 22)

–: Satzungsrechtliche und individualrechtliche Absicherung von Zulassungssperren als wesentlicher Bestandteil des DSB-Sanktionskatalogs, in: Verbandsrecht und Zulassungssperren, herausgegeben von der Führungs- und Verwaltungs-Akademie Berlin des Deutschen Sportbundes, Willi Weyer Akademie, Akademieschrift 39, Frankfurt am Main 1994, S. 12-27 (zitiert: *Röhricht* in Akademieschrift 39)

–: Inhaltskontrolle verbandsrechtlicher Entscheidungen. Bestandsaufnahme und Ausblick, in: Verbandsrechtsprechung und staatliche Gerichtsbarkeit, herausgegeben von dem Württembergischen Fußballverband e. V., Schriftenreihe Nr. 24, Stuttgart 1988, S. 75-90 (zitiert: *Röhricht* in WFV 24)

Romano, Santi: „L'Ordinamento Giuridico" von 1918, deutsche Übersetzung „Die Rechtsordnung" herausgegeben von Roman Schnur, übersetzt von Werner Daum, Berlin 1975

Schauhoff, Karl Friedrich: Was ist eigentlich ein Schiedsgericht?, SpuRt 1995, S. 24-25

Scherrer, Urs (Hrsg.): Einstweiliger Rechtsschutz im internationalen Sport, Baden-Baden 1999

Schlosser, Peter: Das Recht der internationalen privaten Schiedsgerichtsbarkeit, 2. Auflage, Tübingen 1989 (zitiert: *Schlosser*)

–: Vereins- und Verbandsgerichtsbarkeit, München 1972 (zitiert: *Schlosser* in Vereins- und Verbandsgerichtsbarkeit)

–: EU-Zivilprozessrecht, 2. Auflage, München 2003 (zitiert: *Schlosser*, EU-Zivilprozessrecht)

–: Abgrenzung der Schiedsgerichtsbarkeit von der Vereinsgerichtsbarkeit – Rechtswegrisiken des Vereinsmitgliedes, LMK 2004, S. 169-170 (zitiert: *Schlosser* in LMK 2004)

–: Die olympische Sportschiedsgerichtsbarkeit und das deutsche Recht, in: Festschrift für Albrecht Zeuner zum siebzigsten Geburtstag, herausgegeben von Karl August Bettermann, Tübingen 1994, S. 467-482 (zitiert: *Schlosser* in FS Zeuner)

Schmidt, K. H.: Anmerkung zum Urteil des BAG vom 16.01.1971 AP Nr. 29 zu § 138 BGB, ebendort, Bl. 433-435

Schmidt-Diemitz, Rolf: Internationale Schiedsgerichtsbarkeit – eine empirische Untersuchung, DB 1999, S. 369-372

Schroeder, Werner: Anmerkung zum EuGH-Urteil vom 30.09.2004 – Rs. T-313/02, SpuRt 2005, S. 23-24

Schütze, Rolf A.: Einstweiliger Rechtsschutz im Schiedsverfahren, BB 1998, S. 1650-1653

Schwab, Karl Heinz/ **Walter**, Gerhard: Schiedsgerichtsbarkeit, Systematischer Kommentar zu den Vorschriften der Zivilprozeßordnung, des Arbeitsgerichtsgesetzes, der Staatsverträge und der Kostengesetze über das privatrechtliche Schiedsgerichtsverfahren, 7. Auflage, München 2005 (zitiert: *Schwab/Walter*)

Schweitzer, Michael: Staatsrecht III, Staatsrecht, Völkerrecht, Europarecht, 8. Auflage, Heidelberg 2004

Seidl-Hohenveldern, Ignaz/ **Loibl**, Gerhard: Das Recht der Internationalen Organisationen einschließlich der Supranationalen Gemeinschaften, 7. Auflage, Köln/Berlin/Bonn/München 2000 (zitiert: *Seidl-Hohenveldern/Loibl*)

Seidl-Hohenveldern, Ignaz/ **Stein**, Torsten: Völkerrecht, 10. Auflage, Köln/Berlin/Bonn/München 2000 (zitiert: *Seidl-Hohenveldern/Stein*)

Seitz, Walter: Hexenjagd auf Dopingsünder?, NJW 2002, S. 2838-2840

Sengle, Alfred: Verbandsgerichtsbarkeit und Schiedsgerichtsbarkeit im nationalen Fußball (DFB), in: Festschrift für Volker Röhricht zum 65. Geburtstag, herausgegeben von Georg Crezelius, Heribert Hirte und Klaus Vieweg, Köln 2005, S. 1205-1224 (zitiert: *Sengle* in FS Röhricht)

Siekmann, Robert C. R.: Übersicht über die internationalen Verbandsregelungen zum Verschuldensprinzip, zur Beweislast und zur Sanktionshöhe, in: Doping-Forum: Aktuelle rechtliche und medizinische Aspekte, Recht und Sport (Sonderband), herausgegeben von Volker Röhricht und Klaus Vieweg, Stuttgart/München/Hannover/Berlin/Weimar/Dresden 2000, S. 31-34 (zitiert: *Siekmann* in RuS Doping-Forum)

Simma, Bruno: The Court of Arbitration for Sport, in: Völkerrecht, Recht der Internationalen Organisationen, Weltwirtschaftsrecht, Festschrift für Ignaz Seidl-Hohenveldern, herausgegeben von Karl-Heinz Böckstiegel, Hans-Ernst Folz, Jörg Manfred Mössner und Karl Zemanek, Köln/Berlin/Bonn/München 1988, S. 573-585

Soek, Janwillem: Die prozessualen Garantien des Athleten in einem Dopingverfahren, in: Doping-Forum: Aktuelle rechtliche und medizinische Aspekte, Recht und Sport (Sonderband), herausgegeben von Volker Röhricht und Klaus Vieweg, Stuttgart/München/Hannover/Berlin/Weimar/Dresden 2000, S. 35-52 (zitiert: *Soek* in RuS Doping-Forum)

Soergel, Hans Theodor (Begr.): Kommentar zum Bürgerlichen Gesetzbuch: Band 1, Allgemeiner Teil 1, §§ 1-103, 13. Auflage, Stuttgart 2000; Band 10, Einführungsgesetz, 12. Auflage, Stuttgart/Berlin/Köln 1996 (zitiert: Soergel/*Bearbeiter*)

Staudinger, Julius von (Begr.): J. von Staudingers Kommentar zum Bürgerlichen Gesetzbuch mit Einführungsgesetz und Nebengesetzen: Einführungsgesetz zum Bürgerlichen Gesetzbuche/IPR: – Einleitung zum IPR; Art. 3-6 EGBGB (Internationales Privatrecht – Allgemeiner Teil), Neubearbeitung 2003 von Dieter Blumenwitz, Rainer Hausmann, Fritz Sturm und Gudrun Sturm, Redaktor Dieter Henrich, 14. Auflage, Berlin 2003; – Einleitung zu

Art. 27 ff. EGBGB; Art. 27-33 EGBGB; Art. 34 EGBGB; Art. 35-37 EGBGB, Dreizehnte Bearbeitung 2002 von Christian Armbrüster, Werner F. Ebke, Rainer Hausmann und Ulrich Magnus, Redaktor Ulrich Magnus, Berlin 2002; – Internationales Gesellschaftsrecht, Neubearbeitung 1998 von Bernhard Großfeld, Redaktor Jan Kropholler, Berlin 1998; – Internationales Verfahrensrecht in Ehesachen, Neubearbeitung 2005 von Ulrich Spellenberg, Redaktor Dietrich Henrich, Berlin 2005 (jeweils zitiert: Staudinger/*Bearbeiter*)

Stein, Ursula: Lex mercatoria, Frankfurt am Main 1995

Stein, Torsten/ **Buttlar**, Christian von: Völkerrecht, 11. Auflage, Köln/Berlin/ München 2005 (zitiert: *Stein/von Buttlar*)

Stein, Friedrich/ **Jonas**, Martin: Kommentar zur Zivilprozessordnung: Band 4, Teilband 1, §§ 300-347, 21. Auflage, Tübingen 1998; Band 9, §§ 916-1068, Einführungsgesetz, 22. Auflage, Tübingen 2002 (jeweils zitiert: Stein/Jonas/ *Bearbeiter*)

Steiner, Udo: Die Autonomie des Sports, München 2003 (zitiert: *Steiner*)

–: Bemerkungen zum Verhältnis von Staat und Sport in Deutschland, in: Festschrift für Volker Röhricht zum 65. Geburtstag, herausgegeben von Georg Crezelius, Heribert Hirte und Klaus Vieweg, Köln 2005, S. 1225-1238 (zitiert: *Steiner* in FS Röhricht)

–: Aktuelle Entwicklungen des Verhältnisses von Sport und Recht, in: Sport im Spiegel: Betrachtungen eines Phänomens, Festschrift für Heinz Lutter, herausgegeben von Bernhard Haimerl, Regensburg 1994, S. 214-225 (zitiert: *Steiner* in Sport im Spiegel)

Stöber, Kurt: Handbuch zum Vereinsrecht, 9. Auflage, Köln 2004

Streinz, Rudolf: Europarecht, 7. Auflage, Heidelberg 2005 (zitiert: *Streinz*)

–: EG-Grundfreiheiten und Verbandsautonomie, SpuRt 2000, S. 221-231 (zitiert: *Streinz* in SpuRt 2000)

–: Die Auswirkungen des EG-Rechts auf den Sport, SpuRt 1998, S. 1-7, S. 45-50 und S. 89-97 (zitiert: *Streinz* in SpuRt 1998)

Stumpf, Herbert: Vor- und Nachteile des Verfahrens vor Schiedsgerichten gegenüber dem Verfahren vor Ordentlichen Gerichten, in: Festschrift für Arthur Bülow zum 80. Geburtstag, herausgegeben von Karl-Heinz Böckstiegel und Ottoarndt Glossner, Köln/Berlin/Bonn/München 1981, S. 217-227

Summerer, Thomas: Internationales Sportrecht vor dem staatlichen Richter in der Bundesrepublik Deutschland, Schweiz, USA und England, München 1990 (zitiert: *Summerer*)

–: Schutz der Individualrechte des Sportlers, in: 1. Internationaler Sportrechtskongress, Vorträge und Diskussionsbeiträge, gesammelt und bearbeitet von

Richard B. Eimer, Bonn 2000, S. 138-159 (zitiert: *Summerer* in 1. Internationaler Sportrechtskongress)

–: Internationales Sportrecht – eine dritte Rechtsordnung?, in: Festschrift für Hans Hanisch, herausgegeben von Eltje Aderhold, Kurt Lipstein, Christoph Schücking und Rolf Stürner, Köln/Berlin/Bonn/München 1994, S. 267-279 (zitiert: *Summerer* in FS Hanisch)

Thomas, Heinz/ **Putzo**, Hans: Zivilprozessordnung mit Gerichtsverfassungsgesetz, den Einführungsgesetzen und europarechtlichen Vorschriften, Kommentar, 27. Auflage, München 2005 (zitiert: Thomas/Putzo/*Bearbeiter*)

Tröger, Walther/ **Vedder**, Christoph: Rechtsqualität der IOC-Zulassungsregel – Anspruch und Wirklichkeit, in: Einbindung des nationalen Sportrechts in internationale Bezüge, Recht und Sport (Band 7), herausgegeben von Dieter Reuter, Heidelberg 1987, S. 1-27 (zitiert: *Tröger/Vedder* in RuS 7)

Ulmer, Axel: Der Dopingfall – die Tätigkeit des Anwalts und Fallstricke im Sportrecht, in: 2. Internationaler Sportrechtskongress, Vorträge und Diskussionsbeiträge, gesammelt und bearbeitet von Richard B. Eimer, Bonn 2002, S. 281-290

Vedder, Christoph: The International Olympic Committee: An Advanced Non-Governmental Organization and the International Law, GYIL Vol. 27 (1984), S. 233-258

Vedder, Christoph/ **Lämmer**, Manfred: Olympische Charta 2001, Satzung NOK für Deutschland, Regelwerk für die Schiedsgerichtsbarkeit in Sportsachen, übersetzt und eingeleitet von Christoph Vedder und Manfred Lämmer, herausgegeben vom Nationalen Olympischen Komitee für Deutschland, 2. Auflage, Frankfurt/Main 2002 (zitiert: *Vedder/Lämmer*)

Verdross, Alfred: Die Sicherung von ausländischen Privatrechten aus Abkommen zur wirtschaftlichen Entwicklung mit Schiedsklauseln, ZaöRV Bd. 18 (1957/58), S. 635-651

Verdross, Alfred/ **Simma**, Bruno: Universelles Völkerrecht, Theorie und Praxis, 3. Auflage, Berlin 1984 (zitiert: *Verdross/Simma*)

Vieweg, Klaus: Normsetzung und -anwendung deutscher und internationaler Verbände: eine rechtstatsächliche und rechtliche Untersuchung unter besonderer Berücksichtigung der Sportverbände, Berlin 1990 (zitiert: *Vieweg*)

–: Fairness und Sportregeln – Zur Problematik sog. Tatsachenentscheidungen im Sport, in: Festschrift für Volker Röhricht zum 65. Geburtstag, herausgegeben von Georg Crezelius, Heribert Hirte und Klaus Vieweg, Köln 2005, S. 1255-1275 (zitiert: *Vieweg* in FS Röhricht)

–: Disziplinargewalt und Inhaltskontrolle – Zum „Reiter-Urteil" des Bundesgerichtshofes, SpuRt 1995, S. 97-101 (zitiert: *Vieweg* in SpuRt 1995)

–: Zur Einführung: Sport und Recht, JuS 1983, S. 825-830 (zitiert: *Vieweg* in JuS 1983)

Vitzthum, Wolfgang Graf (Hrsg.): Völkerrecht, 3. Auflage, Berlin 2004 (zitiert: Vitzthum/*Bearbeiter*)

Weiland, Bernd H.: Die Rechtsstellung des Lizenzspielers in der Fußball-Bundesliga – zugleich ein Beitrag zur allgemeinen Verbände-Diskussion –, Diss. jur., Frankfurt am Main 1980

Westermann, Harm Peter: Das Recht des Leistungssports – ein Sonderprivatrecht?, in: Festschrift für Fritz Rittner zum 70. Geburtstag, herausgegeben von Manfred Löwisch, Christian Schmidt-Leithoff und Burkhard Schmiedel, München 1991, S. 771-791 (zitiert: *Westermann* in FS Rittner)

–: Verbandsautonomie und staatliches Rechtsprechungsmonopol, in: Verbandsrechtsprechung und staatliche Gerichtsbarkeit, herausgegeben von dem Württembergischen Fußballverband e. V., Schriftenreihe Nr. 24, Stuttgart 1988, S. 41-62 (zitiert: *Westermann* in WFV 24)

Will, Michael R.: Rechtsgrundlagen der Bindung nationaler Verbände an internationale Sportverbandsregeln, in: Einbindung des nationalen Sportrechts in internationale Bezüge, Recht und Sport (Band 7), herausgegeben von Dieter Reuter, Heidelberg 1987, S. 29-51

Zippelius, Reinhold: Juristische Methodenlehre, 9. Auflage, München 2005

Zöller, Richard (Begr.): Zivilprozessordnung, 25. Auflage, Köln 2005 (zitiert: Zöller/*Bearbeiter*)

Abkürzungsverzeichnis

Die gebrauchten Abkürzungen folgen Kirchner/Butz, Abkürzungsverzeichnis der Rechtssprache, 5. Auflage, Berlin 2003. Darüber hinaus wurden folgende Abkürzungen verwendet:

AKP	Afrika, Karibik, Pazifik
Begr.	Begründer
CAS	Internationaler Schiedsgerichtshof für Sportsachen (Court of Arbitration for Sport)
ders.	derselbe
DFB	Deutscher Fußballbund
dies.	dieselben
DLV	Deutscher Leichtathletikverband
EuGVO	EG-Verordnung Nr. 44/2001 des Rates über die gerichtliche Zuständigkeit und die Anerkennung und Vollstreckung von Entscheidungen in Zivil- und Handelssachen vom 22.12.2000 (in der Literatur auch teilweise als EuGVVO abgekürzt)
EuGVÜ	Brüsseler EWG-Übereinkommen über die gerichtliche Zuständigkeit und die Vollstreckung gerichtlicher Entscheidungen in Zivil- und Handelssachen vom 27.09.1968 (Europäisches Gerichtsstands- und Vollstreckungsübereinkommen)
EVÜ	Römisches EWG-Übereinkommen über das auf vertragliche Schuldverhältnisse anzuwendende Recht vom 19.06.1980
FIA	Internationaler Automobilverband (Fédération Internationale de l'Automobile)
FIBA	Internationaler Basketballverband (Fédération Internationale de Basketball)
FIBT	Internationaler Bob- und Rodelsportverband (Fédération Internationale de Bobsleigh et de Tobogganing)
FIFA	Internationaler Fußballverband (Fédération Internationale de Football Association)
FIL	Internationaler Rennrodelverband (International Luge Federation)

FINA	Internationaler Schwimmverband (Fédération Internationale de Natation)
FIS	Internationaler Skiverband (Fédération Internationale de Ski)
IAAF	Internationaler Leichtathletikverband (International Association of Athletics Federations)
IBF	Internationaler Budoverband (International Budo Federation)
ICAS	Internationaler Rat für Sportschiedsgerichtsbarkeit (International Council of Arbitration for Sport)
IGF	Internationaler Golfverband (International Golf Federation)
IGO	Internationale Regierungsorganisation (International Governmental Organization)
IOC	Internationales Olympisches Komitee (International Olympic Committee)
IPC	Internationales Paralympisches Komitee (International Paralympic Committee)
ISSF	Internationaler Schieß-Sportverband (International Shooting Sport Federation)
ITF	Internationaler Tennisverband (International Tennis Federation)
IZPR	Internationales Zivilprozessrecht
Jb. J. ZivRWiss.	Jahrbuch Junger Zivilrechtswissenschaftler
LMK	Kommentierte BGH-Rechtsprechung Lindenmaier-Möhring
MüKo	Münchener Kommentar
NGO	Internationale Nichtregierungsorganisation (Nongovernmental Organization)
PHB	Praxishandbuch
RFEF	Nationaler spanischer Fußballverband (Real Federación Espanola de Fútbol)
RuS	Recht und Sport
SpuRt	Zeitschrift für Sport und Recht
TAS	Internationaler Schiedsgerichtshof für Sportsachen (Tribunal Arbitral du Sport)
UCI	Internationaler Radsportverband (Union Cycliste Internationale)
UEFA	Vereinigung Europäischer Fußballverbände (Union of European Football Associations)

UNÜ	New Yorker UN-Übereinkommen über die Anerkennung und Vollstreckung ausländischer Schiedssprüche vom 10.06.1958
WADA	Welt-Anti-Doping-Agentur (World Anti-Doping Agency)
WADC	Welt-Anti-Doping-Code (World Anti-Doping Code)
WFV	Württembergischer Fußballverband
ZZPInt	Zeitschrift für Zivilprozeß International

FSC
www.fsc.org
MIX
Papier | Fördert gute Waldnutzung
FSC® C083411

Kolibri 360 GmbH
Ferdinand-Jühlke-Straße 7
99095 Erfurt, Deutschland
produktsicherheit@kolibri360.de

Druck:
CPI Druckdienstleistungen GmbH
im Auftrag der
Kolibri 360 GmbH
Ferdinand-Jühlke-Str. 7
99095 Erfurt